視点❷　貨客混載

当初は過疎地域における貨物輸送と旅客輸送の対策だった「貨物と旅客のかけもち輸送」の貨客混載がいまは2024年問題に向けた対策の1つになっています。

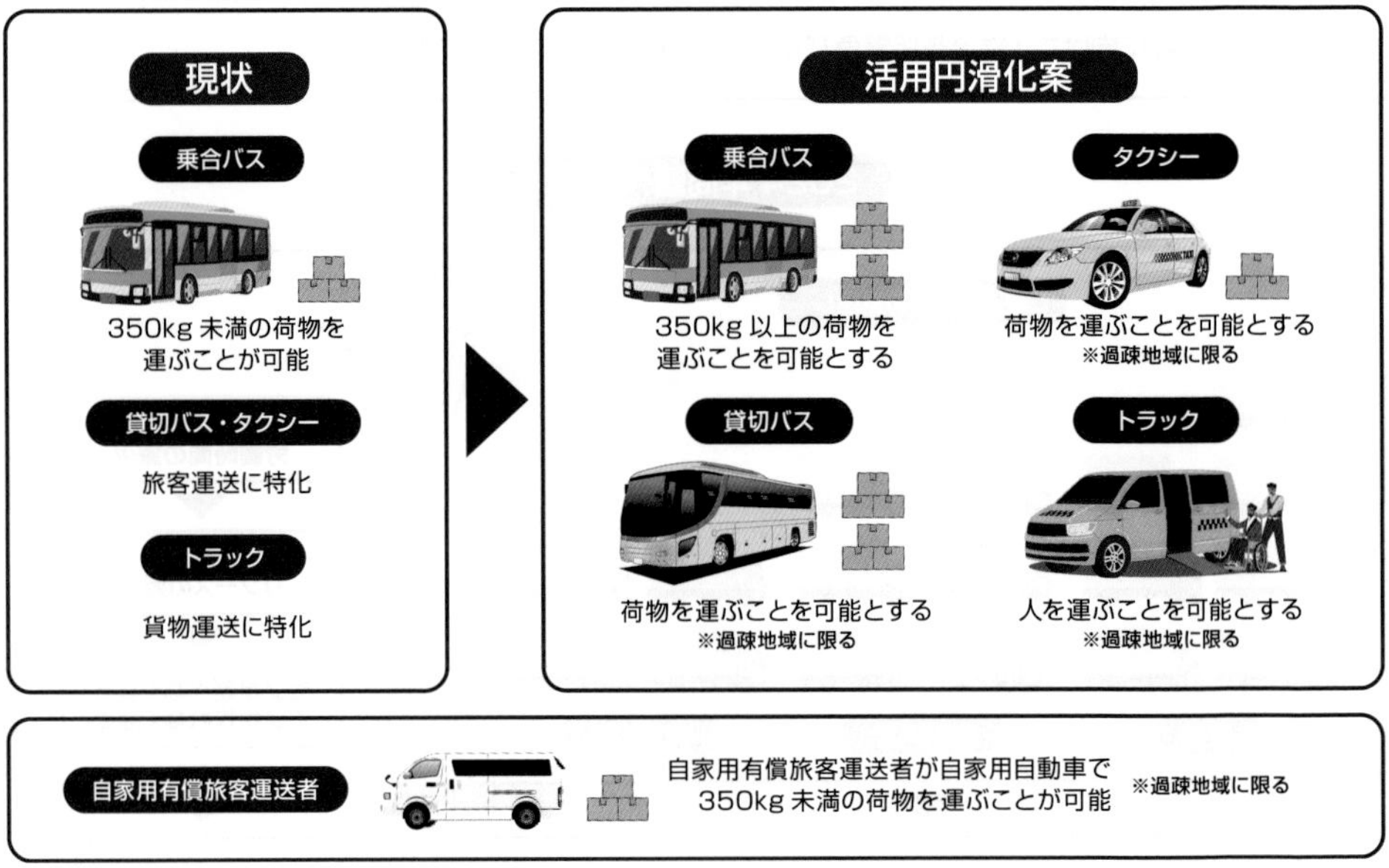

出展:国土交通省HPより

貨客混載のサービスは、新幹線などの列車を活用した物流サービスまで拡がっています。

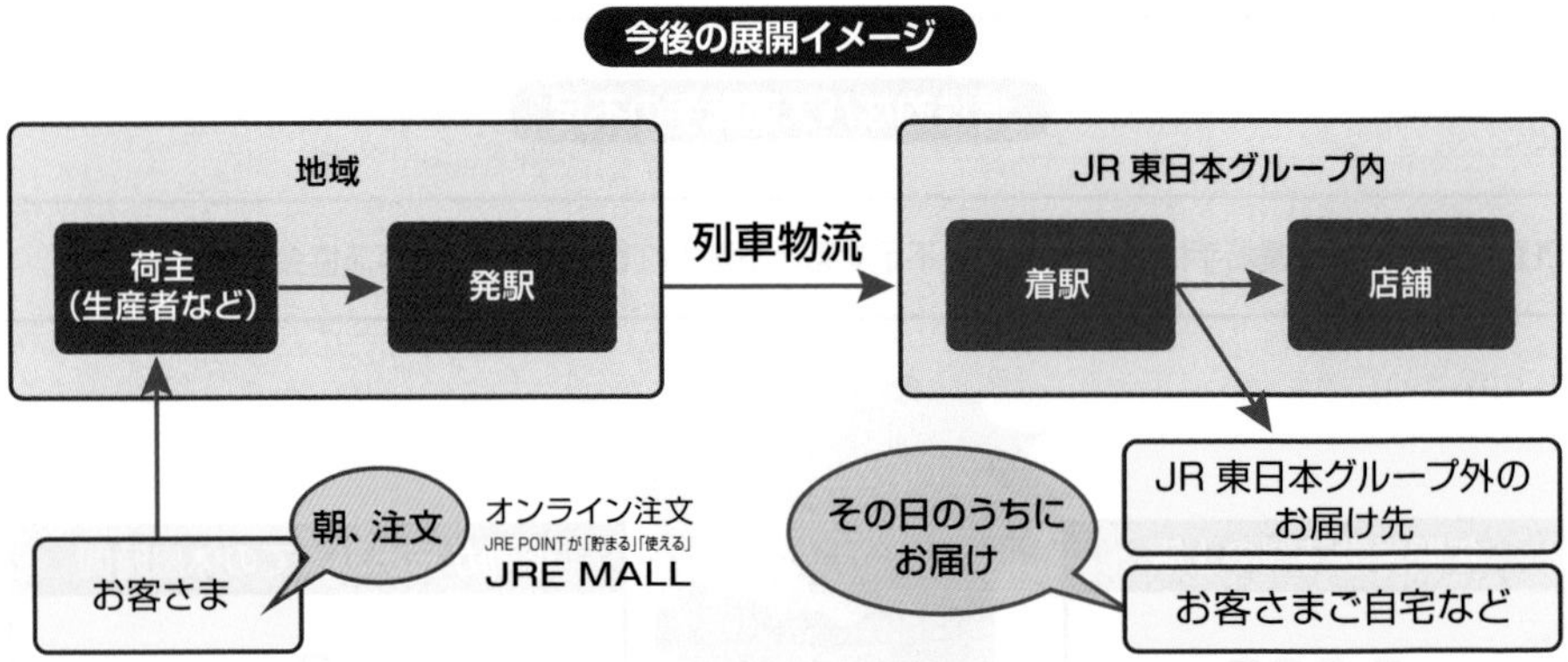

出典:東日本旅客鉄道広報資料より

＊ **LiDAR**　Light Detection And Rangingの略。レーザーの反射光で対象物の位置や距離などを検出する技術。
＊ **RTK-GPS**　RTKはReal Time Kinematicsの略で、衛星により相対的な位置を図る測位技術。
＊ **4G LTE**　LTEはLong Term Evolutionの略で、移動通信規格の1つ。3.9Gともいわれ、4G規格に含まれる。

視点❸　運輸業界のDX

運輸業界が直面する課題とデジタル化の役割

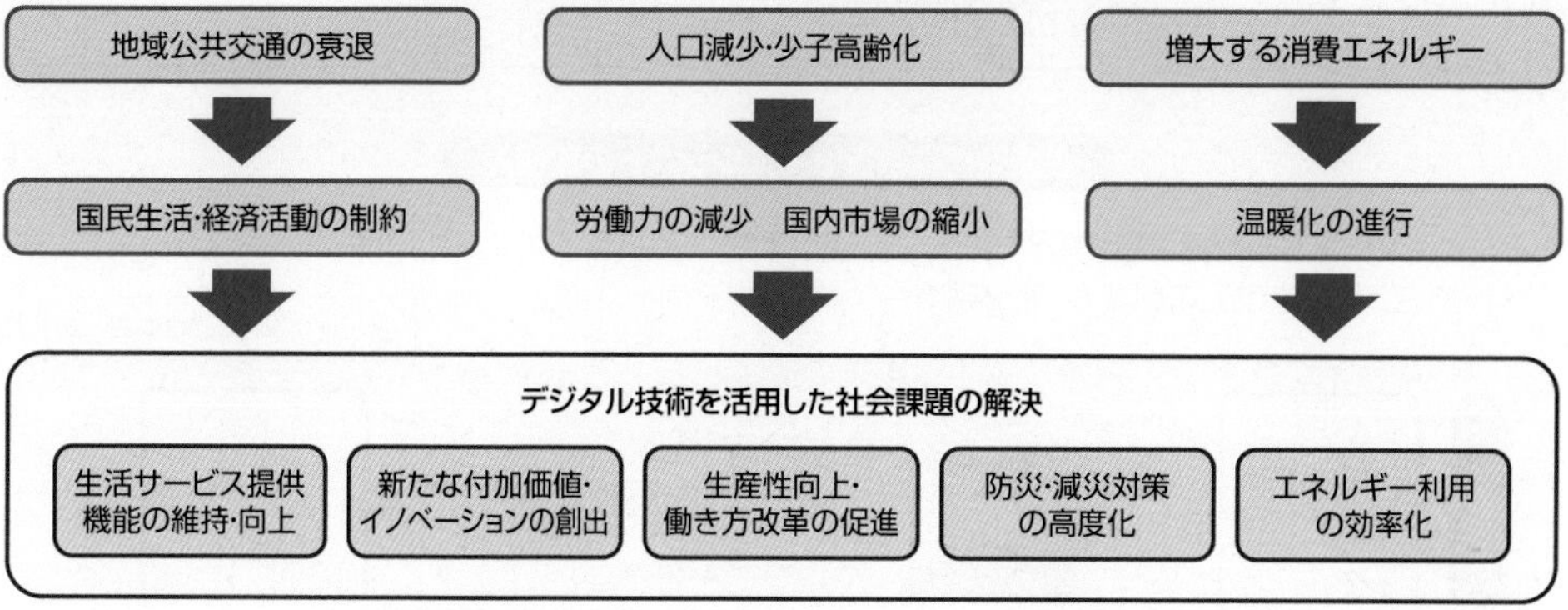

出典：国土交通省「国土交通白書令和5年」より

視点❹　トラック隊列走行の後続車無人システム

2024年問題への対応策として、国土交通省と経済産業省が新東名高速道路で実施していた「トラック隊列走行の後続車無人システムの公道実証」が無事終了しました。

この実験には、将来のトラック自動運転に向けて、様々なシステムが搭載されています。

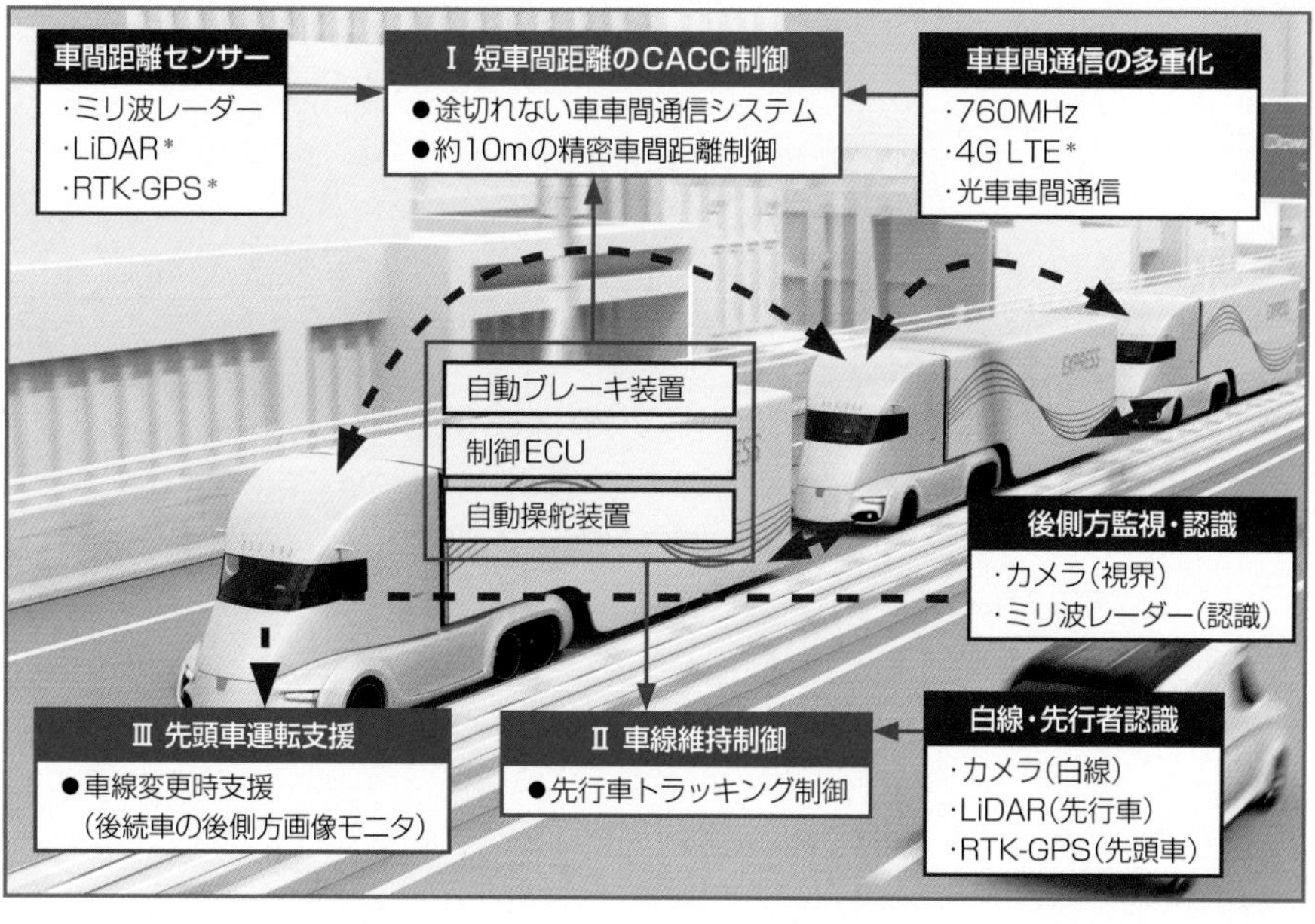

出典：国土交通省資料より

視点❺　運輸業界のGX

公共交通・物流分野を含む運輸部門のCO_2排出量は日本全体の約2割（2020年:17.7%）を占めており、2050年カーボンニュートラルに向けた公共交通・物流分野のGXは喫緊の課題となっています（国土交通省:「公共交通・物流分野におけるGXの実現に向けた取組み」より）。

企業連携によるモーダルシフトの取組み

●アサヒ・キリン北陸物流協議会の事例

年間で2,700tのCO_2の削減（49%削減）

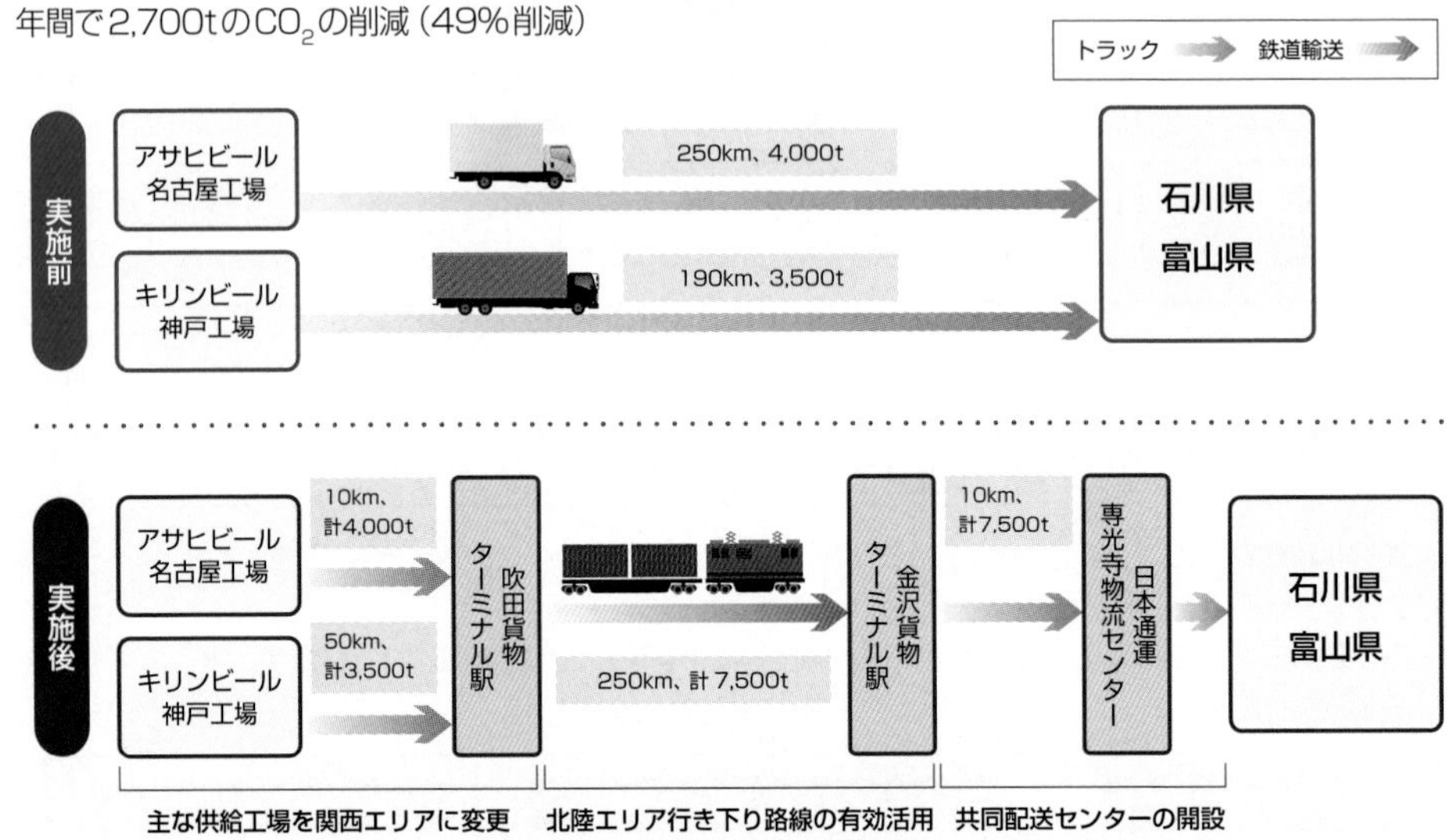

運輸業界での取り組み

海運とGX＊	船舶燃料の大転換、国産エンジンによるゼロエミッション船の開発・実証など	
航空とGX	持続可能な航空燃料（SAF＊）導入促進など、航空機運航分野と空港分野での脱炭素化に関する取組み	
鉄道とGX	「2H3T」（にエイチ、さんティ）推進への取組み	
	エネルギーを**「減らす」**（H）	省エネ車両、省エネ駅、省エネ運行ダイヤ
	再エネ等を**「作る」**（T）	省エネ発電、未利用回生電力
	再エネ等を**「運ぶ」**（H）	地域・広域送電、蓄電池による電気輸送、水素輸送（パイプライン・貨物）
	再エネ等を**「貯める」**（T）	蓄電池、水素貯蔵施設（総合水素ステーション）
	再エネ等を**「使う」**（T）	グリーン電力、グリーン水素

＊**GX**　Green Transformationの略。化学燃料からグリーンエネルギーへの転換を図る取組み。
＊**SAF**　Sustainable Aviation Fuelの略。
＊**CN**　Corbon Neutrilityの略。

視点❻　地域公共交通リ・デザイン

国土交通省では、関係省庁と連携し、デジタルを活用しつつ、交通のリ・デザインと地域の社会的課題解決を一体的に推進する「デジタル田園都市国家構想実現会議」の下に「地域の公共交通リ・デザイン実現会議」（議長：国土交通大臣）を立ち上げています。

地域公共交通の「リ・デザイン」とは

ローカル鉄道の再構築

- **鉄道の維持と高度化**

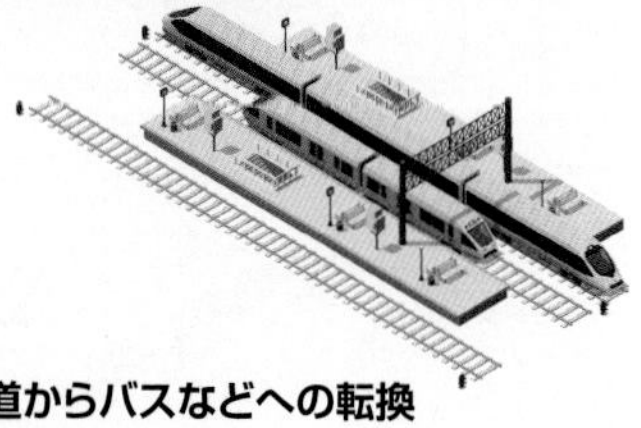

- **鉄道からバスなどへの転換**

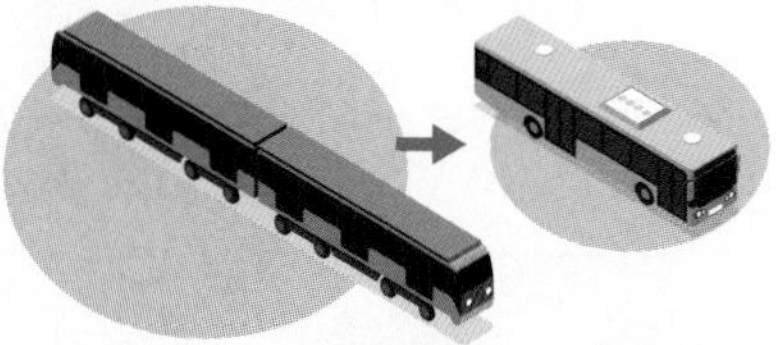

3つの「共創」

- **官民の共創**
- **他分野を含めた共創**
- **交通事業者間の共創**

交通DX

- **自動運転**

- **MaaS、AI、オンデマンド交通**

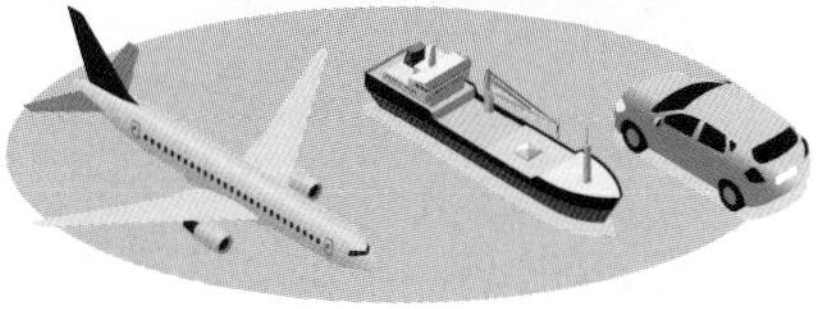

交通GX

- **GX対応車両への転換**
- **交通のコスト削減・地域のCN*化**

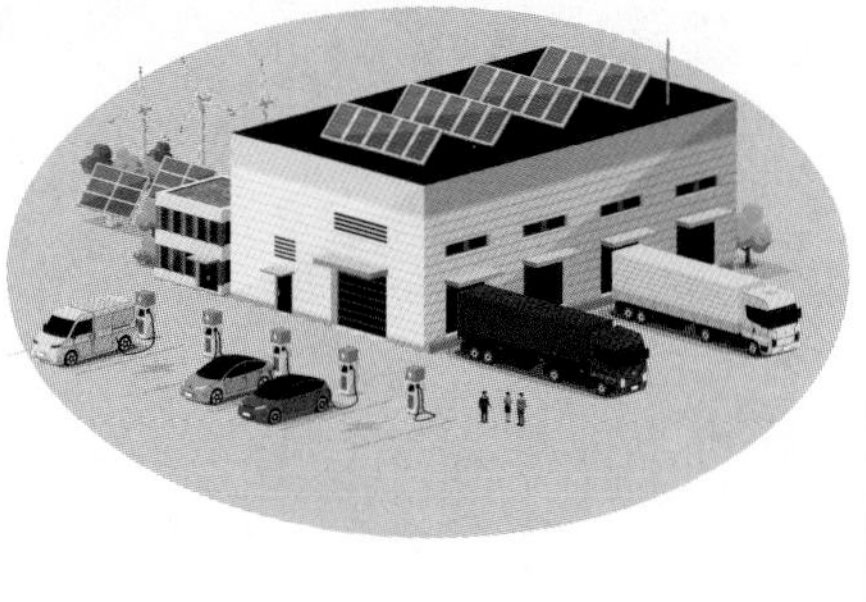

出典：「国土交通省地域公共交通部会の最終とりまとめ」より

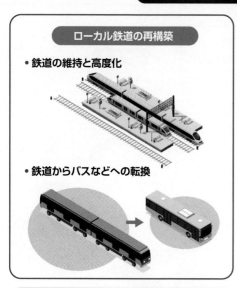

視点❼　SDGs × シェアリングエコノミー × 地域モビリティ

大日本印刷株式会社では、これまで交通情報や地域情報を配信するデジタルサイネージを設置して、デマンドバスや小型モビリティ等の多様なモビリティ（移動手段）をシームレスに利用できる交通結節点「DNPモビリティポート」を開発してきました。高齢者や観光客を含む様々な利用者の利便性を向上するとともに、モビリティを効率的に組み合わせることで温室効果ガス（GHG）排出量削減にも有効な、人中心のまちづくりに貢献します。

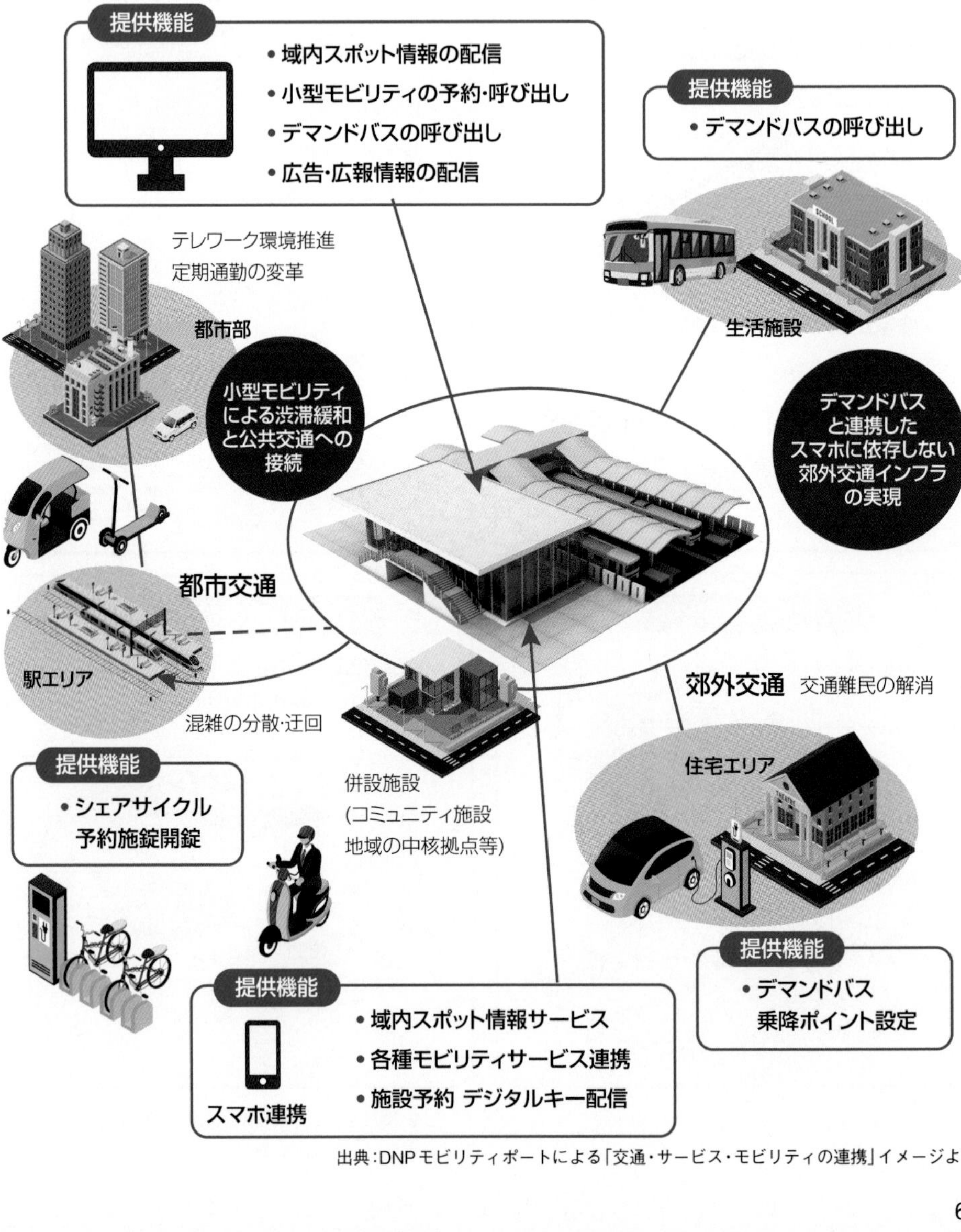

出典：DNPモビリティポートによる「交通・サービス・モビリティの連携」イメージより

視点❽　進む、国内高速交通ネットワークの整備

◉延伸工事が進む整備新幹線

整備新幹線の現状

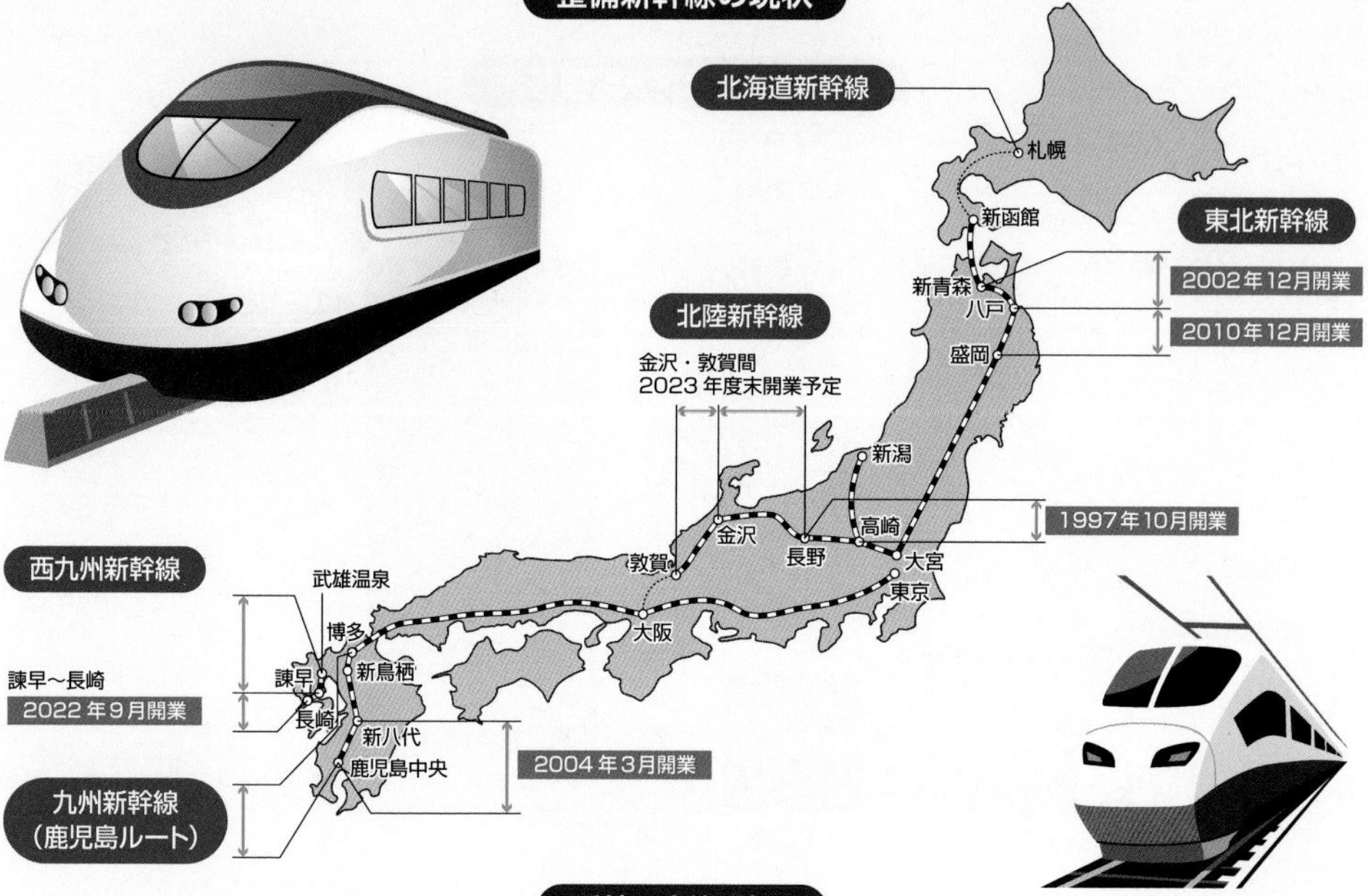

延伸／新規計画

路線	区間	開業年月日
北海道新幹線（延伸）	函館北斗〜新札幌	2014年着工
北陸新幹線（延伸）	金沢〜敦賀	2023年度末

路線	区間	開業年月日
西九州新幹線	諫早〜長崎	2022年9月開業
リニア中央新幹線（新規）	東京〜名古屋	工事中
	名古屋〜大阪	2045年頃

◉高速道路網整備

現状の高速道路ネットワークは、10万人以上の都市についてはおおむね連絡し、旅客・貨物の陸上輸送に大きく貢献しています。

高規格幹線道路網の現況

（2023年10月5日現在）	総延長（km）	供用	
		延長（km）	進捗率（%）
高規格幹線道路	約14,000	12,236	88
高速自動車国道	11,520	（1,089）9,185	（89）80
一般国道自動車専用道路（本州四国連絡道路を含む）	約2,480	1,989	80

※（ ）内は、高速自動車国道に並行する一般国道自動車専用道路で外書きであり、高規格幹線道路の統計に含まれている。
一般国道自動車専用道路の供用延長には、一般国道のバイパス等を活用する区間が含まれる。

視点❾　パイロット需要と若者の志願者が急増

世界的な航空需要の回復に伴い、2030年には国際的に現在の2倍以上のパイロットが必要になり、特にアジア・太平洋地域では、現在より4.5倍、人数にして年間約9,000人のパイロット不足が見込まれています。

世界のパイロット需要予測

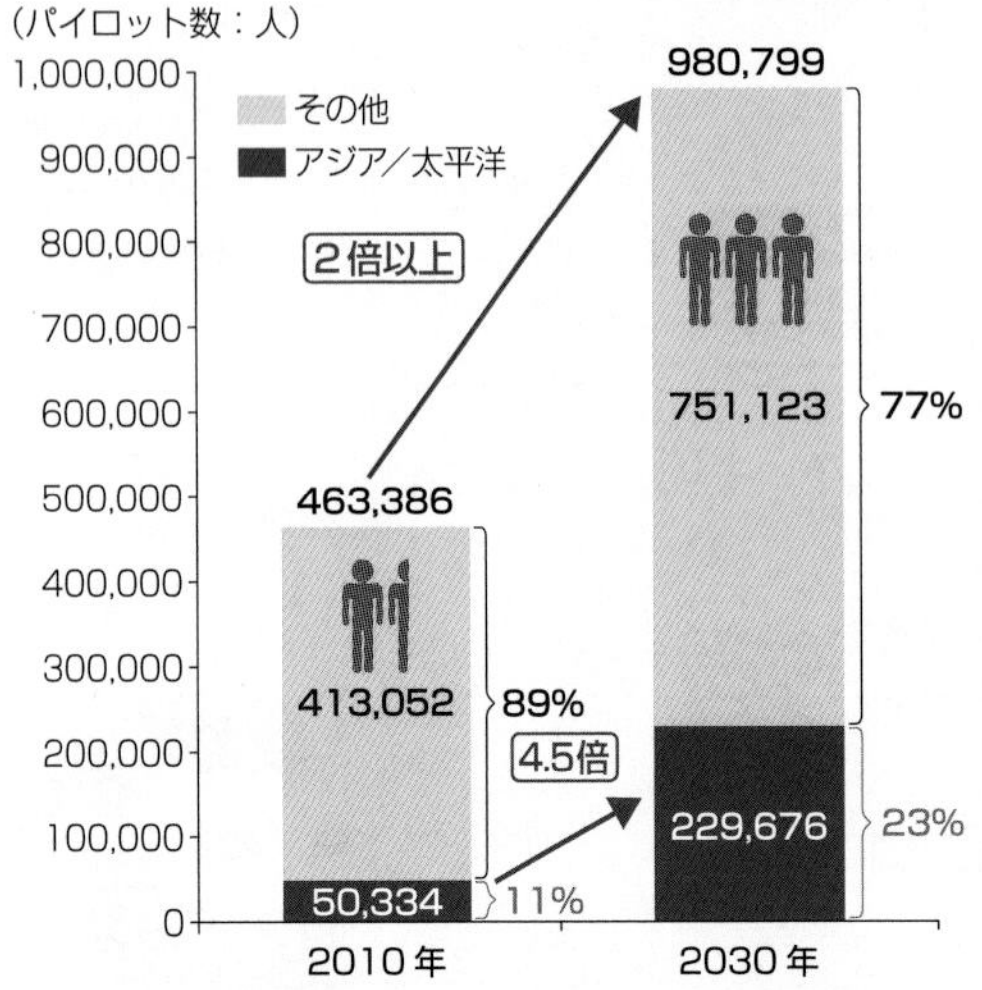

(数字は人数)	世界	アジア／太平洋
2010年のパイロット数	46万3386	5万0334
2030年のパイロット数	98万0799	22万9676
パイロット必要養成数（年間）	5万2506	1万3983
パイロット供給可能数（年間）	4万4360	4935
パイロット需給バランス	△8146	△9048

※航空運送事業の用に供する航空機の数が約6.2万機（2010年）から約15.2万機（2030年）に増加するとの予測に基づき推計

出典：「我が国における乗員等に係る現状・課題」（国土交通省航空局）より

◉パイロットの2030年問題

日本では、2030年頃になると現役パイロットの大量退職者が発生することから、これから年間400名規模でパイロットを新規に採用しなければならない事態が訪れると予測されています。

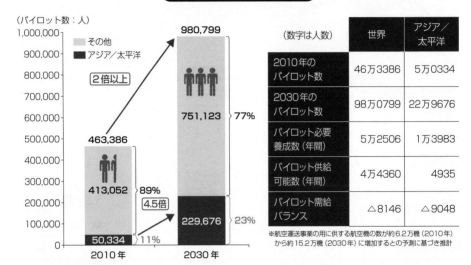

エアライン機の機長になるまで

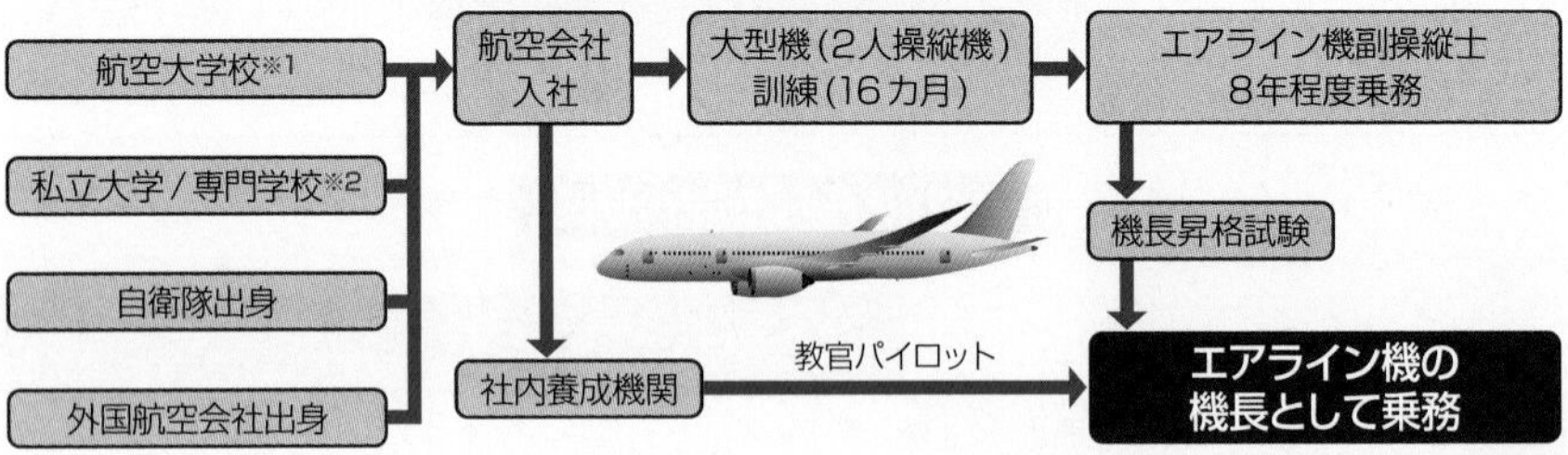

出典：「我が国における乗員等に係る現状・課題」（国土交通省航空局）より

※1　独立行政法人航空大学校
※2　パイロット養成課程のある大学。
東海大学、法政大学、桜美林大学、崇城大学など

How-nual　Shuwasystem Industry Trend Guide Book

図解入門
業界研究

最新 運輸業界の動向とカラクリがよ～くわかる本

業界人、就職、転職に役立つ情報満載

［第3版］

中村 恵二 著

秀和システム

●注意

(1) 本書は著者が独自に調査した結果を出版したものです。

(2) 本書は内容について万全を期して作成いたしましたが、万一、ご不審な点や誤り、記載漏れなどお気付きの点がありましたら、出版元まで書面にてご連絡ください。

(3) 本書の内容に関して運用した結果の影響については、上記(2)項にかかわらず責任を負いかねます。あらかじめご了承ください。

(4) 本書の全部または一部について、出版元から文書による承諾を得ずに複製することは禁じられています。

(5) 本書に記載されているホームページのアドレスなどは、予告なく変更されることがあります。

(6) 商標

本書に記載されている会社名、商品名などは一般に各社の商標または登録商標です。

はじめに

運輸業界は、陸・海・空の輸送手段において、人が人を運ぶ旅客と人がモノを運ぶ貨物に大別できますが、人と人との接触が制限されたコロナ禍においては旅客輸送も貨物輸送もともに甚大な影響を受けました。

感染拡大の防止策として、外食や観光、イベントなどへの参加自粛や不要不急の外出が制限されるなどによって移動の機会は大きく減少し、世界中で人々の動きが停まりました。しかし、その一方で日々の暮らしにおいては在宅時間が増えたことにより、家庭内で消費する食料品や日用品をインターネット通販などで購入する、いわゆる「巣ごもり需要」が高まり、一般消費者向けの物流量が大きく増加しました。

また、コロナ禍前から懸念されていた少子高齢化と人口減少に伴う働き手不足は運輸業界においても顕著となり、旅客、貨物ともに働き方改革が急務な課題になっています。

業界では「２０２４年問題」として、深刻な働き手不足の問題を取り上げ、その対策に追われています。その「２０２４年問題」とは、２０２４年４月１日以降、これまで猶予されていたトラックドライバーの時間外労働時間の上限が年九六〇時間に制限されることにより、発生する諸問題のことを指しています。

具体的には、時間外労働の上限規制などを含んだ一連の働き方改革関連法が、運輸業界でも２０２４年完全施行することにより、要員確保の困難のほか、ドライバーの収入減少や物流業者全体での売上低下などに結び付くことが懸念されるのです。

さらに、運輸業界のみならず日本の産業界全体を大きく揺るがしている問題として、団塊世代者がすべて後期高齢者となり、少子高齢化がピークとなる「２０２５年問題」も後に控え、その対策も急がれているのです。

コロナ禍を未曽有の国難と呼んできましたが、いまは人口減少社会の到来という、これまで経験したことがない事態への対応が迫られています。

運輸業界の監督官庁は「国土交通省」です。同省は2001年1月に行われた中央省庁再編成の一環として、旧建設省と旧運輸省の統合により発足しました。行政機構の中に、海上保安に関するもののほか航空、鉄道、自動車、さらには気象等に関するものまで含まれ、国民生活の基盤を成す重要なインフラ整備に関する主務官庁として機能しています。

毎年公表される『国土交通白書』では、国民の生命・財産を守る防災、日々の生活に密着した交通・まちづくり、暮らしや社会を支える物流・インフラ整備などについて、施策全般に関する年次報告と今後の政策的課題について触れています。2023(令和5)年には、政府全体がデジタル社会の形成を推進していることから、「デジタル化で変わる暮らしと社会」がメインテーマとして挙げられています。

その背景として、運輸業界が直面している課題として、人口減少の加速化と生活サービス提供機能の低下・喪失のおそれを挙げ、デジタル化による生活サービス提供機能の維持・向上により、暮らしを支えていくことが急務であるとしています。

さらには、運輸業界における労働生産性が全産業平均より低い水準で推移しているとともに、就業者の急速な高齢化が進行し、担い手不足の深刻化が懸念されています。こうした状況下で、デジタル化による生産性向上や働き方改革の促進により、担い手不足の解消を図ることも急務な課題としています。

白書では交通政策においては、今後とも増加が予測される交通需要に対応する効率的な交通システムへの取り組みやデジタル化の推進による交通事業の変革によって、地域公共交通ネットワークの「リ・デザイン」(再構築)の推進を図ることについても触れています。

本書では運輸業界全体を俯瞰し、最新動向と課題のほか、新しい経営の仕組みや新技術など、多角的な視点での解説を心がけています。すでに運輸業界で活躍している人をはじめ、これから運輸業界へ就職や転職を希望する人たちに満足していただけるような内容になっています。

時代に合った新たな付加価値を見出し創造することで、運輸業界に新たな活力が生まれることを期待しています。

2023年10月　中村恵二

最新運輸業界の動向とカラクリがよ～くわかる本［第3版］

第5章 陸上貨物運送業の現状と経営的課題

第6章 陸上旅客輸送の現状と経営的課題

第7章 海運・航空業界の現状と経営的課題

資料編

第1章

運輸業界の全体像を知る

総務省の「サービス産業動向調査」の大分類によれば、運輸業には郵便業も加え、鉄道、自動車、船舶、航空機またはその他の運送用具による旅客、貨物の運送業、倉庫業、運輸に附帯するサービス業を営む事業所を対象とするとしています。

輸送機関別では「自動車運送業」「鉄道業」「海運業」「空運業」と４つに分類し、貨物については輸配送サービスを提供する「運送業」と、モノの保管サービスを提供する「倉庫業」に分けています。さらに運送業には、自社で自動車や船舶などの運輸機械を保有せず、他の運送会社を利用して輸送サービスを提供する利用運送業や港湾で荷さばきを行う港湾運送業も含まれます。

Section

1-1 陸上旅客運送業と陸上貨物運送業

運輸業界の分類①

日本標準産業分類の大分類では、「H運輸業、郵便業」とされ、定義としては、「鉄道、自動車、船舶、航空機又はその他の運送用具による旅客、貨物の運送業、倉庫業、運輸に附帯するサービス業を営む事業所」並びに「郵便物又は信書便物を送達する事業所」と分類され、続く中分類として8の産業が区分されています。

鉄道業とは

鉄道業は、鉄道による旅客または貨物の運送業で、その運送活動とは、鉄道車両の運転、運転のための車両、線路、信号通信施設など運送施設の維持補修、旅客または貨物の取扱いを一括したものをいいます。

事業所は、鉄道業の分類単位は単一の事業所で、場所が離れていれば原則として別の事業所とする、同一構内であっても別個の機関があればその機関ごとに分類の単位とするとされています。つまり、駅、車掌区、機関区、客貨車区、保線区、建築区、電力区、信号通信区、電務区などの現業機関および本社、支社などの管理機関のそれぞれが1事業所となると規定しています。

鉄道業と他産業との区分

鉄道業における中分類では、「自家用の修理工場」、「倉庫」などは鉄道業の**補助的経済活動**に分類されていますが、「製造工場」「発電所」「研究所」「養成機関」「病院」「保養所」などは、それぞれの活動にしたがって鉄道業以外の産業として分類されます。

また、鉄道会社が経営する、「百貨店」「遊園地」または「不動産業」などの事業部門も産業統計上は、それぞれの産業に分類されます。

さらに、工場や鉱山、森林などにおける自家専用の鉄道、索道の事業所は、鉄道業以外の産業の補助的経済活動として分類されています。

Point

鉄道の定義　鉄道総合技術研究所・日本鉄道施設協会『わかりやすい鉄道技術』では、「鉄道とは、レール等の支持案内路に沿って車両が移動する設備またはシステムのことをいう」と説明している。

■鉄道の種別

さらに鉄道業を細分化した場合には、**普通鉄道業**、**軌道業**、**地下鉄道業**、**モノレール鉄道業**、**案内軌条式鉄道業**、**鋼索鉄道業**、**索道業**、**無軌条電車業**と分類することができます。「軌道業」とは、道路面に敷設された線路を使用して、主として旅客の運送を行う事業所のことで、路面電車などです。「地下鉄道業」は、主として地下(山岳トンネルを除く)に敷設された線路を使用して、旅客の運送を行う事業所で、「モノレール鉄道業」は、軌条上をこ(跨)座式または懸垂式で車両を走行させ、主として旅客の運送を行う事業所と定義付けられています。

東京のゆりかもめのような乗り物は、正式には「案内軌条式鉄道業」と呼ばれ、走行路面上の中央または側壁にある案内軌条に案内輪をあてて、ゴムタイヤで走行する交通機関のことです。このほか、**ケーブルカー**や**ロープウェイ**、**リフト**、**トロリーバス**などが鉄道業に含まれています。

また、運行システム上の種別としては、リニアの「超高速鉄道」、新幹線の「高速鉄道」、特急や通勤、地下鉄の「一般型鉄道」、軽快路面電車の「中小型鉄道」などの区分があります。

鉄道事業法

〈法律上の種類〉	鉄道の種類	
鉄道事業法	1. 普通鉄道	5. 無軌条電車(トロリーバス)
	2. 懸垂式鉄道	6. 鋼索鉄道(ケーブルカー)
	3. 跨座式鉄道	7. 浮上式鉄道
	4. 案内軌条式鉄道	8. 前各号に掲げる鉄道以外の鉄道

〈運行システム上の種類〉	鉄道の種類
超高速鉄道	•リニア
高速鉄道	•新幹線
一般型鉄道	•特急 •通勤 •地下鉄
中小型鉄道	•軽快路面電車
新交通	•AGTゆりかもめ •HSSTリニモ •ガイドウェイバスなど
モノレール	•懸垂式モノレール •跨座式モノレール
その他	•ロープウェイ •ケーブルカーなど

■道路旅客運送業

バスやハイヤー、タクシーなど、主として自動車等により旅客の運送を行う事業所のことを道路旅客運送業と分類しています。さらに細分類すると、**一般乗合旅客自動車運送業と一般乗用旅客自動車運送業、一般貸切旅客自動車運送業**に分類されます。「一般乗合旅客自動車運送業」は、「自動車により有償で乗合旅客の運送を行う事業所」と定義され、乗合バス事業などを指します。また、「一般乗用旅客自動車運送業」は、乗車定員10人以下の自動車を貸切って有償で旅客の運送を行う事業所で、ハイヤー業、タクシー業、福祉タクシー業などが分類されています。

その他の道路旅客運送業としては、介護サービス事業者が送迎などを行う、**特定旅客自動車運送業**があります。他に分類されない道路旅客運送業として、自動車により無償で旅客の運送を行う事業所や、人力車・自転車などの軽車両によって旅客の運送を行う事業所などもあります。

また、他人に代わって自動車を運転する役務を提供する「運転代行業」は、酔客その他当該役務の提供を受ける者を顧客の自動車に乗車させるもので、顧客の自動車を運転する場合は、第二種自動車運転免許が必要となります。

■道路貨物運送業

主として自動車等により貨物の運送を行う事業所のことを指します。中分類では、**一般貨物自動車運送業と特定貨物自動車運送業、貨物軽自動車運送業、集配利用運送業**などに分類されます。

「一般貨物自動車運送業」には、他人の需要に応じて有償で自動車（三輪以上の軽自動車および二輪の自動車を除く）により貨物の運送を行う一般貨物自動車運送業と、営業所その他の事業場において集貨された貨物の仕分を行い、集貨された貨物を積合せて他の事業場に運送し、当該事業場において運送された貨物の配送に必要な仕分を行う**特別積合せ貨物運送業**があります。

「特定貨物自動車運送業」は、特定の荷主との契約に基づき、自動車（三輪以上の軽自動車および二輪の自動車を除く）により有償で貨物の運送を行う事業所のことです。「貨物軽自動車運送業」は、三輪以上の軽自動車または二輪の自動車により有償で貨物の運送を行う事業所を指します。「集配利用運送業」は、鉄道や船舶、航空などを使い、自動車で集配と配達を行う事業者です。

人気の人力車　最近観光地などでよく見られる、人力車業、輪タク業、乗合馬車業、そり運送業、かご運送業などは、特定旅客自動車運送業や他に分類されない道路旅客運送業に含まれている。

旅客自動車運送事業

種類	事業の定義・形態
一般乗合旅客自動車運送事業	都市内を運行する路線バス、高速道路等を経由し、都市間を結ぶ都市間バスなどのように、運行する時間と経路をあらかじめ定め、不特定多数の旅客を乗り合わせて行う旅客自動車運送事業です。
一般貸切旅客自動車運送事業	旅行会社等が集めた旅行者の団体を運送するバスのように、一個の団体等と運送の契約を結び、車両を貸し切って運送する旅客自動車運送事業です。
一般乗用旅客自動車運送事業	運送形態は一般貸切旅客自動車運送事業と同様ですが、使用する車両は乗車定員が10人以下の自動車となります。ハイヤー・タクシー事業はこちらに該当します。
一般乗用旅客自動車運送事業（1人1車制個人タクシー）	一般乗用旅客自動車運送事業のうち、事業の許可を受けた個人のみが自動車を運転して営業する事業です。
特定旅客自動車運送事業	ある特定の者の需要に応じ、一定の範囲の旅客を運送することのみを事業とする旅客自動車運送事業です。
一般貨物自動車運送事業	他人の需要に応じ、有償で自動車（三輪以上の軽自動車および二輪の自動車を除く）を使用して貨物を運送する事業です。
貨物軽自動車運送事業	他人の需要に応じ、有償で自動車（三輪以上の軽自動車および二輪の自動車に限る）を使用して貨物を運送する事業です。
特定貨物自動車運送事業	特定の者の需要に応じ、有償で、自動車を使用して貨物を運送する事業です。

Point

配達パートナー　飲食店の依頼で料理を運ぶ、ウーバーイーツなどの配達パートナーは、貨物自動車運送事業法上は、車両の使用において規制を受けることになる。

Section
1-2 水運業と航空運輸業

運輸業界の分類②

産業別大分類の「H運輸業、郵便業」の中で、船舶による運送は、水運業と区分されています。さらに細分化すると、外航海運業、沿海海運業、内陸水運業、船舶貸渡業と分類されます。航空機による運送は航空運輸業と分類され、航空運送業と航空機使用業に分かれています。

■水運業とは

「海洋、沿海、港湾、河川、湖沼において船舶により旅客又は貨物の運送を行う事業所」と分類されています。ただし、港湾においてはしけによって貨物の運送を行う事業所は、「運輸に附帯するサービス業」と分類されています。

外航海運業は、陸上運送と同じように、**外航旅客海運業**と**外航貨物海運業**に分類されます。

また、旅客も貨物も、定期航路業と不定期航路業があります。**カーフェリー**のように、旅客船で、自動車と当該自動車の運転者、乗務員、乗客または積載貨物の運送を併せて行う事業は、旅客海運業に含まれます。

■沿海海運業、河川海運業など

日本沿岸の諸港間を船舶により主として旅客の運送を行うのが、**国内旅客定期航路業**、あるいは**国内旅客不定期航路業**で、カーフェリーも旅客に含まれます。

貨物海運業も**内航貨物定期航路業**と**内航貨物不定期航路業**に分かれます。

このほか、主として港湾内において船舶により旅客の運送を行う**港湾旅客海運業**や、河川において船舶により旅客または貨物の運送を行う事業として、**河川渡船業**や**河川遊覧船業**などがあり、湖沼では、**湖沼渡船業**や**湖沼遊覧船業**があります。さらに、運航業者に船舶の貸渡しや運航の委託を行う**船舶貸渡業**があります。

Column

カーフェリーの始まり 日本で最初の「カーフェリー」は、1934年3月に九州北部の若松と戸畑間の600mで就航した「第8わかと丸」と「第9わかと丸」だといわれている。運航事業者は「若戸渡船」で、この両頭船はトラック2台とオート3輪4台を載せて就航した。

■航空運輸業

航空運輸業は、航空機により旅客または貨物の運送を行う事業と航空機を使用して航空運送以外の行為の請負を行う事業があります。旅客または貨物の運送では、海運業と同じく、**国際路線**と**国内路線**があり、また**定期路線**とチャーター便のように**不定期路線**がありますが、航空運輸業の場合には、同じ分類の中にあります。

また管理事務を行う本社等と現業に分かれ、本社等では、自社の経営を推進するための組織全体の管理統括業務として、企画や運営、人事、財務、広報などの本社業務全般を行い、現業においては、輸送全般と清掃、修理・整備、貨物の搭載、保安等の支援業務や整備などが行われます。鉄道と同様に、旅行業務や百貨店、不動産事業などのカテゴリーは別産業として区分されています。

航空機使用業というのは、航空機を使用して、主として請負により航空運送以外の薬剤散布や宣伝広告、魚群探見、空中写真測量などを行う事業を指します。

このほか、近年頻発している台風や火山噴火などの自然災害によって生じた山岳崩壊地や土石流跡地などでは、森林再生事業として、航空機による緑化事業が行われています。

産業別大分類による水運業と航空運輸業

中分類 45 水運業	
450 管理、補助的経済活動を行う事業所（45水運業）	
4500	主として管理事務を行う本社等
4509	その他の管理、補助的経済活動を行う事業所
451 外航海運業	
4511	外航旅客海運業
4512	外航貨物海運業
452 沿海海運業	
4521	沿海旅客海運業
4522	沿海貨物海運業
453 内陸水運業	
4531	港湾旅客海運業
4532	河川水運業
4533	湖沼水運業
454 船舶貸渡業	
4541	船舶貸渡業（内航船舶貸渡業を除く）
4542	内航船舶貸渡業

中分類 46 航空運輸業	
460 管理、補助的経済活動を行う事業所（46航空運輸業）	
4600	主として管理事務を行う本社等
4609	その他の管理、補助的経済活動を行う事業所
461 航空運送業	
4611	航空運送業
462 航空機使用業（航空運送業を除く）	
4621	航空機使用業（航空運送業を除く）

Section
1-3 運輸業界の分類③
倉庫業と港湾運送業、その他

運輸業のカテゴリーの中には、倉庫業と港湾運送業なども含まれます。倉庫業は、倉庫に物品を保管することを業とする事業で、普通倉庫業の場合には、野積倉庫、サイロ倉庫、タンク倉庫、危険品倉庫、トランクルームなどがあり、貯木場のような水面木材倉庫業も含まれます。

■倉庫業と港湾運送業、こん包業

普通倉庫業のほか、低温装置を施した倉庫に物品を保管することを業とする**冷蔵倉庫業**があります。倉庫は主として港湾内に多く、港湾運送業との関連性があります。港湾運送業は、港湾において**船内荷役**、**はしけ運送**、**沿岸荷役**および**いかだ運送**の作業の全部または一部を行う事業を指しています。

また近年は、単に倉庫業務だけでなく、運送のために物品の荷造りもしくはこん包を引受ける**こん包業**や、海上輸送のために設備された機械により各種包装材料を加工し、こん包容器を組立てて工業製品の外装を行う**組立こん包業**などがあります。

■貨物運送取扱業

貨物運送取扱業では、鉄道運送事業者や貨物自動車運送事業者、船舶運航事業者または航空運送事業者の行う運送を利用して貨物の運送を行う事業で、**利用運送業**と呼ばれています。通常が**第一種利用運送業**で、**集配利用運送業**は、**第二種利用運送業**に区分されます。

さらに、**運送取次業**は、鉄道、自動車、船舶または航空機による貨物の運送の取次もしくは委託または運送貨物の受取を行う事業です。

運送代理店は、主として運送機関の業務を代行して運送契約の締結などの代理を行う事業で、**海運代理店**や**航空運送代理店**などがあります。

Column
日本の倉庫業のはじまり　明治20年に創業した有限責任東京倉庫会社（現在の三菱倉庫株式会社）は、三菱為替商店の倉庫業務を継承し独立させた会社で、日本の倉庫業のはじまりとされている。

■運輸施設提供業、郵便業

主として鉄道施設を使用して営業を行う者に対し、貸し付けることを目的として、鉄道施設を提供する事業を**鉄道施設提供業（第三種鉄道事業者）**と呼んでいます。ただし、この場合、主として設計・監督を行う事業はサービス業に分類されています。このほか、下記のような事業も運輸施設提供業のカテゴリーに含まれています。

- 道路運送車両などの用に供するため料金をとって道路、橋りょうまたはトンネルを提供することを主たる業務とする**有料道路・有料橋経営業**
- 乗合バスおよび特別積合せトラックの用に供するため料金をとって一般自動車ターミナルを提供することを主たる業務とする**バスターミナル業**、あるいは**トラックターミナル業**、荷さばきのための施設、空港など
- 郵便物又は信書便物の引受、取集・区分及び配達を行う**郵便事業**。郵便業は、信書便事業を含むもので、郵便物、信書便物として差し出されたものの引受、取集・区分および配達を行う事業を指している。

産業別大分類による倉庫業と運輸サービス業

中分類　47　倉庫業

470　管理、補助的経済活動を行う事業所（47倉庫業）
- 4700　主として管理事務を行う本社等
- 4709　その他の管理、補助的経済活動を行う事業所

471　倉庫業（冷蔵倉庫業を除く）
- 4711　倉庫業（冷蔵倉庫業を除く）

472　冷蔵倉庫業
- 4721　冷蔵倉庫業

中分類　48　運輸に附帯するサービス業

480　管理，補助的経済活動を行う事業所（48運輸に附帯するサービス業）
- 4800　主として管理事務を行う本社等
- 4809　その他の管理，補助的経済活動を行う事業所

481　港湾運送業
- 4811　港湾運送業

482　貨物運送取扱業（集配利用運送業を除く）
- 4821　利用運送業（集配利用運送業を除く）
- 4822　運送取次業

483　運送代理店
- 4831　運送代理店

484　こん包業
- 4841　こん包業（組立こん包業を除く）
- 4842　組立こん包業

485　運輸施設提供業
- 4851　鉄道施設提供業
- 4852　道路運送固定施設業
- 4853　自動車ターミナル業
- 4854　貨物荷扱固定施設業
- 4855　桟橋泊きょ業
- 4856　飛行場業

489　その他の運輸に附帯するサービス業
- 4891　海運仲立業
- 4899　他に分類されない運輸に附帯するサービス業

Section

1-4

運輸業界の分類④

管理、補助的経済活動を行う事業所

日本標準産業分類では小分類として、さらに25の具体的な業種を定義付けていますが、そのいずれの業種にも、「管理、補助的経済活動を行う事業所」つまり、現業以外の業務を行う事業所として、本社・本所・本店や支社・支所などを明記しています。さらに現業部門や支援業務を提供する事業所についても触れています。

■主として管理事務を行う本社等

運輸事業においては、事業を統括する**本社**等の業務内容について、ほぼ共通した内容で明記しています。

例えば、「自企業の経営を推進するための組織全体の管理統括業務、企画、運営、監督、人事、総務、財務、経理、広報、法務、労務、資材の調達、販売促進等の現業以外の業務を行う事業所をいう」として、管理事務を行う本社・本所・本店・支社・支所などの事業所を明記しています。

また、その他の管理、補助的経済活動を行う事業所として、輸送、清掃、修理・整備、保安等の支援業務を提供する事業所についても明記しています。

■他関連産業の分類

最近の鉄道業や水運、航空業においては、ターミナル施設の経営とともに、流通業、レジャー産業、不動産業など経営も多角化し、複合業態化してきたことから、定義付けも難しくなってきました。特に旅客部門のある業種においては、旅行業やレジャー産業などとの区分が難しくなっているところもあります。

また、ＪＲの**えきなか***などのように駅舎の建て替えなどによって、商業施設化してきたと同時に、業務内容にも、小売の直営やテナント管理など流通業に属する事業部門も増えています。

Term
えきなか　鉄道会社が駅の構内（特に改札口の内側のスペース）に設けた商店街をいう。鉄道会社の直営店だけでなく有名店のテナント出店もあり、飲食店から食料品店・美容院・銀行のATM・薬局・コンビニエンスストア・書店など多種多様の業種が集まり、ショッピングモールになっている。

本社の組織図など

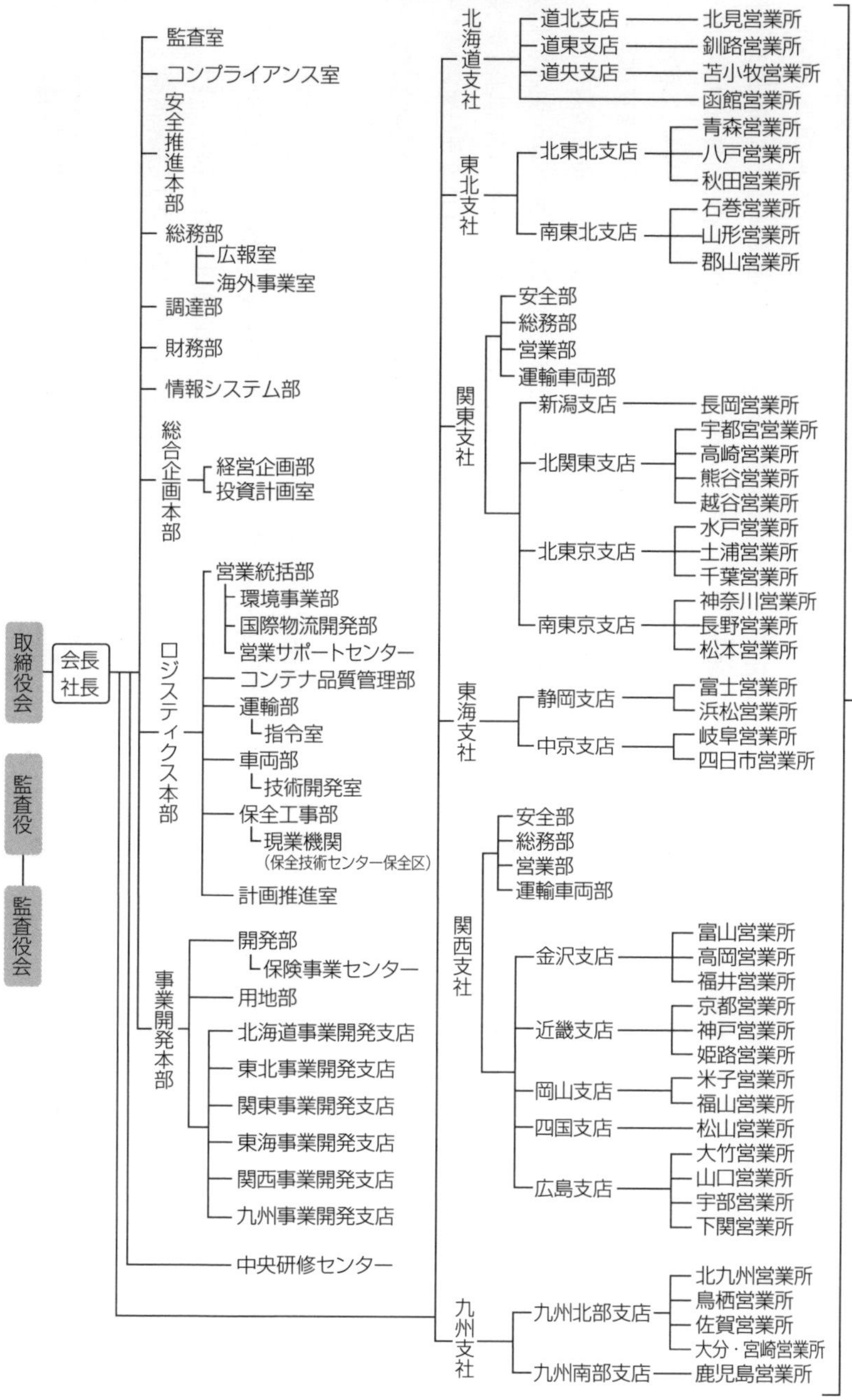
取締役会
監査役
監査役会
会長
社長
監査室
コンプライアンス室
安全推進本部
総務部
広報室
海外事業室
調達部
財務部
情報システム部
総合企画本部
経営企画部
投資計画室
ロジスティクス本部
営業統括部
環境事業部
国際物流開発部
営業サポートセンター
コンテナ品質管理部
運輸部
指令室
車両部
技術開発室
保全工事部
現業機関
(保全技術センター保全区)
計画推進室
事業開発本部
開発部
保険事業センター
用地部
北海道事業開発支店
東北事業開発支店
関東事業開発支店
東海事業開発支店
関西事業開発支店
九州事業開発支店
中央研修センター
北海道支社
道北支店
北見営業所
道東支店
釧路営業所
道央支店
苫小牧営業所
函館営業所
東北支社
北東北支店
青森営業所
八戸営業所
秋田営業所
南東北支店
石巻営業所
山形営業所
郡山営業所
関東支社
安全部
総務部
営業部
運輸車両部
新潟支店
長岡営業所
北関東支店
宇都宮営業所
高崎営業所
熊谷営業所
越谷営業所
北東京支店
水戸営業所
土浦営業所
千葉営業所
南東京支店
神奈川営業所
長野営業所
松本営業所
東海支社
静岡支店
富士営業所
浜松営業所
中京支店
岐阜営業所
四日市営業所
関西支社
安全部
総務部
営業部
運輸車両部
金沢支店
富山営業所
高岡営業所
福井営業所
近畿支店
京都営業所
神戸営業所
姫路営業所
岡山支店
米子営業所
福山営業所
四国支店
松山営業所
広島支店
大竹営業所
山口営業所
宇部営業所
下関営業所
九州支社
九州北部支店
北九州営業所
鳥栖営業所
佐賀営業所
大分・宮崎営業所
九州南部支店
鹿児島営業所
現業機関(総合鉄道部、駅、操車場、信号場、機関区、車両所)

Section

1-5 サービス産業のリーディング業界

総務省の「サービス産業動向調査」令和5年4月〜6月期によれば、期中売上高（四半期平均）は、33・1兆円で前年同月比3・8％の増加になっています。「宿泊業、飲食サービス業」など7産業で増加し、運輸・郵便業も前年同月比2・7％の増加です。しかし、事業従事者数では、全体が前年同月比1・2％の増加に対して、運輸・郵便業は1・9％減少しています。

■サービス産業のトップ　運輸業・郵便業

サービス産業の中分類は、「運輸、郵便業」のほか、「不動産業、物品賃貸業」「生活関連サービス業、娯楽業」など、「その他」を含めて9分類に分けられ、2023年7月（速報）のサービス産業全体の月間売上高は32兆4862億円で、前年同月比4・4％の増加になっています。さらに産業中分類別では、「運輸業、郵便業」が5兆4062億円と、全体の約17％を占め、次いで「医療、福祉」「情報通信業」「不動産業、物品賃貸業」「生活関連サービス業、娯楽業」と続いています。コロナ禍でダメージが大きかった「宿泊業・飲食業」も前年同月比対比で16・4％増と復調しています。

■道路貨物運送業がトップ

さらに産業詳細分類別では、「道路旅客運送業」「道路貨物運送業」「鉄道業」「水運業」「航空運輸業、郵便業」「倉庫業」「運輸に付帯するサービス業」の7つに細分類されますが、売上高が一番多いのが「道路貨物運送業」で、約2兆1350億円を計上し、次いで「運輸に附帯するサービス業」*が1兆1021億円、「鉄道業」が6273億円、「水運業」が5580億円、「倉庫業」3841億円、「航空運輸業、郵便業（信書便事業を含む）」が3344億円と続いています。また、前年同期比では、「水運業」が前年より減少しています。

運輸に付帯するサービス業　「運輸に付帯するサービス業」には、有料道路経営、飛行場、鉄道施設提供、第一種利用運送業と運送取次業が含まれている。

Point

■減少している事業従事者数

2023年7月のサービス産業の事業従事者数は2973万人で、前年同月と比べ1・2％の増加になっていますが、「運輸業、郵便業」は約331万人と、全体の第4位になっており、前年同月比では、8分野中、唯一、0・6％減になっています。

ちなみに第1位は「医療、福祉」で843万人、次いで「宿泊業、飲食サービス業」の521万人、「その他のサービス業」381万人となっています。

さらに中分類では、「道路貨物運送業」が181万人と一番多く、業界全体の55％を占め、次いで「道路旅客運送業」が47万人になっていますが、前年同月比では、「道路旅客運送業」が3・4％減で、「道路貨物運送業」も0・3％減になっています。「鉄道業」も1・5％の減少になっています。

事業従事者数を増やしているのが、「倉庫業」の0・9％増と「航空運輸業、郵便業」の1・0％増で、コロナ禍が小康状態となり、航空産業に人が戻ってきたことを示しています。ANAやJALをはじめとする大手航空会社では、コロナ禍で一時的に休止していた新規採用を再開させるなどの動きが出てきました。

サービス産業動向調査（2023年4月～6月期）

産業（大分類）	月間売上高（四半期平均）		事業従事者数	
	実数（百万円）	前年同期比(%)	実数（千人）	前年同期比(%)
サービス産業計	32,195,013	4.3	29,612	1.2
運輸業・郵便業	5,117,265	3.7	3,279	−1.8
情報通信業	5,009,742	3.7	2,139	3
不動産業・物品賃貸業	4,129,001	−0.6	1,610	1.2
学術研究、専門・技術サービス業　注1	2,739,111	3.1	1,803	1.9
宿泊、飲食サービス業	2,469,497	16.2	5,159	3.3
生活関連サービス業、娯楽業　注2	3,780,467	10.7	2,386	1
教育、学習支援業　注3	295,111	−0.3	1,013	1.7
医療、福祉　注4	5,081,486	2.5	8,413	0.9
サービス産業計業（他に分類されないもの）注5	3,573,332	2.7	3,809	0.5

注1　「学術・開発研究機関」「純粋持ち株会社」を除く
注2　「家事サービス業」を除く
注3　「学校教育」を除く
注4　「保健所」「社会保険事業団体」「福祉事務所」を除く
注5　「政治・経済・文化団体」「宗教」および「外国公務」を除く

Section

1-6 貨物運送事業の現状と課題

運輸業界で一番従事者の多い「道路貨物運送業」は、物流事業の中でも中心的役割を果たしています。トラックなどの自動車、貨車などの鉄道、貨物船やフェリーなどの船舶、そして航空機など、輸送機関を使った輸送のほかに、保管や荷役、包装、流通加工、情報管理などが含まれてきます。

■「輸送」～「保管」～「荷役」

物流事業の流れに沿って、用語の定義付けを行えば、**輸送**は、地域間で長距離大量の貨物の移動を行うことで、近距離の小口の移動は**配送**と呼ばれています。また、工場や倉庫、物流センター内の比較的狭い範囲内でのモノの移動は**運搬**と呼ばれています。

こうして運ばれてきたモノを、いったん留め置くことが**保管**で、倉庫業などの分野になります。保管には、需要と供給のタイミングを推し量る**在庫調整**、あるいは**需給調整**や1か所に大量輸送されてきたモノを、小分けし配送するための**行き先調整**、包装や流通加工などの業務を行う**製品調整**などがあります。

■「荷役」～「包装・梱包」～「流通加工」

輸送機関からモノを積み降ろしたり、倉庫に出し入れしたりする業務を**荷役**、「運搬」と呼び、輸送や保管をするにあたって、モノの保護や効率性を考えて適切な容器に入れたり、包んだりする業務として**包装・こん包**業務、そして卸や小売、消費者の手に渡るまでの業務として、**流通加工**があります。

そして、近年重要視されている業務が、**情報管理**です。物流を合理的、効率的に行えるように、貨物がいま、どこでどのようになっているかをコンピュータや通信回線を使って管理し、記録も留めようというものです。

Point **主たるフォワーダー企業(国内)** NIPPON EXPRESSホールディングス(日通)、近鉄エクスプレス、郵船ロジスティクス、日立物流、トール・ホールディングス(日本郵便傘下)、西日本鉄道国際物流事業本部(にしてつ)、阪急阪神エクスプレスなど。

■「キャリアー」と「フォワーダー」

物流の一連の仕事の流れの中で、輸送機関を自社で保有する事業者のことを**キャリアー**（輸送事業者）と呼んでいます。しかし、鉄道、船舶、航空機などは、駅や港湾、空港にしか発着できないことから、発荷主や着荷主などへの集荷配送は、自社の別部門や関連会社、あるいは自動車輸送の専門事業者に委託して行われます。このように、自社の輸送機関ではなく他社保有の自動車などによる輸送事業を、「利用運送事業」（**フォワーディング事業**）と呼んでいます。大手物流事業者はキャリアーであっても、フォワーディング業務も兼営することが多いです。一方、フォワーディング事業に特化している**フォワーダー**と呼ばれる事業者も多く、キャリアーから貨物スペースを買い取り、不特定多数の荷主から荷物を預かって混載して輸送することから、**貨物利用運送事業者**や**海運貨物取扱い業者**、**利用航空運送事業者**などと呼ばれています。また、国際貨物輸送においては、「キャリアー」と「フォワーダー」の2つの業務を1つの企業グループで統合（インテグレート）して行う「**インテグレーター**」があります。自社で航空機などの輸送機を保有し、かつフォワーディング業務を行っています。

貨物利用運送事業の概念

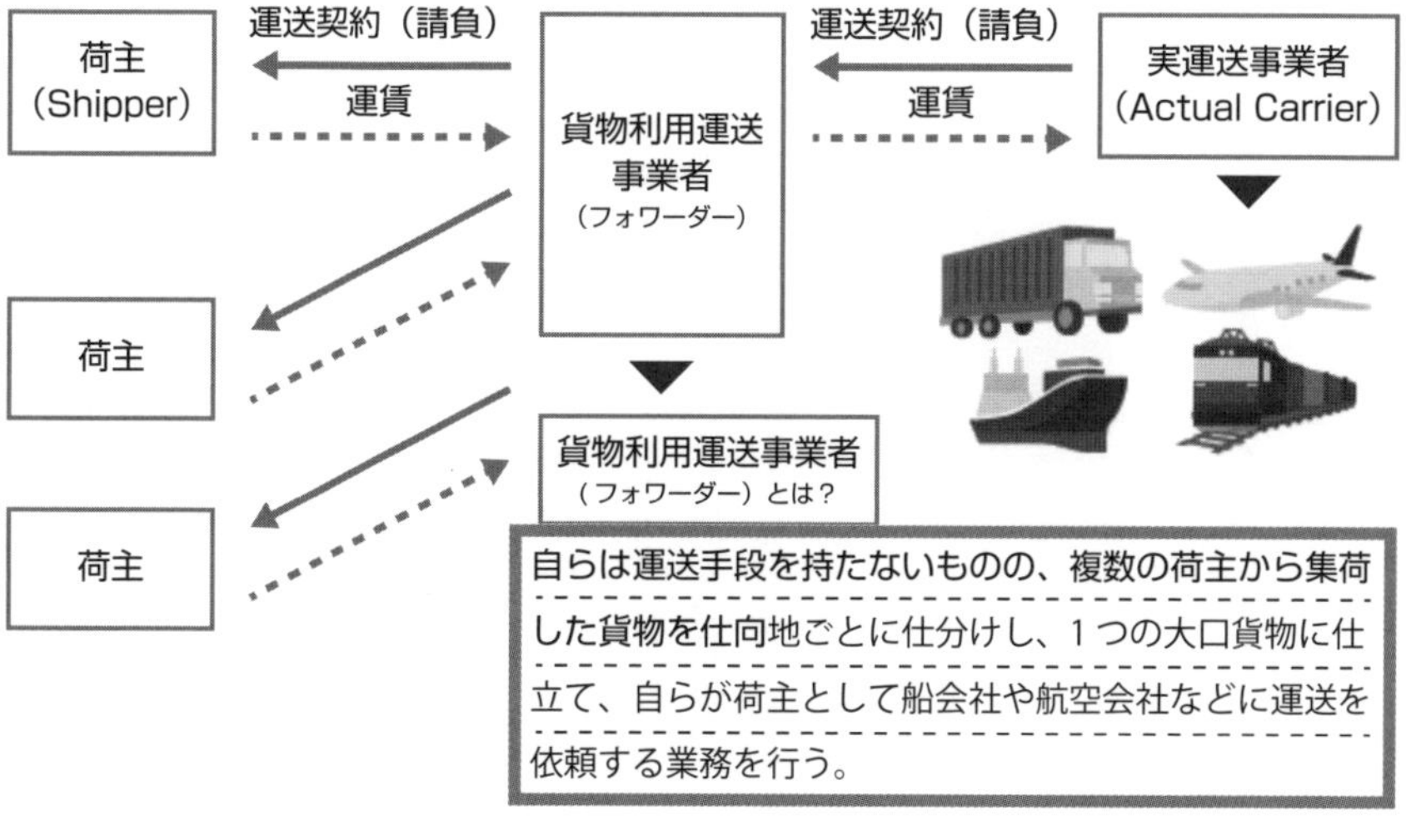

Point **世界の4大インテグレーター**　アメリカのフェデックス（FedEx Corporation）とUPS（United Parcel Service Inc.）、ドイツのDHL（Deutsche Post DHL）、オランダのTNT（TNT Express Worldwide Inc.）がある。

Section

1-7 3PLのサービスラインナップ

現代の物流事業では、メーカー、卸、小売などあらゆる業種業態でコスト低減とサービス水準の向上が求められ、物流に関する業務全体を一括してアウトソーシングする企業が増えています。

■「システム物流」から「3PL」

アウトソーシングの受け手はかつては**システム物流**と呼ばれていましたが、最近は**3PL***が一般的になってきました。3PLのサービスラインナップとしてはまず、**調達物流サービス**があります。これは部品・資材の引き取りから保管・生産ラインへの納入まで一貫したシステムで行うサービスです。

次に、**生産物流サービス**は、主に工場内物流と発送管理の仕事です。**販売物流サービス**は、在庫管理や入出庫管理、受注代行業務までのシステムになります。さらに最近では、調達～生産～販売だけでなく、回収～リサイクル・廃棄処分までも行う**静脈物流サービス**と呼ばれるものや、同一業界の複数企業を対象とした共同保管・共同配送サービスを行うところも増えてきました。

■生産シフトの海外化

経済のグローバル化に伴い、自動車メーカーはもとより、家電メーカーや機械メーカー、アパレルメーカー、食品、医薬品などの海外進出が増えるとともに、多国籍企業の間にも、グローバルな3PLを導入している業種が増えてきました。背景には、いろいろなメーカーがローコスト生産を目的に、生産拠点を海外にシフトし、完成品の輸入業務も調達物流サービスの1つとして加えられるようになってきたことがあります。また、調達を必要とする物も部品から半製品、完成品等、多種多様で、その調達先を世界で探すこともまた重要になってきました。

現在、3PLのサービスを展開している企業では、グローバル物流と国内物流に組織を分けて展開しているところが多くなっています。

Term

3PL　サードパーティー・ロジスティクスと訳され、一般的に荷主に対して物流改革を提案し、包括して物流業務を受託し遂行することをいう。

■4PL・5PLなどへの発展

4PLは、3PLをより高度化したものを意味する言葉といわれています。米国のコンサルティング会社が最初に提案したビジネスモデルで、複数の3PL業者をネットワーク化して、さらに効率的なサービスを提供する物流業者の中心となる存在を意味しています。

また、自社の物流ノウハウを別の物流企業に「商品」として提供することで、コーディネート料やアドバイザー料を得るという立場になることもあります。

具体的に4PLは、荷主とパートナー企業との提携によって設立され、荷主と複数の物流事業者とを一元管理で結び、3PL事業者の延長線上に位置しながら、荷主のサプライチェーン全体を管理するという形になります。

商社などが物流企業と荷主企業の中間的な立場で、ロジスティクスをコーディネートするケースがそれまで一般的に行われていましたが、4PLの場合には、独自の優れたノウハウを持ちながら、さらに3PL物流全体をプロデュースしていく役割を果たしています。

さらに近年では、AIなどの先端技術を加えた**5PL**などのサービスも登場しています。

3PL事業の概念図と組織図

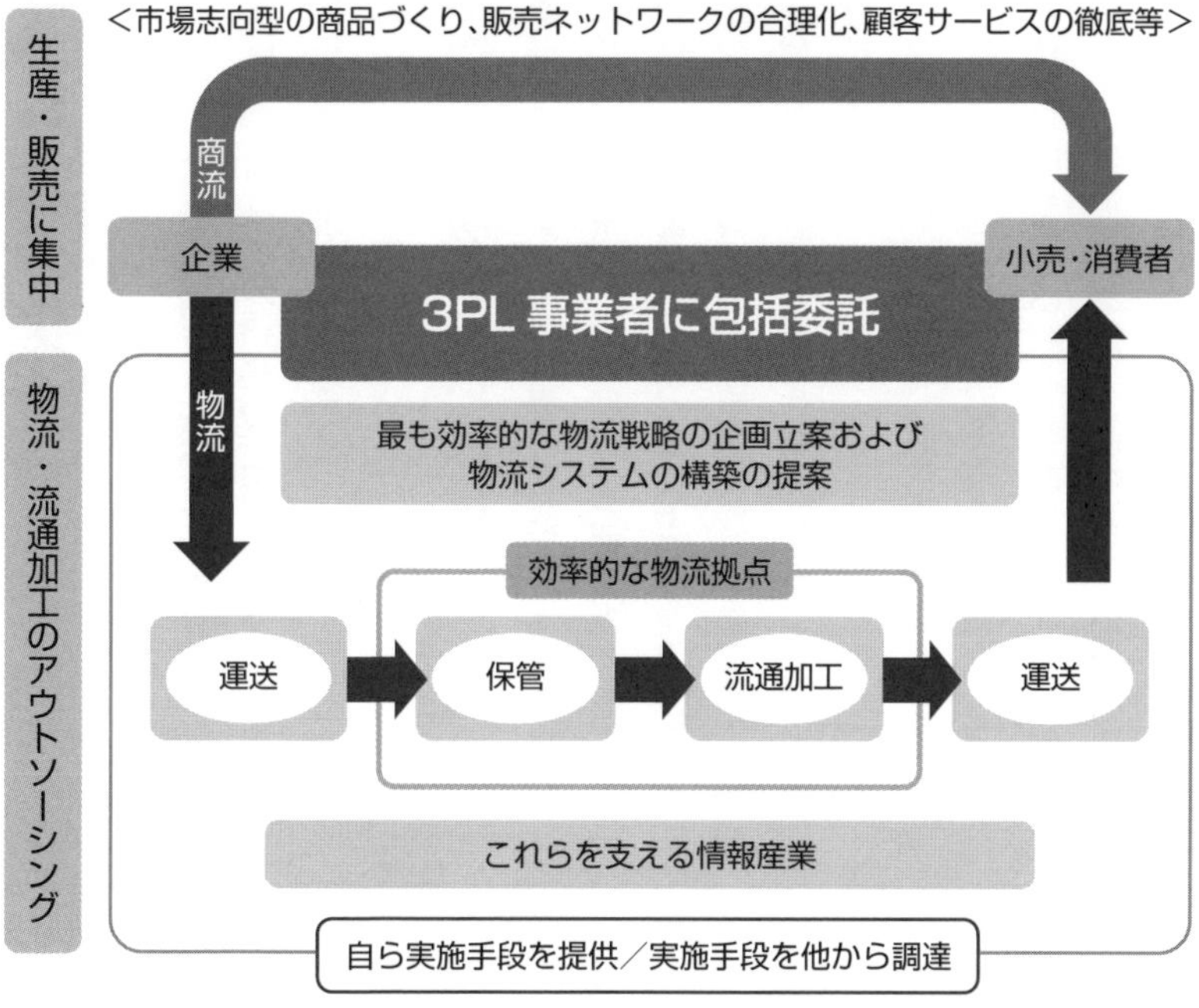

Section

1-8 旅客運送事業の現状と課題

鉄道、航空機、船、自動車（バス・タクシー）などで人を乗せて運行する業務を旅客輸送と呼んでいますが、旅客の仕事は実際に乗務する仕事と整備や受付など非乗務の仕事に分けられます。また、実際の運行現場の仕事と営業などの事務部門に分けることもできます。

■女性の進出が増えている乗務員系の仕事

かつて電車の**運転士**や飛行機の**パイロット**などの操縦系の仕事は男性の仕事というイメージがありましたが、最近は、女性の電車運転士や女性パイロットなどが増えてきました。このほか、鉄道の車掌業務や観光バスガイド、航空機、旅客船などの**客室乗務員**（**キャビンアテンダント**、**パーサー**）などでの人材も広く求めています。

船舶においては、**航海士**と**船舶操縦士**、**無線通信士**などの仕事がありますが、いずれの職種とも資格取得が必要で、少子化の影響から資格者の手当ても厳しくなってきました。バスやタクシーなどの旅客自動車でも、二種免許取得者の不足が課題になっています。

■駅・空港業務での担い手育成

旅客運送事業の非乗務系の仕事では、鉄道であれば、出札・改札業務やプラットホームでの誘導など**駅員**としての職種があり、航空機や旅客船では、**グランドスタッフ**と呼ばれる地上職の仕事や空港内での離発着に伴う、航空機・船舶の誘導や貨物搭載、給油などの作業を行う**ハンドリング**という仕事があります。

また、空港や港湾においては、航空管制官など公務員としての資格職種もありますが、いずれの輸送機関とも、法定整備が義務付けられています。整備部門の仕事や点呼執行や運行全体の安全管理を行う、運行管理者の設置が求められ、担い手育成が課題となっています。

Column

新幹線の女性運転手　1999年の改正労働基準法施行に伴い女性の深夜勤務が可能になり、鉄道会社では女性社員が増えてきている。このうち、JR東海で東海道新幹線の運転士業務に従事する女性社員は一期生が4人だったのに対して、現在は20倍の80人まで増加している。

■旅客の営業企画の仕事

鉄道、航空機、旅客船の旅客部門では、広く旅行代理店や団体顧客等へのセールス活動が重要になっています。また、地方自治体やホテル・旅館などの業界との連携を強化し、旅行商品の企画やルート観光のプランなどを提案し、誘客に結び付ける営業活動も活発に行われています。さらに、インバウド観光の推進による訪日外国人旅行者の獲得のため、その営業エリアも拡大しています。旅行代理店と同じく、旅行業の登録に必要な資格者が必要になっています。ポストコロナ社会においては、早期の経済復興としてインバウンドの回復にも注目が集まっています。運輸業界の関連では、観光インフラや老朽化している交通インフラへの再整備などに期待するとともに、新分野への取り組みや旅客事業の再構築への取り組みも急がれています。

また、グローバル化の進展から、外国人労働者の確保とともに、多国籍の言語に強いスキルなどが、乗務系、非乗務系問わず求められています。国土交通省は、タクシーやバス、トラックの運転手の不足に対応するため、外国人労働者の受け入れを認める在留資格「特定技能」の対象に「自動車運送業」を追加する方向で検討に入っています。

外国人労働者の在留資格「特定技能」

●特定技能1号

対象者	特定の産業分野における相当程度の知識、もしくは経験が必要な技能を持つ外国人
在留期間	通算5年が上限
家族帯同	不可
技能水準	試験等で確認
日本語能力の水準	試験等で確認

●特定技能2号

対象者	特定の産業分野における熟練した技能を持つ外国人
在留期間	3年、1年、6カ月ごとの更新
家族帯同	要件を満たせは、配偶者・子供の帯同が可能
技能水準	試験等で確認
日本語能力の水準	確認不要

Column

女性のバス運転手の増強方法　新幹線の女性運転手と同様に、女性のバス運転手も1999年以降増加している。しかし、「更衣室やシャワー室など、女性用の設備が整っていない」ことや「長時間労働や早朝勤務など、女性が働きたい時間と合わない」などの理由により、伸び悩んでいる。

Section

1-9 運輸関連業務の仕事

運輸業界各社に共通する仕事として、現業部門のほか本社業務や関連事業部門の仕事があります。本節では現業部門の仕事について、業態別に解説しながら、そこで働く人たちに求められるスキルや課題などについて解説します。

鉄道での仕事

鉄道の運行では旅客輸送、貨物輸送の運行および付帯業務を行い、運行管理では電車がダイヤどおり安全に運行するための管理や指令を行います。

鉄道乗務員は旅客の場合、運転士業務と車掌業務があり、乗客の乗り降りの確認や車内放送の業務、緊急時の乗客の誘導とダイヤどおりの電車の運行などを行ます。貨物はほとんどのダイヤで運転士の1人乗務です。

運転士の資格では、鉄道車両によって、**甲種電気車**（電車、電気機関車）、**甲種内燃車**（気動車）、**甲種蒸気車**（蒸気機関車）、**甲種新幹線電気車**（新幹線）の4種類があり、乙種は路面電車の免許資格です。

運転指令の仕事

鉄道の運行では、運転指令が重要になってきます。会社や指令所規模等によっても名称等は異なりますが、輸送指令や運用指令など、大きく6つの指令業務があります。このうち、輸送指令や電力、信通指令は中央集中指令施設や電力区、信通区で行われることが多く、貨車などの連結や入換誘導、駅での信号取扱い、旅客指令などは、駅の指令室などで行われています。

貨物列車への指令は、貨物列車の運行主体会社が各旅客鉄道会社の線路を借りて運転する場合には、運行管理権が貨物会社にないため、列車遅れ時でも旅客会社がダイヤを決定しています。

Point
甲種と乙種の違い　「甲種」は、専用敷地に敷かれた線路の上を走る動力車を操縦する資格。「乙種」は、専用軌道以外を走る路面電車などを操縦する資格で、乙種には道路交通法及び道路交通法施行令の規定が適用される。

■サービス開発と不動産開発

このほか鉄道の現業部門の仕事としては、鉄路や施設関係の整備の業務があります。

整備は、車両の保守・点検・管理のほか、車両整備計画の立案や信号通信設備などの監視、指令業務、線路や土木構造物についての点検・検査・保守などを手掛けています。

また近年業務量を増やしているのが、**サービス開発**（鉄道サービス企画、ITサービス企画など）や沿線の**不動産開発**などです。ターミナルビルの運営や管理などで、鉄道利用者の動向をさまざまな角度から分析・検討し、各部署との連携により鉄道サービスの企画の立案、検討・実施をする業務です。

企画立案にあたっては、鉄道事業の収支や旅客需要、エリア動向など現状の分析も必要で、マーケティングに関するスキルが要求されてきます。

また、不動産開発では沿線土地の開発や戸建て分譲、マンション開発や街づくりを手掛け、鉄道利用者の拡大に努めています。

近年、鉄道事業者においては「本業が鉄道」という意識はなく、どの事業も同格になっています。

鉄道会社の現業部門のキャリアステップ

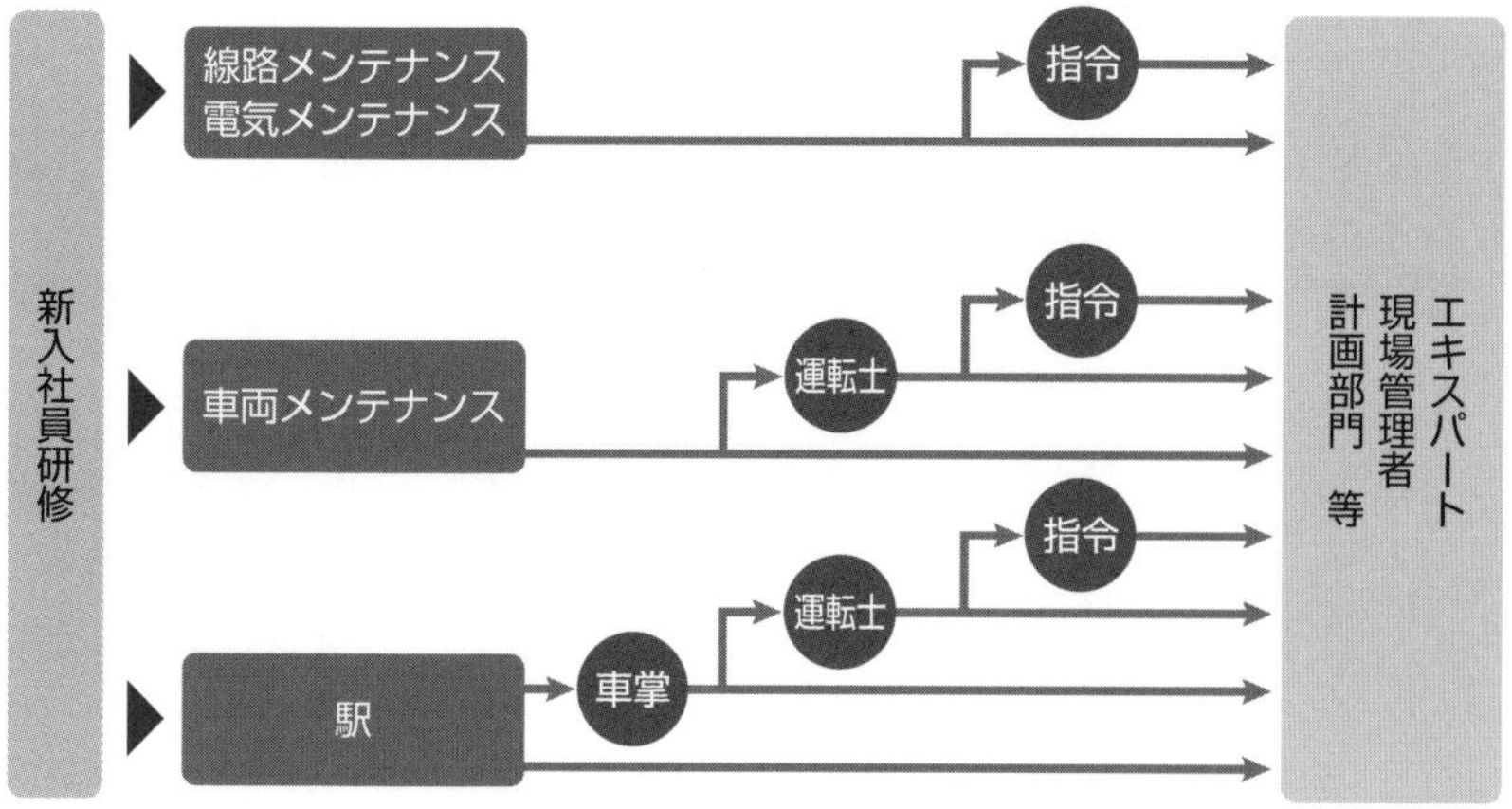

出典：JR北海道ホームページより

運転整理業務とAIの活用　JR各社では、列車の運行ダイヤの乱れ時に運転整理を行う指令員の業務支援として、「鉄道指令業務アシストAI」の開発に取り組んでいる。AIを活用しながら、ダイヤ乱れ時の運転整理自動化を目指している。

■船上での仕事

海運会社の仕事は、船に乗って働く仕事と陸上での仕事に大別されますが、船では最高責任者である船長のもとに、専門の部門が分担して仕事をしています。**甲板部**は、操船や貨物の積み降ろしなどを行います。**機関部**は、エンジンやボイラーの運転および整備、燃料の補給などを行います。**無線部**は、陸上や他の船舶との通信などを行い、**事務部**は、出入港手続き、船内での調理、客船などでの乗客へのサービスを行っています。

乗り組む船員の資格や定員などは、船の大きさや航海の範囲によって決められています。また、旅客と貨物の種別によっても船員の構成や人数は変わります。

職種としては、**職員**（オフィサー）と**部員**（クルー）の2つに分けられ、職員は、国家試験に合格して海技士の資格を持っている船員で船長が船の最高責任者となります。このほか、航海士は航海中の船の見張りや操船、出入港作業の指揮監督、荷役作業の監督などを行い、1等航海士、2等航海士、3等航海士の資格があります。

■機関部の仕事

機関長は、さまざまな機械、装置の運転管理などを行う**機関部**の責任者で、**機関士**（**船舶機関士**）は、航海中の船のエンジンルームで機器の運転監視などを行います。さらに、**通信士**（無線通信士）は、陸上との無線連絡を担当します。

部員（**クルー**）は、職員を補助する、さまざまな仕事を行う船員で、甲板員や機関員、事務部員などがいます。客船や長距離フェリーには、乗客サービスをする**パーサー**や**アテンダント**も乗船します。

海技士の資格は、**航海**、**機関**、**通信**の3つに分かれ、「航海」「機関」が1級から6級まで、「通信」が1級から3級まであります。

「航海」「機関」の資格は、船のトン数、エンジンの出力や航行する区域によって、乗り組む職員の資格と人数が法律で定められています。外航船員になるには3級、内航船員になるには4級の資格が一般的で、資格取得には、乗船実習を受け、国家試験（学科試験と身体検査）に合格する必要があります。

Term
航海士の区分　商船の場合、1～3等級の3名以上の航海士が勤務し、交代で24時間業務を行っている。1等航海士は、業務の指揮監督を行う立場で、2等航海士は、主に航海の際に使われる海図などを管理し、出入港の際の作業の監督を行う。3等航海士は、船内全体の雑務や書類の管理を行っている。

部門別船員数および船舶数（各年10月1日現在）

部門		年	船員数（人）	予備船員数（人）	船舶数（隻）
海運業	外航	22	5,376	1,190	152
		23	6,214	1,298	188
	内航	22	28,168	6,375	4,033
		23	27,260	6,283	3,890
	計	22	33,544	7,565	4,185
		23	33,474	7,581	4,078
漁業		22	28,838	291	4,002
		23	27,340	345	3,916
その他		22	16,072	1,797	3,890
		23	15,940	1,811	3,740
合計		22	78,454	9,653	12,077
		23	76,754	9,737	11,734

注）船員数には、外国人船員数、予備船員数が内数として含まれている。　出典：国土交通省調べ

海運の現場の仕事

船員は、職員（オフィサー）と部員（クルー）に大別される。

❶職員（オフィサー）

船長　：船の最高責任者。
航海士　：航海中、船の見張りや操船、出入港作業の指揮監督、荷役作業の監督など。
機関長　：さまざまな機械、装置の運転管理などを行う「機関部」の責任者。
船舶機関士：航海中、船のエンジンルームにて機器の運転監視などを行う。
通信長　：通信関係の責任者。
無線通信士：陸上との無線連絡を担当。現在は、船長、航海士が兼務することが多い。

❷部員（クルー）

甲板部　：操船や貨物の積み降ろしなど。
機関部　：エンジンやボイラーの運転および整備、燃料の補給など。
無線部　：陸上や他の船舶との通信など。
事務部　：出入港手続き、船内での調理、客船などでの乗客へのサービスなど。

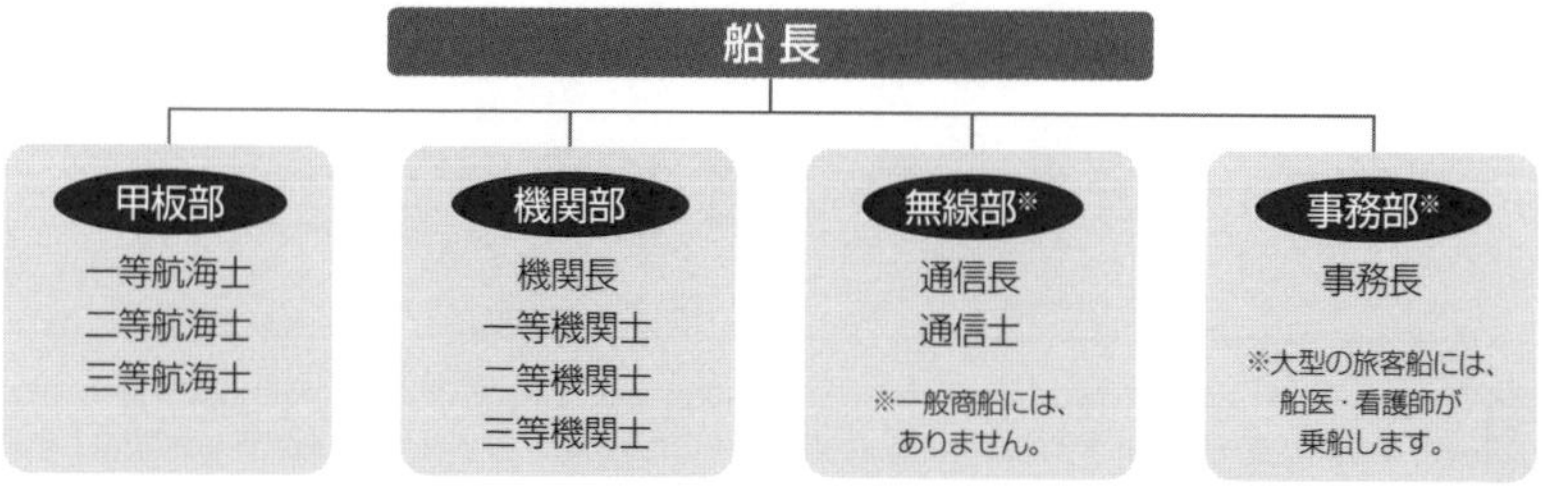

■航空会社の現業の仕事

飛行機やヘリコプターのパイロットや客室乗務員は憧れの職種の1つになっています。

航空大学校やパイロット養成学校で学んだあと、国家試験を受けて、定期運送用操縦士の資格取得が必要になってきます。その後、航空会社へ入社し、地上勤務などを経て、訓練を重ねてパイロットになることができます。

一般的に旅客機は、**機長**と**副操縦士**の2人で操縦していますが、機長は船の船長と同じく、機内での最高責任者になります。ヘリコプターなどのパイロットも事業用操縦士の国家資格が必要で、仕事先としては、マスコミの取材飛行や空中遊覧飛行、航空写真の撮影、警察、消防などがあります。

客室乗務員は、乗客に各種サービスを行う職種で、**フライトアテンダント**、あるいはキャビンアテンダントなどと呼ばれることもあります。客室内でのサービスのほか、事故や急病人の発生、あるいはハイジャックなどの非常事態時は、乗客の安全を真っ先に考える立場にあります。

■空港地上係員の仕事

空港地上係員は、空港内で旅客サービスを行う職種です。各飛行機会社のカウンターで、チケットの受付や予約・販売、荷物預かりなどの業務を担当します。

また、国際線の場合には搭乗手続きや出国手続き、税関を通って飛行機に乗りこむまでの案内業務を担当し、客室乗務員と同様に、英会話などのスキルが要求されます。

飛行機の着陸時に、機体を飛行機の置き場所である駐機場に誘導する人を**マーシャラー**と呼びます。2本のパドルを決められた合図に従って動かし、誘導します。離発着時以外は、貨物の搭載や受付業務に回ることもあります。

航空貨物は**カーゴ**と呼ばれ、乗客の手荷物のほか、郵便物や航空運送を前提とした貨物の受付と搭載などを担当しています。これらの貨物の重量は飛行にも影響し、総重量を規制したり、飛行機のバランスを考えながら積み込むため、機長からの指示や報告を必要とします。

Column

マーシャラーに必要なスキル マーシャラーは、パイロットが目で確認できない停車位置に、数センチという単位で飛行機を誘導することが第一の役目。そのため、パイロットとの信頼関係も必須になる。必要な資格としては、TOEIC®のほか国際航空貨物取扱士 、手話技能検定などが求められる。

ディスパッチャー（航空機運航管理者）

ディスパッチャーは、航空機の安全運航を地上からサポートするという重要な任務の仕事です。具体的な仕事内容としては、フライトプランと呼ばれる飛行計画書を各便ごとに作成し、パイロットに提供することにあります。

もともと航空会社では、航空法の関係上、機長が航空機のルートを独断で決めることは認められていません。運航管理の専門職であるディスパッチャーが、さまざまな情報を総合的に判断して、1便ごとに飛行ルートなどを考えます。機長と同じくらい重要な役割を持ち、「地上のパイロット」とも呼ばれる職種となります。

ディスパッチャーになるには、国土交通省所管の国家試験である運航管理者技能検定を受け、合格後さらに経験を積む必要があります。その上で、社内審査に合格して、正式なディスパッチャーになります。

国家試験の受験資格としては、航空無線通信士の資格を取得していること、21歳以上で、運行管理者の補助業務など、2年以上の実務経験があることが必要になってきます。

本社スタッフ部門の仕事

航空会社の本社組織図では、「本部」あるいは「室」の中に、総務部や人事部など事務関係の専門部が置かれています。近年は、DXの推進に取り組む専門部を置くところも増えています。

本社業務の中枢になる「経営企画」は、会社全体の財務や人事政策のほか、航空市場の動きを調査・分析し、航空需要に応じた営業戦略や機材調達の立案のほか、マーケティング戦略の推進を図ります。

近年は、IT戦略に基づくマーケティングの展開が重要になってきていることから、ITスキルのあるスタッフが配置されることも多くなっています。

また、新規就航や増便など路線の問題の調査・検討、航空運賃の問題、航空交渉に関わる問題など、国際的な業務も担当しています。

さらに、航空事業ではLCC*とFSC*の両立を図るための戦略や、マイル事業など非航空事業を巻き込んだかたちでのグループ戦略の立案なども、本社スタッフに課せられた重要な業務になってきました。

Term
LCC　Low-Cost Carrierの略。格安航空会社のこと。
FSC　Full Service Carrierの略。サービスの整った従来型の航空会社のこと。

日本航空の組織図

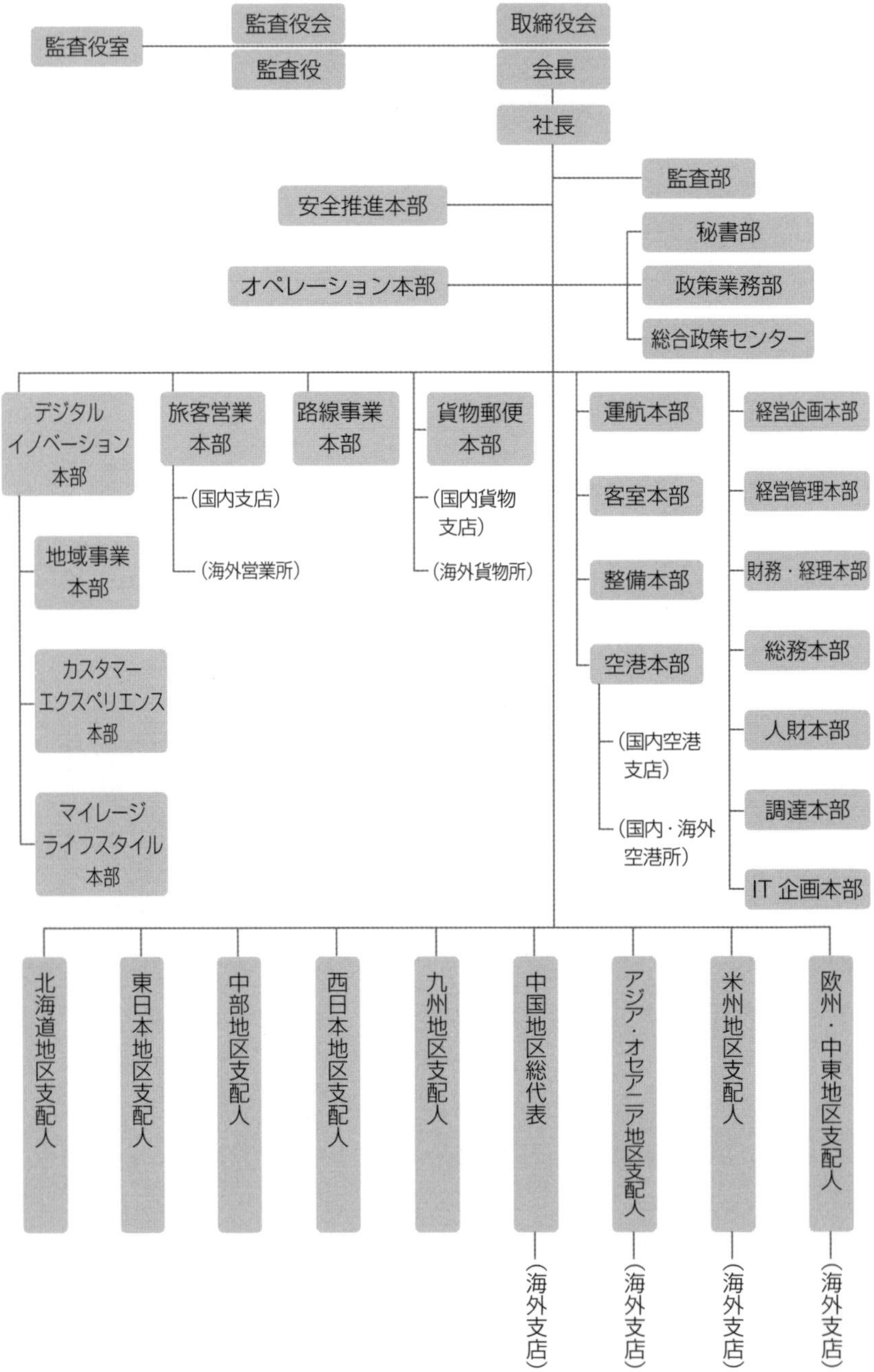
監査役室
監査役会
監査役
取締役会
会長
社長
監査部
安全推進本部
秘書部
オペレーション本部
政策業務部
総合政策センター
デジタルイノベーション本部
地域事業本部
カスタマーエクスペリエンス本部
マイレージライフスタイル本部
旅客営業本部
（国内支店）
（海外営業所）
路線事業本部
貨物郵便本部
（国内貨物支店）
（海外貨物所）
運航本部
客室本部
整備本部
空港本部
（国内空港支店）
（国内・海外空港所）
経営企画本部
経営管理本部
財務・経理本部
総務本部
人財本部
調達本部
IT 企画本部
北海道地区支配人
東日本地区支配人
中部地区支配人
西日本地区支配人
九州地区支配人
中国地区総代表
（海外支店）
アジア・オセアニア地区支配人
（海外支店）
米州地区支配人
（海外支店）
欧州・中東地区支配人
（海外支店）

一般的な海運会社の組織図

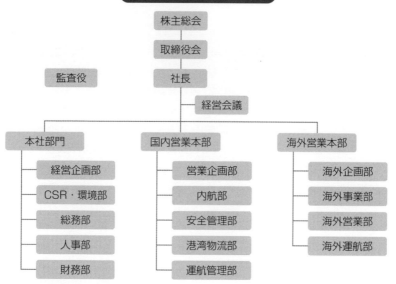

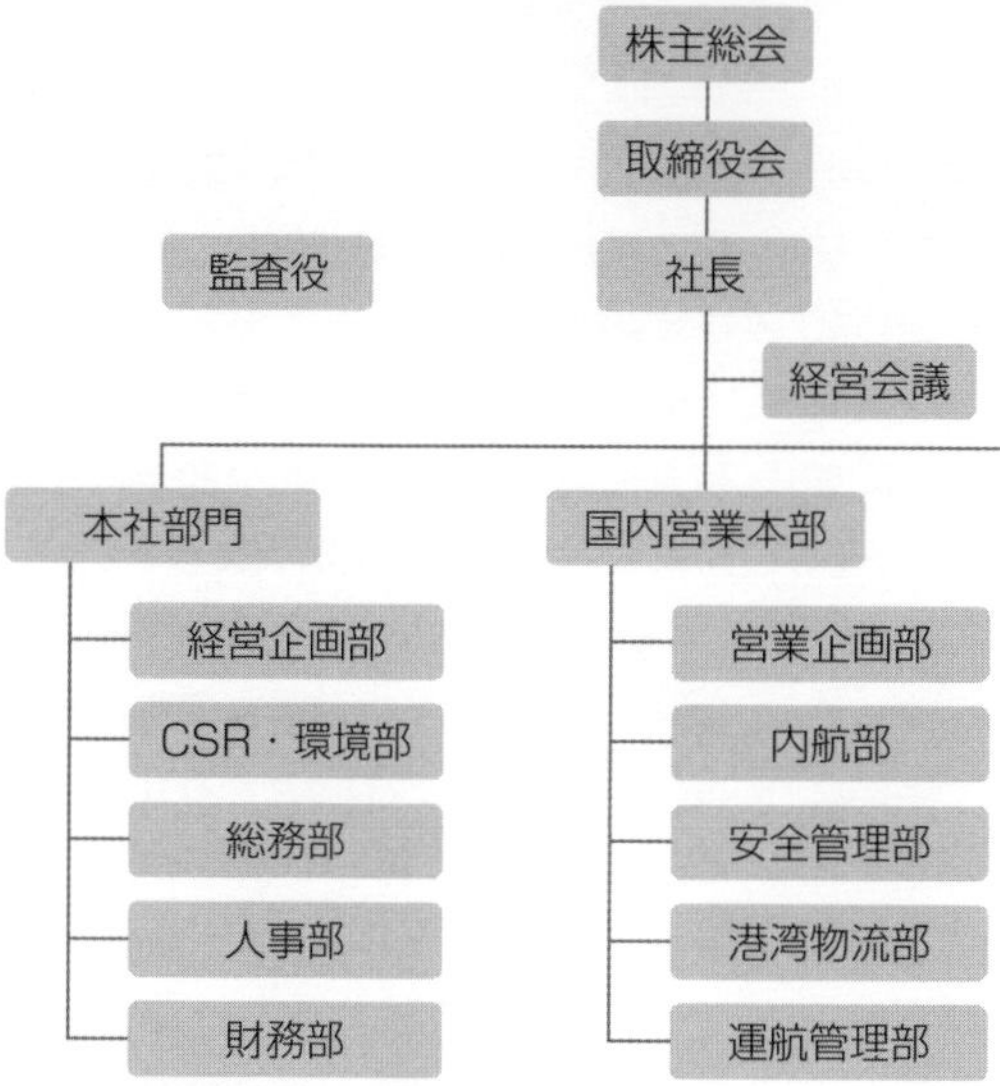

●日本郵船 本店組織図

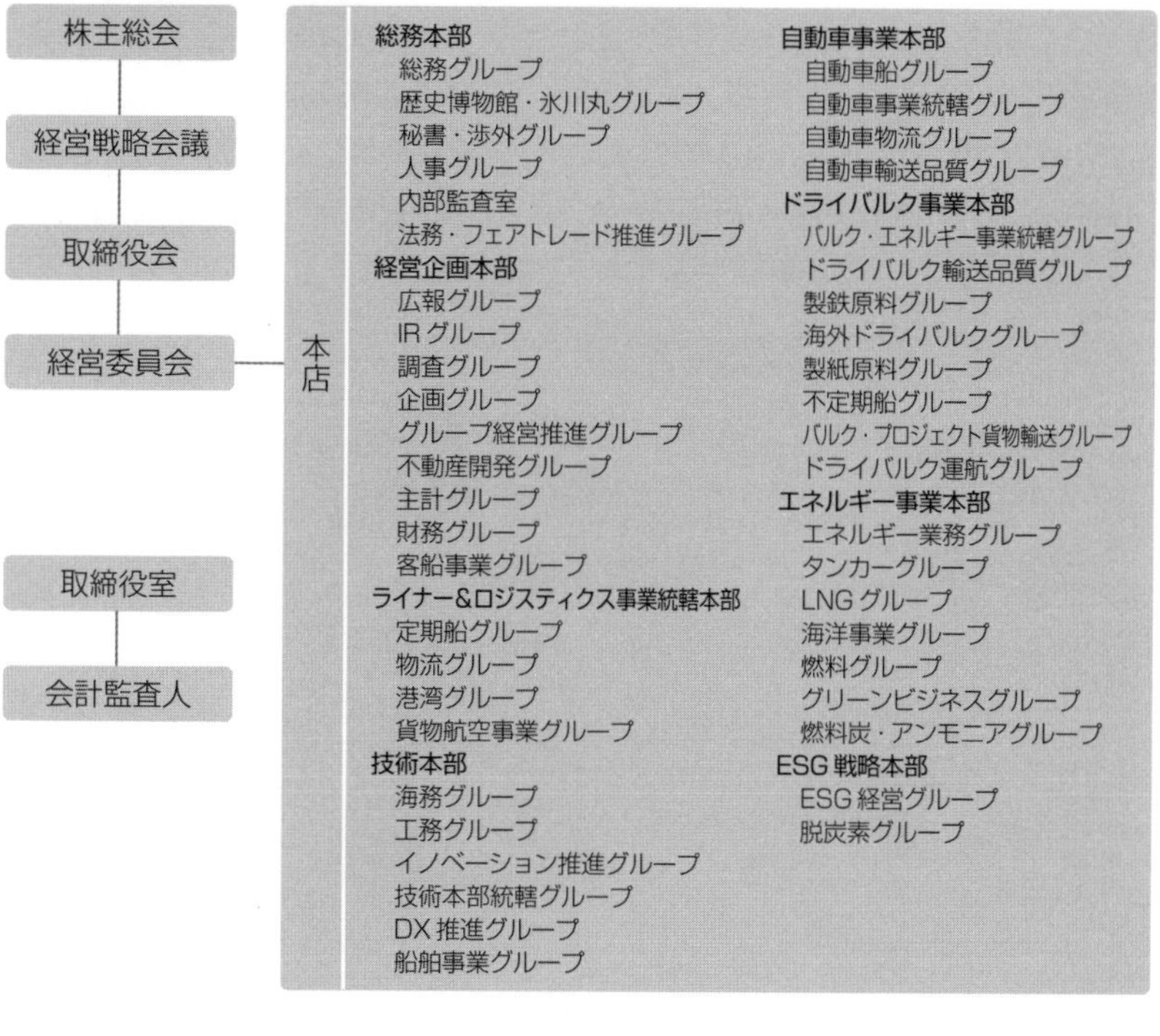

気象庁の歴史と所管の省庁

Column

明治のはじめ、灯台建設のため来日したイギリス人のマクビーンと、同じくイギリス人で、京浜間鉄道布設のために来日したジョイネルは、気象観測の必要性を明治政府に建議し、政府は1873（明治6）年に気象台を設けることを決めています。その後、二人の紹介でシャーボーという専門家を招へいし、観測機器の調達を依頼しました。そのとき、シャーボーは「日本は地震が多いと聞いたが、測点が移動しては困る。日本で測量をするにはまず地震観測が必要だ」と考え、イタリア製の地震計を気象器械とともに持参しました。

1875（明治8）年5月、現在の東京都港区虎ノ門に器械の据付けを行い、翌6月から観測が開始されました。現在の気象記念日はこれを記念して制定されたものです。その後、1883（明治16）年に東京気象台で初めて天気図を作成し、毎日の印刷配布が行われ、さらに翌17年には毎日3回の全国の天気予報の発表が開始されるようになりました。

その気象台の所管は、明治政府の頃は内務省に置かれましたが、1895（明治28）年には内務省から文部省に移され、1943（昭和18）年からは、運輸通信省、1945（昭和20）年からは運輸省の所管となりました。名称も、1887（明治20）年には中央気象台と改称され、1956（昭和31）年からは気象庁になっています。

そして、2001（平成13）年1月の中央省庁等の再編に伴い、気象庁は現在の国土交通省の外局として業務を実施しています。

気象の研究は科学技術に属するものの、気象に関する情報や予報などは、人命を預かる交通機関にとっては、必要不可欠なものだけに、現在の国土交通省が最もふさわしい担当省庁でしょう。

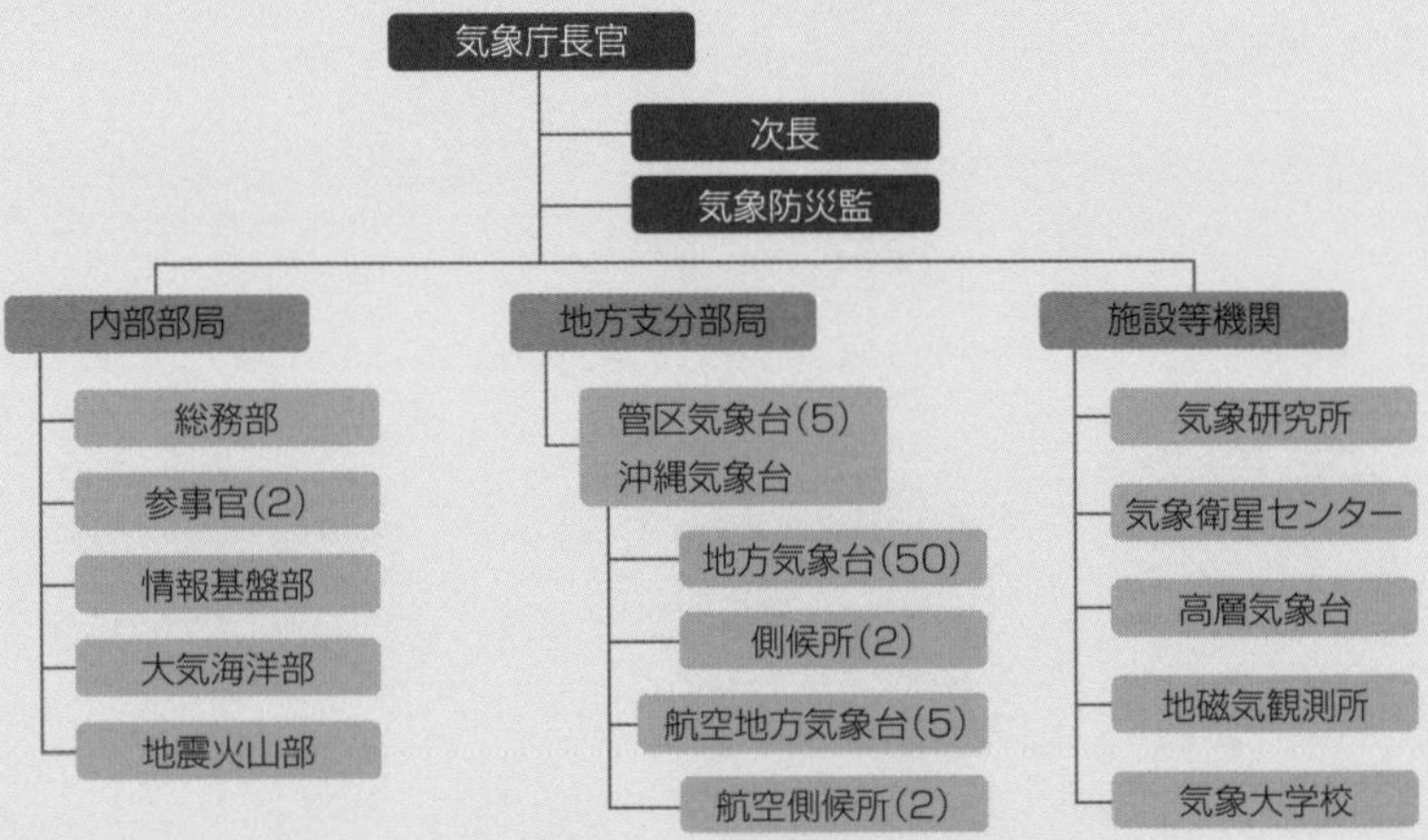

第2章

これからの運輸業界とDX・GX

地球温暖化に伴う激甚災害やコロナ禍、ロシアによるウクライナ侵攻に伴う世界経済の混乱など、未曾有の出来事により世界中の産業が停滞を余儀なくされました。さらに、日本においては少子高齢化と人口減少により、働き手の不足という事態も深刻になっています。

運輸業界においてもその影響は大きく、「2024年問題」などの人手不足は深刻で、旅客、貨物を問わず多くの運送事業において苦戦を強いられています。

どの業種でも生き残りをかけての経営革新が迫られてきていますが、その切り口と考えられているのが、デジタルトランスフォーメーション（DX）への転換です。

また最近では、2050年までに脱炭素社会を実現するため、経済活動をグリーンエネルギー中心にシフトする必要があり、そのためGX（グリーン・トランスフォーメーション）に向けた取り組みも求められています。

Section

2-1 DX・GXの背景にあるもの

経済産業省はDXの定義を、「データとデジタル技術を活用して、ビジネスモデルを変革するとともに、企業文化・風土を変革し、競争上の優位性を確立すること」としています。その背景には、来る2025年にピークを迎える超高齢化社会とコロナ禍への対応があります。

■2024年問題と2025年問題

前章では、運輸業界における働き手の不足について、「2024問題」と紹介してきましたが、日本の人口構造の変化では、2025年には約800万人いるすべての「団塊の世代」(1947〜1949年生まれ)が後期高齢者(75歳以上)となることで、国民の5人に1人が後期高齢者という超高齢化社会を迎えます。

その結果、社会保障、主に医療・介護、年金などが限界に達するとともに、産業界では熟練技能者の不足など極度の労働力不足が懸念されるとされています。

これが**2025年問題***と呼ばれるもので、DXへのシフト転換は働き手の不足を補う意味からも、必然的なものになっています。

■コロナ禍による移動と対面の規制

コロナ禍の発生前より日本の消費経済全体に大きなトレンドを見せてきたのが「**IT化の進展**」です。新型コロナウイルスの感染拡大に伴い、オンライン決済やテレワークの急増など、いわゆる人の動きと対面を阻止する形でIT化のさらなる進展が図られてきました。

消費生活においては、これまでの「リアル・対面型」のサービスから「非対面と非接触型」のサービスへシフト転換し、さまざまな企業活動において、リモート・オンライン化の加速が求められるようになりました。

社会全体が最先端のデジタル技術を使いこなすのが当たり前の状況になってきたのです。

Term

2025年問題　2025年問題は、団塊世代(1947〜1949年生まれ)が75歳以上の後期高齢者となることで起こる、社会保険費の負担増や働き手不足などの問題のことをいう。

■カーボンニュートラルへの流れ

慢性的な働き手の不足のほか、環境規制の強化や燃料費の高騰などもDXが必要とされる背景になっています。

国では2050年までに**カーボンニュートラル**を目指すことを宣言しました。さらに2030年度に温室効果ガスを2013年度比で46%削減することを目指すとしています。地球温暖化を防止する世界的な潮流を受け、日本でもカーボンニュートラルへの取り組みが急加速しています。

この世界的な環境保護重視の流れによって生じている規制強化として、真っ先に取り上げられているのがCO_2排出量への対応で、とりわけ運輸部門の4割弱を占めるとされている貨物自動車のCO_2排出量についての規制が厳しくなるとされています。

また、不透明な国際情勢が続く中、原油価格の高騰は続き、燃費の改善だけでなく、輸送の効率化と採算性の問題は経営に直結する問題となっています。

中小運送事業者が多い運輸業界では、DXによる経営革新は必然的なものになっています。カーボンニュートラルの達成に向けて、エコドライブや脱炭素自動車*の導入、モーダルシフトなどへの取り組みが急がれています。

カーボンニュートラルの達成に向けて

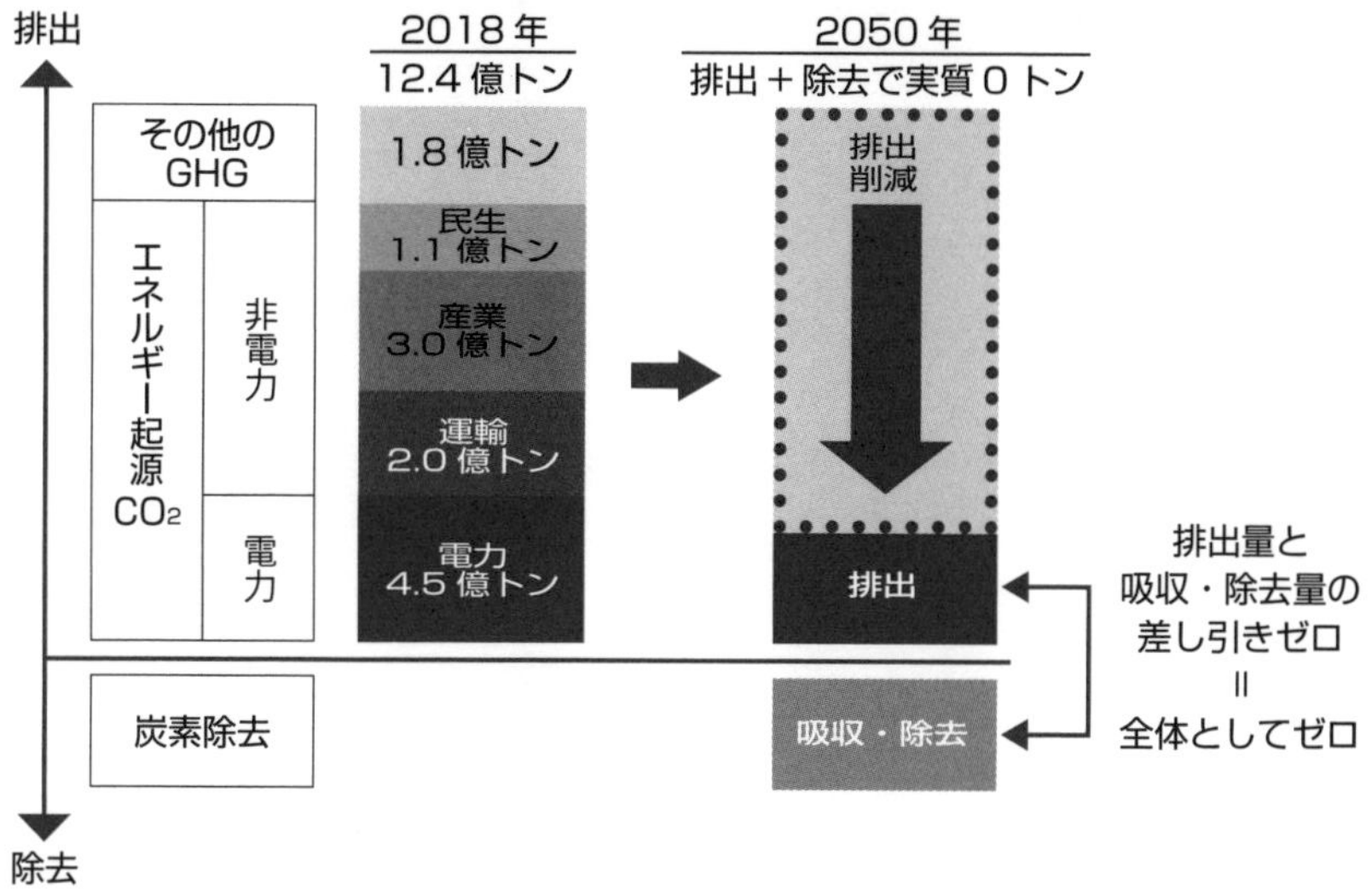

Term **脱炭素自動車**　電気を動力源として使う「電動車」には、動力源の100%が電気である「電気自動車（EV）」のほか、ガソリンと電気の両方を使う「ハイブリッド自動車（HV・HEV）」や「プラグイン・ハイブリッド自動車（PHV・PHEV）」、水素を使って電気をつくる「燃料電池自動車（FCV・FCEV）」がある。

Section

2-2 X・TECHの発想によるDXとGX

金融とテクノロジーが融合してできた業態のことを「フィンテック」と呼ぶように、これまでのビジネスモデルにICTなど新しいテクノロジーを組み合わせて創造的な経営革新を果たすことをX・TECHと呼び、DX、GX実現に向けた切り口になっています。

■新しいテクノロジーとの融合

X・TECHは、これまでなかった新しい企業価値の創造やサービスを実現し、業態革新を経て、経営革新にまで至る新しいマネジメントを総称する言葉になっています。これまでの各業界でのIT化は、IT産業が自ら持つテクノロジーを該当する産業とだけ融合させ、システムの転換などを果たしてきました。

しかし、日々進化するテクノロジーは、これまでの既存の産業だけと融合するのではなく、幅広い業種・業態を巻き込むようにしながらプラットフォームを形成し、新しい産業を創出してきています。最初に紹介した**フィンテック***のように、金融業界におけるキャッシュレス決済や送金などではITとの融合で革新的なサービスが生まれました。

■ブロックチェーンなどの技術革新

さらに、経済のグローバル化に伴ない、物流はもとより旅客事業でもインバウンド需要が急速に拡大したことから、自国通貨以外での多種多様な決済にまでフィンテックが波及しました。

また、ブロックチェーン*などの技術革新により匿名性の高い強固なセキュリティが実現したことから、食品をはじめとする製造業とテクノロジーや医療とテクノロジー、グローバルな物流とテクノロジーなど、多面的な広がりをみせています。

ヤマト運輸のキャッシャレス決済にゃんPAYなどは、フィンテックによって生まれたQRコード決済による技術が活かされています。

Term

フィンテック　FinTech（フィンテック）は、金融（Finance）と技術（Technology）を組み合わせた造語で、金融サービスと情報技術を結びつけたさまざまな革新的な動きを指す。身近な例では、スマートフォンなどを使った決済方法がある。

■サプライチェーンの可視化

物流業界ではすでに多くのサプライチェーンで可視化を実現するテクノロジーの活用が始まっています。**エンド・ツー・エンド**（端から端まで）の貨物の動きを「見える化」し、リスクに直面した際の混乱に備えたサービスを提供することで、物流業界の改革を進めようという考え方です。

作業プロセスにおいて注目を集めているのは自動化やロボット化の推進で、業務の効率性が一段と進むとともに、**自動倉庫システムと検索システム**（**ASRS**）の技術によって、注文の精度が引き上げられてきました。これまでのアナログ作業で発生してきた各種のトラブルが減少するとともに、人員の再配置なども可能になり、省力化、効率化が実現し、即効性を求める消費者ニーズに応えています。

さらに、AIと機械学習の導入も進んでいます。AIと機械学習の導入で経営上の意思決定や新たなシステムのプランニング、需要予測など高度な計算やリスクに直面したときの迅速な対応などに役立てようとしています。サプライチェーン上にある企業とIT上で接続していることから、サプライチェーン全体を通してのセキュリティマネジメントが必要となるからです。

メーカーによるサプライチェーンの事例

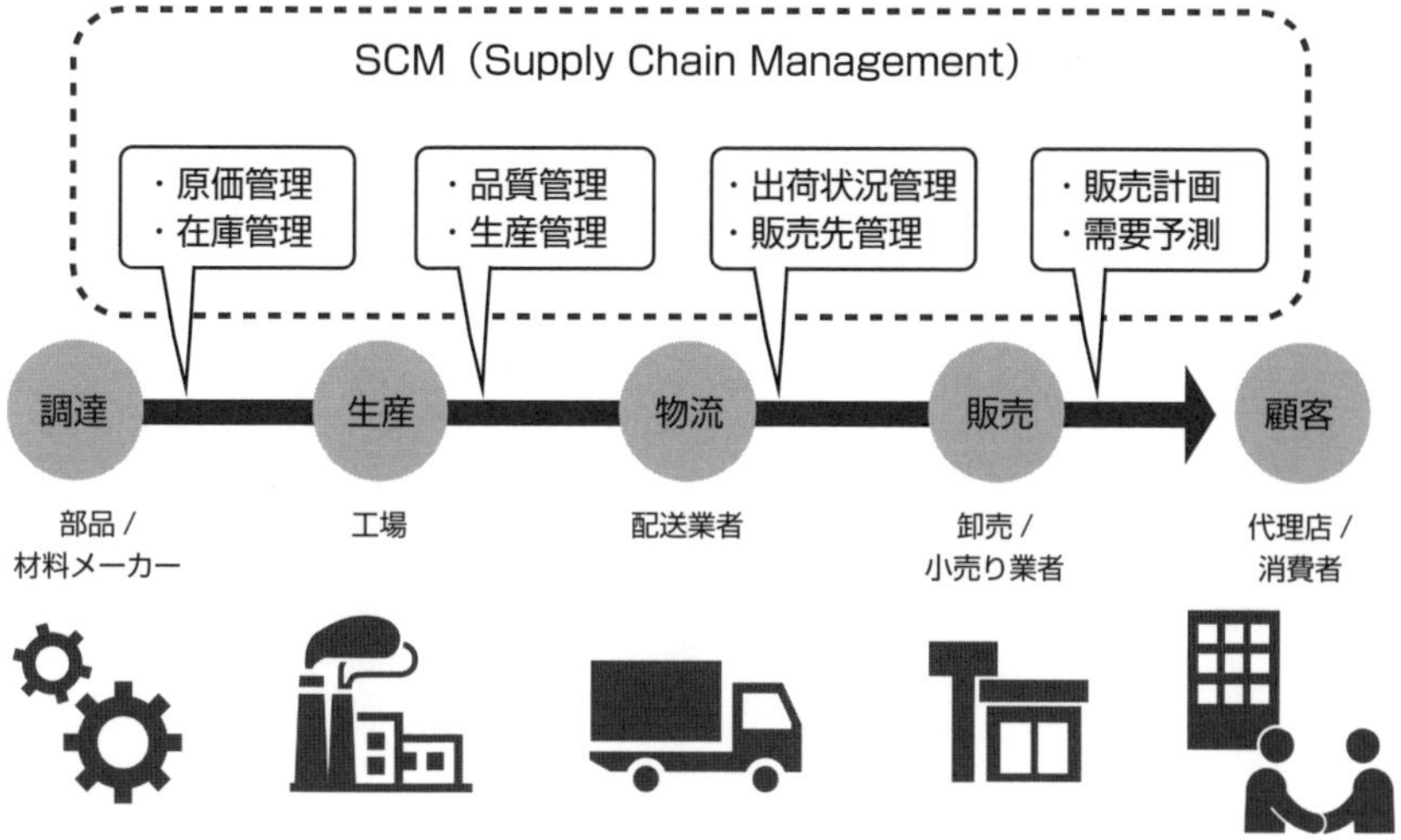

Term **ブロックチェーン**　ネットワーク上にある端末同士をダイレクトに接続し、暗号技術を用いて取引の記録を分散的に処理・記録するデータベースの一種。ブロックと呼ばれる単位でデータを管理することに加え、それを鎖（チェーン）のように連結してデータを保管する技術、仕組みを指す。

Section

2-3 DX実現までのステップ

DXの意義について国は、「企業がビジネス環境の激しい変化に対応し、データとデジタル技術を活用して、顧客や社会のニーズを基に、製品やサービス、ビジネスモデルを変革するとともに、業務そのものや、組織、プロセス、企業文化・風土を変革し、競争上の優位性を確立すること」と示しています。

■DX実現までの3段階

運輸業界におけるDXの全体像を捉えようとしたとき、IT化の進展から始まり、最終段階のDX実現まで辿りつくには3段階のステップがあるといわれています。

最初はアナログ的な業務をIT化することで、**デジタイゼーション**と呼ばれる局所的な取り組みを実現することから始まります。具体的には車両、船舶、航空機など運送機材の効率化を図るためのシステムや人員配置計画などでのIT化で、次にプロセス全体をデジタル化する**デジタライゼーション**という段階に進みます。AI、ロボティクス、ITテクノロジーなどの先端技術の活用で、現場の問題解決にあたるとともに、合理化・効率化を生み出してくれます。

■人、モノ、機材の運行システム

局所的な取り組みから始まり、プロセス全体をデジタル化することで、社会的な影響を生み出し、「デジタルトランスフォーメーション」という最終段階の姿が実現されます。

運輸業界においては旅客事業でも貨物事業でも、人や機材といった手持ちのリソースを十分に活かし、業務効率を上げていくことが目標となってきます。

現場段階においてはそれぞれの機材と運転手・操縦士、需要予測に基づく最適運行ルートの作成など一元的な管理が実現し、さらには最短距離の運送や労働時間の短縮、燃料費節減などコスト管理に反映されていきます。

Term

サプライチェーン　商品や製品が消費者の手元に届くまでの、調達、製造、在庫管理、配送、販売、消費といった一連の流れを指す。この一連の流れの中で繰り返される、受発注や入出荷といった取引のサイクルがチェーン（鎖）に見立てられるため、サプライチェーンと呼ばれている。

■サプライチェーン*の最適化

新しいテクノロジーと融合した運輸業界のDX実現は多方面に波及効果を生み出しています。すでに5Gによる高速通信網の整備やWi-Fi、IoT、**GPS***による位置情報などICT化を進めるには最適な環境整備が進み、これに加えてAIやロボットなど、テクノロジーの進化による新たなサービスの創出などがさらに期待されています。

具体例としては、GPS・通信機能を備えた車載機を搭載することにより、車両の運行状況をリアルタイムに取得し、運用計画の最適化に活用したり、顧客別の配送データをAIで分析することで、行動や傾向を把握し、再配達の低減に役立てる仕組みがとられています。さらに、配送ルート・運行ルートの提供システムとの連動も可能になります。その他、自律走行型搬送ロボットの導入で輸送作業負担を軽減したり、ドラレコ・デジタコ車載通信機器と連動することで運輸・運送業務を総合的に管理したり、ドライバーの運転状況把握や車両の状態管理が容易になってきます。最終的には、精度の高い資産管理や、物品の効率的な入出庫管理を実現し、台帳のデータ上で人の動きと現物の動きのズレがないようになります。

DX実現に向けた3ステップ

STEP1	STEP2	STEP3

デジタイゼーション	デジタライゼーション	DX
アナログ・物理データのデジタルデータ化	個別の業務プロセスのデジタル化	組織全体の業務プロセスの顧客接点のデジタル化
業務の効率化、コスト削減	業務プロセスの効率化 コスト削減	組織全体の生産性の向上 顧客起点の価値創出

Term
GPS　GPSは、Global Positioning Systemの略で全地球測位システムをいう。人衛星を利用して現在位置を測定するシステムで、受信機が複数の通信衛星から電波を受信して、緯度・経度・高度などを割り出す。

Section

2-4 運輸業界のDX銘柄

経済産業省では、「Society 5.0*時代におけるデジタル・ガバナンス検討会」において、経営者に求められる企業価値向上に向け実践すべき事柄として「デジタルガバナンス・コード」をとりまとめています。

■デジタルガバナンス・コードの柱立て

デジタルガバナンス・コードでは、企業がDXの取り組みを自主的・自発的に進めることを促すとともに、経営者の主要な役割として、ステークホルダーとの対話を捉え、対話に積極的に取り組んでいる企業に対して、資金や人材、ビジネス機会が集まる環境を整備していくとしています。また、その対象は、上場・非上場や、大企業・中小企業といった企業規模、法人・個人事業主を問わず広く一般の事業者としています。

また、デジタルガバナンス・コードの設計の考え方については経済産業省がこれまでは発表してきた**DXレポート**や**DX推進指標**でとりまとめてきた推進指標を基礎としています。

■DX銘柄の認定

経済産業省が推進する**デジタルトランスフォーメーション銘柄**（**DX銘柄**）は、東京証券取引所に上場している企業の中から、優れたデジタル活用の実績が表れている企業を選定し、目標となる企業モデルを広く波及させるとともに、IT利活用の重要性に関する経営者の意識変革を促すことを目的としています。

企業価値貢献およびDX実現能力という観点で評価を実施し、これらがともに高い企業をDX銘柄として選定しています。さらに、銘柄に選定されていない企業の中から、注目されるべき取り組みを実施している企業についても、DX注目企業として選定し、企業の競争力強化を後押ししています。

Term **Society5.0**　Society5.0（ソサエティ5.0）は、現実空間と仮想空間が一体となり、さまざまな社会問題の解決と経済発展を実現する社会のこと。 現実空間の情報がセンサーやIoT機器を通じて仮想空間に集積され、このビッグデータをAIが解析、現実空間に還元していく仕組みの社会。

■運輸業界のDX銘柄と注目企業

経済産業省は2023年5月に、東京証券取引所、情報処理推進機構と共同で「DX銘柄」を選定し、**DX銘柄2023**の選定企業32社（うち、DXグランプリ企業2社）、**DX注目企業**の19社、**DXプラチナ企業2023・2025**運輸業の3社を発表しています。

運輸業界からは海運業の日本郵船がDXグランプリ企業に選ばれたほか、DX銘柄にはヤマトホールディングスと日本航空、DX注目企業にANAが選ばれています。過去には東日本旅客鉄道やSGホールディングス、日立物流などもDX銘柄やDX注目企業に選ばれています。

選考では「ビジョン・ビジネスモデル」「戦略」「ITシステム・デジタル技術活用環境の整備に関する方策」などの項目で評価されます。日本郵船は、中期経営計画が示す**ESG***を中核に据えた経営戦略を、デジタルとデータの力を活用して実現しており、グループのDXの取り組みが評価されました。また、ヤマトホールディングスでは、2021年4月からスタートさせている中期経営計画の中で、事業構造改革をデジタル戦略で支え、サプライチェーンの「End to End」に対する提供価値の拡大に取り組んでいます。

ESG経営推進体制図（2023年4月1日時点）

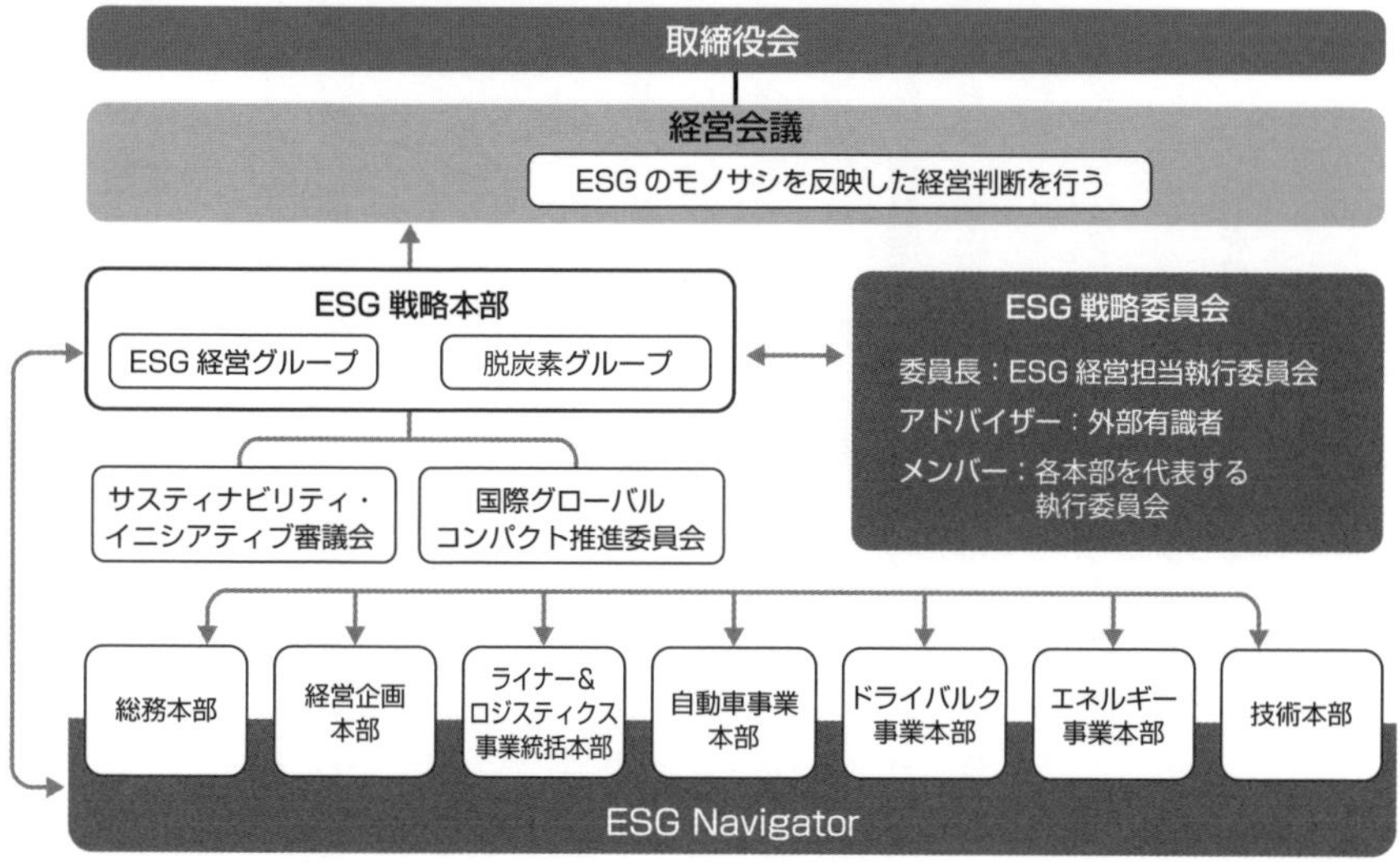

Term **ESG経営**　Environment（環境）、Social（社会）、Governance（企業統治）の頭文字から、環境や社会への配慮、コーポレート・ガバナンスの遵守を重視する経営スタイルのこと。

Section

2-5 旅客DXとトラベル・テック

トラベルテックとは、「旅行（Travel）」と「テクノロジー（Technology）」を融合させた造語で、旅行会社においては、単にICTの利活用に止まらない業態革新を意味し、運輸業界においてもDXの切り口となっています。

■旅客DXに求められる2つの視点

旅客輸送におけるDXの実現にあたり、検討課題にもなっていることの1つは、「おもてなしのサービスでのテクノロジーの活用」、もう1つが「地域の観光戦略上での活用」で、そのプラットフォームの整備が第1段階となっています。

具体的には、観光の情報発信や観光産業での接客技術など、IT化やロボット技術を前面に人的サービスを補完するようなシステムとサービスの開発です。

地域の観光戦略では、5G*などを活用した「観光インフラの整備」と、これまでの態様に捉われない新たな観光コンテンツと価値創造が必要になってきます。

■トラベル・テックとは

2020年3月に公開された、経済産業省の「令和元年度ローカルクールジャパン推進事業（トラベルテックの導入に関する調査等事業）の報告書によれば、トラベルテックは、「**タビマエ・タビナカ・タビアト**におけるP**USH型**／**PULL型情報発信、多言語対応**（翻訳）、キャッシュレス、**観光型MaaS**、輸出促進（越境ECなど）までを構成するデジタルビジネス・サービスの総称」と定義しています。

そして、観光客がスマートフォン上で行き先を決定できるいまの環境に合わせ、観光地側はどのようにスマートフォンに対応していくかを最初の切り口としています。

Point **5Gを活用した観光インフラ** 第5世代移動通信システム（5th Generation）を活用した観光戦略として、瞬間の位置情報をコンテンツとした配信、高精細（大容量）映像の同時配信や道路案内などの観光客向けのナビゲーション等がある。

コロナ禍で発揮するトラベル・テックの利用価値

政府は前記したスマートフォン上での活用について、どのようなプレイヤーがどのように連携し、ビジネスとしてどう運営していくかが問われるとして、モデル地域の選定とトラベルテックの導入に向けた実効性の高い計画の作成に取り組むとしています。基本的な理念としては、最新のITテクノロジーを活用することで、旅行者の手間をなくし、シームレスな対応を試みること。そして、人、モノ、サービスがテクノロジーでつながることで、観光によるコミュニケーションを誰もが実現できることを掲げています。

さらに旅行に関するモノ・コトを効率化するシステムは、アフターコロナにおけるグローバルな観光需要の拡大を観光産業の活性化にどうつなげていくか、また、コロナ禍により始まった**新しい生活様式**による旅行スタイルへの転換に、トラベルテックがどう関わっていくかを探る意味からも、これからの展開に注目が集まっています。

ソリューション別としては、B2Bの業界向けソリューションと、B2Cのゲスト向けソリューションに分けられ、旅客運輸との結び付きも密接になっています。

トラベル・テックの概念

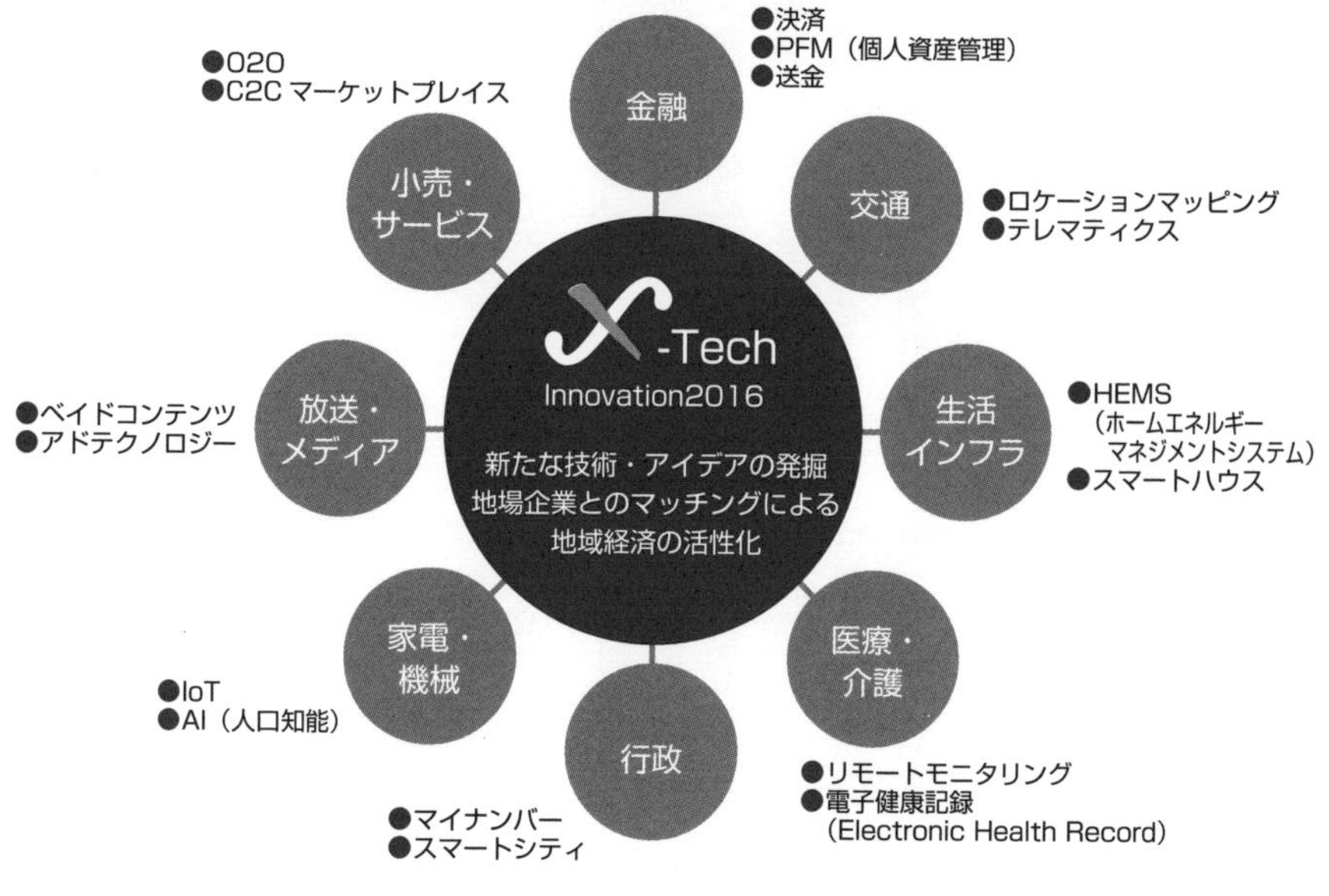

Section

2-6 OTAの役割

トラベル・テックの導入事例①

アフターコロナにおけるグローバルな観光需要の拡大とは、すなわちインバウンドの旅行者をコロナ禍前の水準に戻すための施策です。OTAがトラベル・テック上で果たす役割も大きいといえます。

OTAとは

JTB総合研究所の観光用語集では、**OTA**は「インターネット上だけで取引を行う旅行会社のこと。店舗で営業を行っている旅行会社のオンライン販売はOTAとは呼ばない。国内外の宿泊や航空券などの手配旅行、宿泊と航空をセットにしたダイナミックパッケージ、施設とお客様が直接契約する宿泊仲介、旅行保険などを取り扱うことが多い。24時間いつでも膨大な数の商品を閲覧・検索でき、店舗へ出向く必要のない利便性が支持を得ている」とされています。また、「システム投資がほとんどであることから、旅行業以外からの参入が多く見られる」とされ、トラベル・テックの実践例といえる業態です。

オンライン上で完結する旅行会社

OTAは前記のように、実店舗がなくインターネットだけで旅行商品の購入が可能なため、24時間いつでも、またどこでも情報を確認し、予約を行うことができるという特性を持っています。豊富な商品の中から旅行者が希望する条件で絞り、気軽に比較できるため、コロナ禍前から取扱量を増やしてきました。国内では楽天トラベル、じゃらん、海外ではエクスペディア、ブッキングドットコム、ホテルズドットコムなどが有名になっています。

OTAサイトでは掲載されている宿泊施設以外の施設と情報を比較できないことから、それを補う形として**メタサーチ***が登場しました。

Term

メタサーチ　メタサーチとはメタ検索、横断検索ともいわれ、複数の旅行やECの検索サイトに対して価格やプランを一度に横断検索し、比較することができるサービスのこと。

■OTAの業態区分

OTAは大きく2種類に分けることができます。1つは、観光サービスの事業者と直接連携している**「マルチサイド・PF（プラットフォーム）型OTA」**[*]で、もう1つが、直接の連携は行わず、予約が入ると先のマルチサイド・PF型のOTAから在庫を確保する**「メタサーチ型OTA」**と呼ばれるものです。

マルチサイドという言葉は、相互依存の関係にある2つのグループをつなぎ合わせるプラットフォームであることを示しています。また、メタサーチは、情報の掛け合わせから最適解を導き出す特性上から、ホテル比較などで利便性を発揮するもので、旅行比較サイトとも訳されます。

また、ホテルの部屋や航空券のような旅行サービス商品の在庫保持、不保持による区分もあります。メタサーチ型OTAでは、在庫をデータベースで抱える、「ハイブリットなOTA」の導入など、地域の観光資源の在庫が最適に配分される仕組みが構築されます。かつて旅行会社は客室在庫を一手に集め、供給力を高めることで市場シェアを握ろうとしてきましたが、現代では多機能型のハイブリットなOTAが主導権を握ろうとしています。

主なOTA・メタサーチサイト

メタサーチ	OTA(国内系)		OTA(海外系)
TripAdvisor	じゃらん.net	楽天トラベル	Booking.com
travel.jp	一休.com	Relux	Expedia
yahooトラベル	るるぶトラベル	AB-ROAD	Agoda.com
trivago	DeNA	e-tour	Trip.com
Skyscanner	skyticket	さくらトラベル	Hotels.com
KAYAK	エアトリ	航空券.net	eDreams
フォートラベル	TRAVELIST	WILLER TRAVEL	
トラベルコ			

Term **マルチサイド・プラットフォーム**　マルチサイドプラットフォームは、スポンサーモデルとも呼ばれるビジネスモデルで、GoogleやFacebookなどが採用している。個人に対して無料、法人に対して有料の価値提案を行い、有料顧客が無料顧客分のコストを負担することで成り立つ仕組み。

Section
2-7 タビナカにおける対応

トラベル・テックの導入事例②

旅行者のタビナカにおける行動は大きく、移動・宿泊・アクティビティ・食事・買物などに大別されます。トラベル・テックではそれら旅行者の行動に対応するテクノロジーの活用も求められてきます。

情報収集・キャッシュレス・翻訳

タビマエにおいては、OTAやメタサーチなどによる予約の行動が中心になりますが、タビナカにおいては現地での食に関する情報収集やアクティビティ、買い物などに関する行動が主体となり、それぞれの場面での新しいテクノロジーの活用が期待されています。

例えば、翻訳サービスや決済における機能で、特に翻訳においては、AIを搭載した翻訳ツールやスマホのアプリなどの活用を求める旅行者は多くいます。また、キャッシュレス機能も同様で、これらのデバイスやアプリなどは、宿泊施設や観光施設でも有効になっています。

AI搭載の多言語翻訳技術の開発

総務省では2014年4月に発表した「**グローバルコミュニケーション計画（第1期）**」で、多言語翻訳技術の研究開発と社会実装に取り組んできました。その第2弾として、2020年3月から、さらなる高度化を推進することを目的に、「**グローバルコミュニケーション計画2025（第2期）**[*]」に取り組み、その中で、AIによる同時通訳の実現のための革新的多言語翻訳技術の研究開発など3つのプロジェクトを立ち上げました。観光においても、2025年の日本国際博覧会に向けた同時通訳システム等の社会実装を進め、旅行者に向けた観光DXの実現に取り組むことにしています。

Term

グローバルコミュニケーション2025　総務省が策定した計画で、2025年に向けてAIによる「同時通訳」の実現を目指すなど、多言語翻訳技術の更なる高度化等を推進するプロジェクト。

■拡大するキャッシュレス決済

これまで海外からの旅行者は、日本円の信用の高さから現金による決済が一般的になっていました。しかし、最近ではクレジットカードやICカード、QRコードによる**キャッシュレス決済**を望む旅行者が増えています。

コロナ禍前の2018年の国別訪日観光客数では、韓国と中国が全体のほぼ4分の1ずつを占め、全体の半分以上がこの2ヵ国からの旅行者でした。韓国の方がキャッシュレス決済が進んでおり、その決済比率は96%を超えていました。この時点で日本はまだ決済比率が2割に達していなかったのですが、日本でも2018年頃より**QRコード決済***の事業者が続々と参入し、また海外のQRコード決済にも互換性を持たせ、相互利用できるものも増えてきました。さらには、スマホに搭載できるアプリも増えてきたことから、国内旅行者においてもキャッシュレス決済が一般的になってきました。運輸業界でも旅客に限らず物流業界でもQRコード決済によるアプリも増えています。フリマサイトのメルカリでも、QRコードをスマホで表示させ、販売代金から配送費用が自動的に差し引かれるサービスがあります。

タビナカにおけるソリューションとゲスト向けサービス

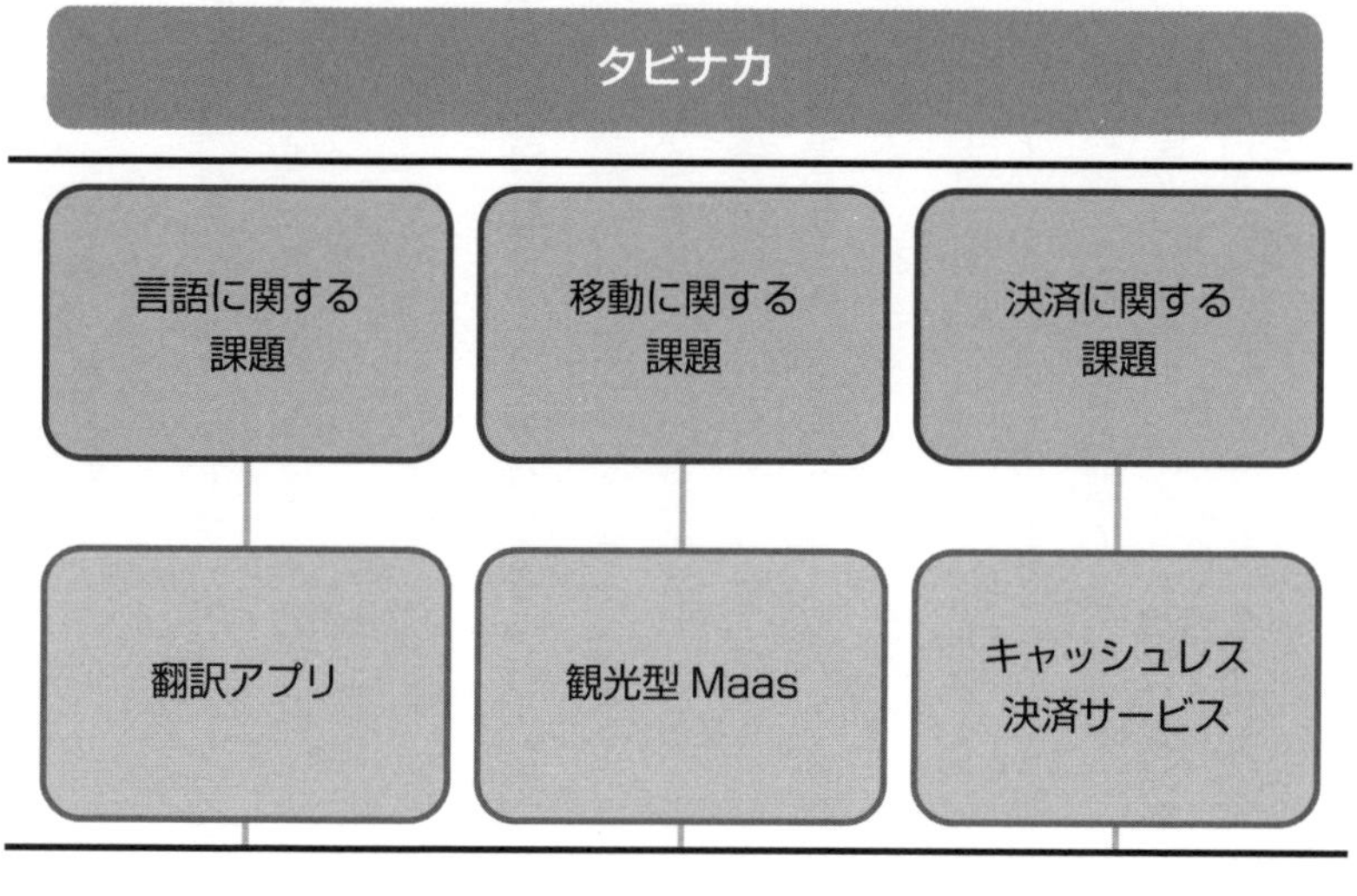

Term **QRコード決済**　QRコード決済・バーコード決済は、スマートフォンのQRコード決済専用アプリでQRコードやバーコードを使って支払う決済手段で、QRコードやバーコードの読み取りは、店舗側、客側のどちらかが行い決済するもの。

Section

2-8 トラベル・フィンテックとは

コロナ禍の中、世界の旅行業界が注目している新たな決済方法として、オープンバンキングがあります。付加価値サービスを提供する第三者と銀行データを共有するもので、トラベル・フィンテックと呼ばれています。

■オープンバンキングとは

旅行業界ではこれまで、**クーポン（旅行券）精算**やクレジットカード、あるいはバーチャルカードなどさまざまな決済システムが使われていましたが、近年オープンバンキングと呼ばれる決済システムが注目されています。

オープンバンキングとは、フィンテック先進国の英国が国の政策として推進しているもので、「顧客から同意を得たあと、API連携などを通じて、銀行が保有する顧客データを提携企業が利用できる仕組み」と訳されています。日本においても「家計簿アプリ」などがあり、銀行口座の情報などを集約し、日々の入出金や資産の状況を把握できます。

■日本におけるオープンバンキングの動き

日本でも、銀行とフィンテック企業等の連携を促進しようという動きが出てきました。金融制度改革など、これまでの諸々の制度を見直し、新しいフィンテックに向けた環境整備などを進めようという動きです。2017年5月の銀行法改正により、邦銀に対しオープンAPIへの対応が努力義務とされました。インターネットバンキングの推進とともに、オープンAPIを利用したサービスの提供や家計簿アプリ、貯金アプリ、**生体認証アプリ***等のモバイルアプリの提供や個人向け融資サービス、その他、デジタルリテラシーの高い人向けの新たなサービスの創出が活発化しています。

Term **生体認証アプリ**　指紋・虹彩・顔などの生体情報を利用すれば、毎回パスワードを入力しなくても認証が可能になるアプリ。さらには生体情報でロック解除やログイン・決済などもできるようになる。

■トラベル・フィンテック

古くから旅行業界と金融業界とはもともと親和性が強く、航空会社や鉄道会社に支払う船車券や宿泊施設、観光施設などへの旅行券は金融機関でも手形決済として割り引いたり、また旅行保険など金融商品の取り扱いも行っていました。このため、オープンバンキングが旅行会社にとって新たな決済手段になることは自然な動きだともいえます。

住信SBIネット銀行の**NEOBANK**と日本航空では、海外でも使える多通貨のプリペイドカード**JAL Global WALLET**や外貨預金、マイルも貯められる**JAL NEOBANK**のサービスで連携しています。

JTBグループでは比較的早くからフィンテック事業を推進し、**JTB-CWTビジネストラベルソリューションズ**は2006年にJTBグループ内の新規事業開発を担う会社として設立され、旅行に関わる新たな金融・決済・認証ソリューションの開発や早期事業化を目的とした取り組みを進めています。また、海外の新潮流としては、**中央銀行デジタル通貨***（**CBDCs**）という、デジタル形式で中央銀行から発行される通貨も登場しています。

オープンバンキングのイメージ

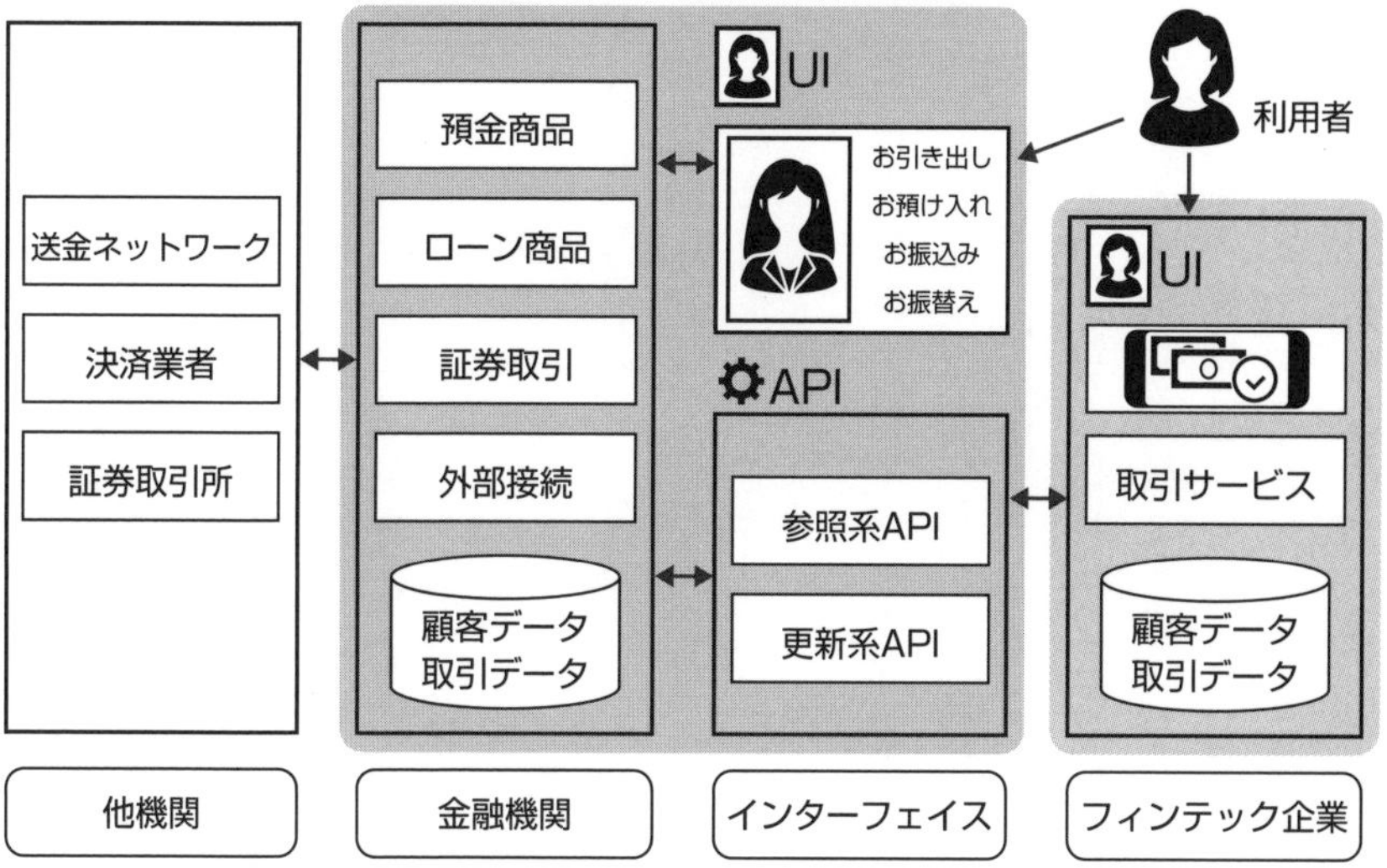

Term

中央銀行デジタル通貨　中央銀行が発行したデジタル通貨の一種で、デジタル不換紙幣（政府の規制、金融当局、または法律によってお金として確立された通貨）概念は仮想通貨や暗号通貨のような通貨に由来するが、国家の中央銀行が中央集権的に発行するという点でそれらとは異なる。

Section
2-9 「空の産業革命」ドローンの実用化

平成27年末に航空法が改正され、ドローンの法整備がなされてから、建設、農業分野などを中心に、ドローンの産業利用が始まりました。宅配では、楽天が業界の中でもいち早く「そら楽」というドローンサービスに取り組み、Amazonでは、2020年に「航空運送業者」として米連邦航空局からドローン配送開始の許可を得ています。

国の成長戦略実行計画

2017年6月に**未来投資戦略2017**が閣議決定されました。AI（人工知能）などの革新イノベーションをあらゆる産業や社会生活に取り入れ、さまざまな社会問題を解決しようという国家戦略を策定し、その中の戦略分野の1つとして「移動革命の実現」が掲げられました。

具体的には、物流の人材不足や地域の高齢者の移動手段の欠如といった社会問題に直面していることを背景に、物流の効率化と移動サービスの高度化を進めようとするものです。日本人1人ひとりの活動範囲や機会も広げることができると期待されました。

ドローンによるレベル4実現

2022年12月からドローンのレベル4飛行が解禁され、住宅街のような人がいる区域でも目視外飛行が可能になりました。

これまでドローンは飛行内容に応じて1～4の飛行レベルに分けられ、レベル1では「目視範囲内で操縦飛行」、レベル2では「目視範囲内で自律飛行」、さらにレベル3では「山沿いや河川など無人地帯での目視外飛行」が可能で、レベル4が「有人地帯での目視範囲外で自動・自律飛行」とされています。また、機体認証を受けたドローンを使用することや技能証明を受けた者が飛行させること、運航ルールに従うことという3条件が必要です。

Point

レベル4での飛行計画　飛行の日時、経路、高度などの飛行計画を国土交通大臣に通報し、飛行の許可・承認の申請手続きを行ったあと、他の無人航空機の飛行計画と重複しないようにして操作することが必要。

■積載量と堅牢性を有する機体の開発

ドローン物流の実現にあたり、実証実験が全国各地で始まりました。その第一弾として大分県佐伯市宇目で約10キログラムの商品をドローンで山越え配送する実証実験が行われました。さらに日本郵便でも、ドローンを使って宅配物を輸送するサービスの実証実験を進めています。

日本郵便の実験は長野県伊那市で行われました。区間は市内の郵便局と道の駅の2キロメートルで、客から通販の注文を受けると、郵便局員が注文票や配送用の箱をドローンにセットして道の駅まで飛ばし、道の駅で重さ1キログラムまでの商品を箱詰めし、郵便局まで送り飛ばすという形で行われています。当初、2018年度にドローンの本格導入する考えで、郵便局の間をつなぐといった使い道を検討していました。しかし、コロナ禍などにより一時中断し、2023年に東京都奥多摩町において、第三者上空（有人地帯）を含む飛行経路での補助者なし目視外飛行（レベル4）による荷物配送の試行を実施しています。さらに、日本郵便ではドローンと並行して自動配送ロボットによる配送にも取り組んでいます。

配送ロボットによる無人配送の実証実験（ローソン）

実証実験の概要

自律で陸上を走行する配送用ロボットによる無人配送の実証実験
日時：2017 年 12 月 21 日（木）11 時〜12 時
場所：南相馬スポーツセンター内　トリムコース
（福島県南相馬市原町区桜井町 2 丁目 200）

宅配ロボットの例

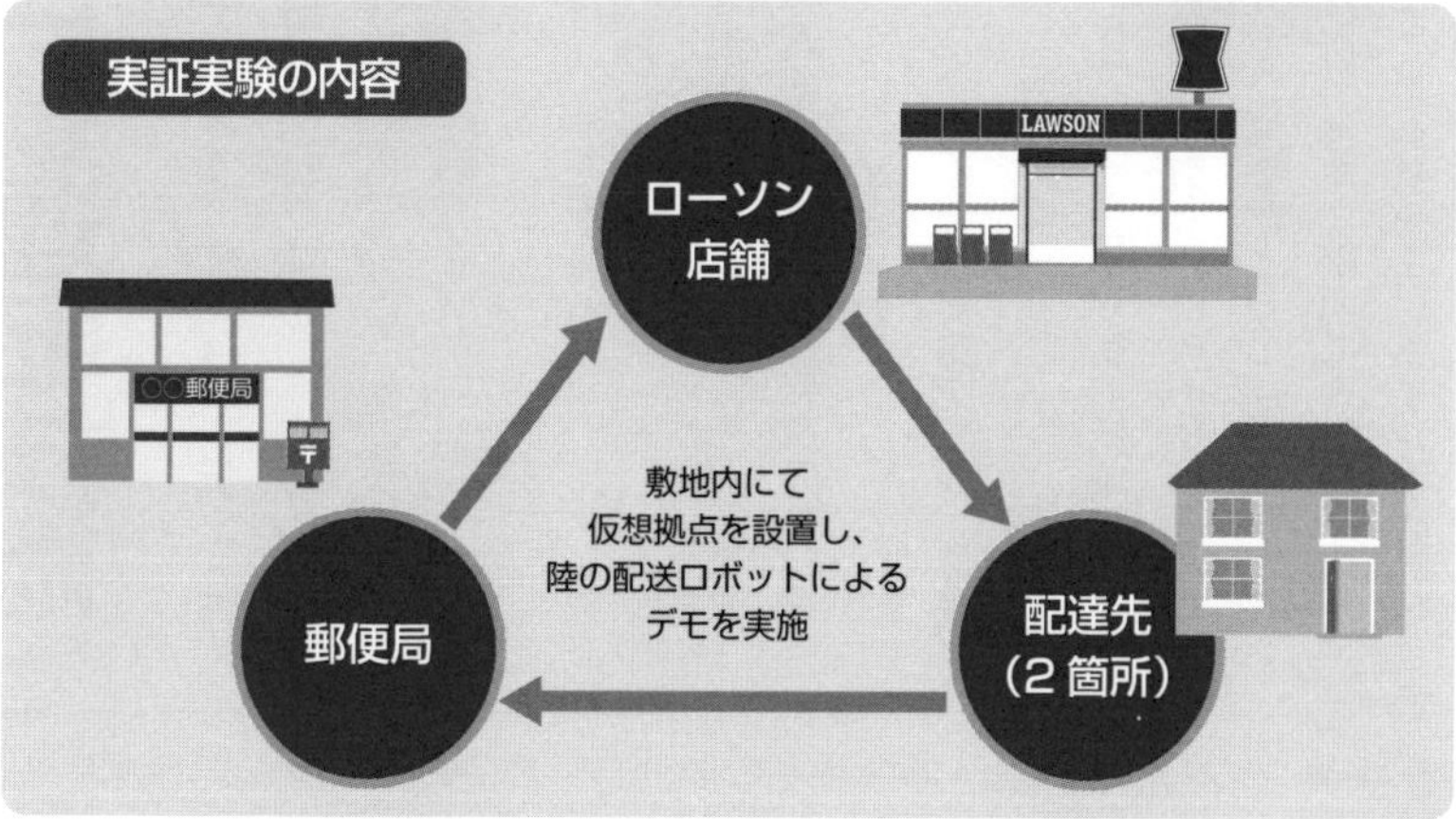

Section

2-10 トラック・バス・タクシーの自動運転技術

車の自動運転は電気自動車と並び次世代に期待される新技術とされています。政府は、2024年問題への対応から、自動運転ができる区間を一般道にも広げる方針を明らかにしています。先行的に実施する地域として茨城県日立市内の一般道に自動運転ができる区間を設け、道路の周辺にはセンサーやカメラなど人や車両の動きを感知できる機械を設備する計画です。

■バス運行におけるレベル4

前章で解説したように、公道で無人の自動運転が可能な「レベル4」での運用をバス運行でも目指そうとする計画が検討されています。自動運転トラックについては、2023年4月に東関東自動車道谷津船橋IC〜湾岸習志野IC間での公道走行実証に成功していますが、さらに実用化初期のサービス区間を東京〜大阪間に想定しており、メーカーでも国の動向を見ながら開発を加速させていく計画です。前記した茨城県日立市内でのバスの実証実験では、2024年度にこの区間でのバスの実用運行を始めたいとして、一定の条件を満たせば、公道で無人の自動運転が可能な「レベル4」での運用を目指す計画です。

■自動運転バスの開発

自動運転バスについては車両の開発についても実証実験が進められています。自動運転に対応した運転席のないマイクロバスについて、フランスの「NAVYA（ナビヤ）社」が製造した「EVO（エヴォ）」を使った実証実験が、神奈川県藤沢市にある「湘南アイパーク」で行われています。この実証実験では「ヘルスケアMaaS*が拓く地域コミュニティの未来2022」と題した取り組みの一環で、患者が自宅から病院まで移動する交通手段として自動運転バスを活用する想定で実施されています。車内には、最新のICT機器を駆使して計測したデータをオンラインで病院へ送ることで、診療の迅速化なども図るという内容でした。

Term

MaaS（マース） Mobility as a Service（モビリティ・アズ・ア・サービス）の略称で、公共交通を含めた、自家用車以外のすべての交通手段による移動を1つのサービスとして捉え、シームレスにつなぐサービス。

バス、タクシードライバーの2024年問題

トラックの自動運転では、フォルクスワーゲングループが2018年6月に、自動運転トラックの隊列走行を行い、積荷を届ける実証実験をドイツで開始しています。ネットワーク化された自動運転トラックが、隊列走行で実際に荷物を運ぶのは世界で初めての取り組みで、ドイツの物流大手のDBシェンカーも実験に参画し、成果が期待されています。また、2018年8月には、タクシー大手の日の丸交通とロボットベンチャーZMPが、自動運転車両を用いたタクシーサービスの実証実験を東京都心の公道で行っています。乗客から運賃を徴収する営業走行は世界で初めてとなりました。実験では安全のため、運転席に運転手と助手席に技術者が同乗し、専用アプリで予約した乗客がスマートフォンを車両にかざしてドアを解錠し、運賃の支払いもスマートフォンで行っています。タクシー会社では無人タクシーの実用化により運転手不足を補いたいとしています。

2024年問題は、バスやタクシーのドライバーでも、時間外労働時間が制限されることから、収入の減少に伴う離職者の増加なども予測され、自動運転などの技術革新にも期待が寄せられています。

ソフトバンクとトヨタの戦略的連携「MONET」事業イメージ

Term **MONET** ソフトバンクとトヨタの共同出資により誕生したMONET Technologies（モネ テクノロジーズ）は、都市部の渋滞や高齢者の事故、免許返納による移動困難者、公共交通の利用者減少、ドライバー不足など、さまざまな社会課題の解決策に応用されるテクノロジーを提供している。

Section

2-11 アメリカの配車アプリサービス

アメリカでは、2009年に創業したウーバー*が、創業3年後の2012年にもう1つの配車アプリサービス、リフト（Lyft）を創業しています。日本の上陸はウーバーがひと足早かったものの、今後ともに自動運転サービスも視野に入れていると発表し、競争がますます激化するのではないかといわれています。

■もう1つの配車アプリサービス「リフト」

乗車場所まで少し歩く代わりに、従来よりも格段に安い値段で利用できるこの新サービスのターゲットは通勤客です。料金をバスや電車、地下鉄と同じ価格帯にすることによって、このサービスを通勤手段の選択肢の1つに加えることをアピールしています。

3年後に創業した「リフト」もまた、ウーバーとほぼ同じ仕組みです。どちらも価格はタクシーの5割から7割5分の価格で、夕方など配車が混み合う時間帯の料金は若干高くなるものの、それでも一般的なタクシーよりは割安な価格設定になっています。

■低価格の相乗りサービス「Express Pool」

ウーバーがアメリカ国内で始めたのが、新しい相乗りサービスExpress Poolと呼ばれるシステムです。仕組みは、ドア・ツー・ドアではなく、ユーザーにクルマとの待ち合わせ場所まで歩いてもらうというものです。下車するときも、場合によっては下車する目的地から少し離れた場所でクルマから降ろされる可能性が出てきます。このような仕組みとした狙いというのは、ハイヤー、タクシーのように利用客が乗降する場所までクルマを移動させる時間をなくし、ドライバーと乗客、双方の無駄を省いて時短につなげるというアメリカならではの合理的な考え方に基づいています。

Term

ウーバー（Uber）　アメリカ発祥の世界の主要都市で利用できる配車アプリ。ドライバーを事前確認でき母国語で簡単に車を手配できることから、地元の人達だけではなくて観光客にも好評を得ている。

■エアタクシーの開発

アメリカの大手航空会社は、空飛ぶタクシーの**エアタクシー**への参入を計画しているとされています。

ユナイテッド航空は、エアタクシーメーカーArcher Aviationとパートナーシップを締結し、100台のエアタクシーをすでに発注しているといわれ、2023年に生産を開始する予定です。同様に、アメリカン航空でも英国の航空宇宙メーカーと共同開発の予定とされています。

さらに、日本でも日本航空（JAL）と自律型eVTOL機を開発しているWisk社が自律走行型オール電化エアタクシーサービスを日本に導入するために提携しています。

無人の自律飛行エアタクシーも実現可能で実用化の暁には、渋滞もなく既存の自動車タクシーより高速移動ができ、時間が節約できることから、富裕層や企業の重役の移動のための利用が主になると予想されています。しかし、アメリカも日本でも、技術的には可能でも、法整備が追いついていないのが現状です。ニューヨークや東京といった人口が密集した都市での実用化にはいましばらく時間を要すると見られていますが、国や地域によってはいますぐにでも実行可能なところまできているとされています。

ウーバーの日本国内でのあゆみ

2009年3月	アメリカのサンフランシスコで設立
2013年11月	日本でのトライアルサービス開始
2014年8月	東京都内で配車サービス開始
2015年2月	福岡市で「みんなのUber」テスト開始
2015年3月	国土交通省より「白タク行為」にあたるとして、サービス中止の指導があり、サービスを中止する
2015年5月	トヨタとライドシェア領域における協業を検討する旨の覚書を締結
2015年10月	東北支援のためのチャリティーイベント開催
2016年5月	京都府京丹後市のNPO法人、Uberの仕組みを採用して、一般人による有償旅客輸送を開始
2020年7月	「Uber Taxi」が東京都内でタクシー配車サービスを開始
2021年12月	アプリを活用して、全国のタクシー会社と提携し、サービスエリアを拡大する

Column

大阪万博と空飛ぶクルマ　2025年の大阪・関西万博で商用飛行の実現を目指している「空飛ぶクルマ」は、量産が間に合わず安全認証の遅れから調達は最大数機に留まる見通しで、国は機体開発や量産に必要な「型式証明」の取得に向けた飛行試験などを後押ししている。

通信販売（EC）の歴史

新型コロナウイルス感染症の世界的流行によって、自宅にいながら買い物ができるＥＣサイトのニーズが高まり、宅配の荷物量が激増しました。

日本の通信販売の歴史はかなり古くて、明治のはじめ頃、「トウモロコシの種」から始まったといわれています。もちろん、現代のようにインターネットではなく、冊子などで注文を募り、購入希望者は郵便為替を同封して申し込む方法でした。

明治時代には三越や高島屋といった当時の大手の呉服商でも通信販売を手掛けていて、その方法もまた郵便で注文し、封書や郵便小包で受け取るやり方でした。ちなみに郵便小包は、1892（明治25）年から始まりました。それでも現代のダンボール箱のように大きなものではありませんでした。少し大きなものは鉄道小荷物が使えるようになったのです。

実は鉄道による少量物品の輸送は郵便小包より早くて、明治時代の鉄道の開業とともに始まりました。明治５年に新橋―横浜間で鉄道が開業すると同時に手荷物運賃が設定され、旅客が携行する物品の輸送が開始されたのです。翌年には鉄道貨物運送補則で小荷物の運送法と運賃が制定され、旅客以外の者の委託を受けて少量物品を輸送する小荷物輸送制度が開始されました。

それでも、通信販売で鉄道小荷物が使えるようになったのは、ずっと後からです。

日本での通信販売の発展は、明治時代から宅配便が登場する昭和の時代まで、長く郵便小包と鉄道小荷物が一翼を担っていました。

昭和に入り、40年代からはラジオやテレビのマスメディアが発達し、カタログに代わりコマーシャルで商品を紹介するショッピング番組が広まり、50年代に入るとトラックによる宅配便が登場しました。

さらに、平成の時代になると、インターネットが一般家庭に急速に普及し、EC（Electronic Commerce）専業のショッピングサイトやECモールのオープンが相次ぎました。そしていまはスマホの時代です。

これからは、AIの技術などを使い、誰でも気楽に注文し、快適に受け取ることができるようになるでしょう。これで助かるのは高齢者や過疎地域に住む人たちです。少子高齢化の進展により、高齢者は増え、過疎地域は広がることが予想されています。高齢者が安心して生活し、過疎地域の人たちが不自由なく暮らすために、ECが不可欠になってきます。

このような社会は、実は情報通信の技術やフィンテック、そして新しい技術を持った物流が支えているのです。

第3章

運輸業界の歴史

18世紀にイギリスで起きた産業革命と動力革命によって、大量生産と大量輸送、そして大量消費という経済活動が登場しました。日本においても、工業の発達や商業活動から人や物の動きが活発化し、江戸時代の海運から始まり、明治時代に入ってからは鉄道の開通による近代的な陸運へと発展していきました。

本章では、戦後日本経済の発展とそこで果たした運輸業の役割について検証してみたいと思います。

Section

3-1 海運の始まりから近世まで

日本は海に囲まれた島国であったことから、海運業は早くから発達してきました。古くは遣隋使や遣唐使の時代から船によるヒトとモノの交流が始まり、その後、平安時代の瀬戸内海航路の整備や安土・桃山時代の御朱印船、そして江戸時代には廻船など、日本の運輸業の歴史は海運業の歴史でもあったのです。

中国への航路開拓から

古事記や**日本書紀**などには、船に関する歴史が数多く記載され、中国の古典・**魏志倭人伝**の中にも、倭人（日本人）との交流の記録が記載されています。この頃より、日本と中国は朝鮮半島沿岸を迂回しながら中国への航路を開いていたのです。

その後、聖徳太子による遣隋使や唐の時代になってからの遣唐使など、船による交流が活発に行われるようになりました。さらに、平安末期、平清盛の時代には国内のヒトとモノの動きとして、瀬戸内海航路の整備と港の大規模な修築が行われ、国内の海上交通が発達していきました。

楽市楽座と御朱印船で花開いた日本の物流

鎌倉時代、室町時代においても、明との間で活発に交易が行われています。足利義満が明との間で**勘合貿易***を開始し、外国との貿易を盛んにしていきました。

また、戦国時代には鉄砲の伝来やスペイン人宣教師フランシスコ・ザビエルの来日などもあり、明に限らず、西欧の文化や技術の流入も始まっています。さらに、織田信長と豊臣秀吉の時代に入り、信長は楽市楽座を開設しながら、諸国物産品の交流に努め、秀吉も**朱印状**を発行して、外国貿易を政権の管理下におく、**御朱印船**と呼ばれる船舶によるアジアの国々との交易活動を行っていきました。

Column
勘合貿易　明の洪武帝が採用した朝貢貿易の方式。室町幕府と明の間の日明貿易も勘合貿易の形を取り、1404年、足利義満と永楽帝の間で開始され、16世紀半ばまで行われた。

廻船業者*による運輸業の始まり

徳川家康の時代でも貿易が奨励されましたが、家光の時代に入ると江戸幕府は鎖国政策をとり、長崎の**出島**にだけ中国船とオランダ船の入港を許可しながら、細々と海外との貿易を行っていました。

しかし、国内航路の整備により諸国の特産品の交流が活発化したことで、当時の内航定期航路である廻船を運航するようになりました。

太平洋沿岸では、**菱垣《ひがき》廻船**や**樽《たる》廻船**などにより、大阪と江戸との交流を進め、日本海・瀬戸内海では、北海道や日本海側の港と大阪を結んだ**北前《きたまえ》船**などが大活躍するようになっていきました。

廻船業者による定期航路の開設によって、荷主である商人は、みずから船を所有し、人を抱えて運航することなく、廻船業者に運賃を支払うことで、手軽にどこへでも品物を運ぶことができるようになりました。

この仕組みにより、荷主と海運業が分離され、現代でいう運輸業が成立してきたのです。そしてこの仕組みは世界でもまだなじみが薄く、日本が先駆けとなっていました。

Column

菱垣廻船や樽廻船

徳川幕府による鎖国時代、海運の主役は内航定期航路の廻船でした。その代表的なものが、太平洋岸を通って大阪〜江戸間を結んだ菱垣廻船と樽廻船です。また、日本海・瀬戸内海経由で北海道や日本海側の港と大阪を結んだのが、北前船などです。米などの輸送のほか、人の往来にも使われていました。

最初は、幕府の大型船建造禁止令から、200石（約20トン）から400石（約40トン）クラスの船が使われていましたが、やがて規制緩和が行われ、千石船と呼ばれる1000石（約100トン）を超える大型船も登場するようになり、輸送量も格段に増加しました。規制緩和による経済への刺激は、江戸の昔から行われていたのです。

▲北前船 by 安部 剛司

Column

廻船業者　江戸時代、沿海定期航路に就航した大型貨物船を廻漕船といい、これを航行していた業者のこと。江戸・大阪の菱垣廻船、樽廻船、東北地方の城米を江戸に運んだ奥羽廻船、北陸、蝦夷地の海産物、肥料を大阪に運んだ北国廻船（北前船）などを航行していた。

Section

3-2 近代的日本海運の始まり

ペリーの黒船来航によって、日本は220年にわたった鎖国時代に終わりを告げ、明治維新を迎えます。明治政府は西洋諸国に対抗するため、産業、資本主義育成による近代国家の建設のために、殖産興業と呼ばれる諸政策を推進することになり、鉄道や汽船の運航などの国内交通網の整備も図られました。

日本郵船の設立

明治政府では、自国海運の拡充を目的に、民間海運会社の筆頭だった岩崎弥太郎の**三菱商会**を全面的にバックアップする政策を採用することにしました。三菱商会は、その後、郵便汽船三菱会社と改称し、政府の支援を受けながら、当時横浜・上海航路を独占していたパシフィック・メール社のシェアを奪い、ついにはこの航路や日本沿岸の航路から撤退させることに成功しました。

そして、1885（明治18）年、政府が支援していた共同運輸と合併して**日本郵船会社**が誕生しました。

また、瀬戸内海の内航路でも船主らが団結して、**大阪商船会社**を設立しています。

半官半民の海運業

明治新政府における最初の物流事業は、全国の年貢米の輸送でした。維新前から幕府や諸藩が所有していた西洋型帆船のほとんどは軍艦であったため、当時国内にあった日本型帆船だけでは輸送力に劣ることから、アメリカの**パシフィック・メール社**などの外国企業が、沿岸での海上輸送の取扱量を増やしていました。明治政府ではその対抗上、半官半民の回漕会社を設立し、貨客定期航路を開設することに取り組みましたが、経営は困難を極めました。同時期、土佐藩士の**岩崎弥太郎***も定期航路を開設し、土佐の乱や台湾征討の物資輸送の海上輸送業者として繁盛していました。

Term

岩崎弥太郎　明治時代の実業家。土佐出身。藩船などの払い下げを受けて三菱商会を創立し、明治政府の保護による独占的海運事業として発展させている。

■外国航路への進出と鉄道の敷設

明治10年代の後半頃から、綿紡績や鉱山、鉄道などの企業が次々と誕生し、国内での機械制工業が本格的に活動を始め、日清・日露戦争を契機に、軍事工業や製鉄業、造船業などの**重工業**も飛躍的に拡大してきました。また、外国貿易も活発となり、海運業でも、国内海運市場だけでなく、外航海運にも進出するようになりました。海上輸送では、それまでの**日本形帆船**から**汽船**に代わり、輸送量を増強させてきましたが、陸上では、馬車による道路輸送とともに、近代的な鉄道も建設されることになりました。

日本の鉄道は、明治20年代後半から幹線網の建設が始まり、新橋・神戸間や上野・青森間、上野・直江津間など、海運の航路と競合する路線が次々と誕生するようになり、1906（明治39）年には、鉄道国有法が制定され、国が直接鉄道を管理するようになりました。しかし、まだ鉄道は旅客輸送が中心で、国内貨物輸送は海運が大きな役割を果たしていました。鉄道による貨物輸送の欠点は、列車を操車場で客車と貨車に組み替える必要があり、貨車を連結しても各駅で貨車を解結するヤードが必要になるため、貨物到着までにかなりの日数を要したことでした。

海運近代史

1853（嘉永6）年	ペリー（アメリカ）、浦賀に来航
1870（明治3）年	九十九商会（後の三菱）運航開始
1875（明治8）年	三菱商会、横浜ー上海航路開設（我が国初の外国航路）
1885（明治18）年	日本郵船設立
1889（明治22）年	新橋・神戸間鉄道開通
1893（明治26）年	日本郵船、ボンベイ航路開設
1894（明治27）年	日清戦争起こる
1896（明治29）年	日本郵船、欧州航路開設／東洋汽船設立
1903（明治36）年	三井物産船舶部設置
1904（明治37）年	川崎船舶部開業／日露戦争勃発
1906（明治39）年	鉄道国有法公布
1907（明治40）年	万国郵便条約公布
1914（大正3）年	第一次世界大戦勃発／パナマ運河開通
1917（昭和6）年	満州事変勃発
1942（昭和17）年	三井船舶設立（三井物産より船舶部が独立）
1945（昭和20）年	日本、ポツダム宣言を受諾

▼岩崎弥太郎

Term

殖産興業　明治政府の商工政策で、西洋諸国に対抗し、機械制工業、鉄道網整備、資本主義育成により国家の近代化を推進した諸政策を指す。

Section

3-3 鉄道輸送の近代化

日本の鉄道も海運とほぼ同時期に近代化が進み、近代国家の礎となっていました。当初旅客輸送が中心だった鉄道も、国土に鉄道網が整備され、鉄道運賃体系も改善されるにつれて、貨物輸送での役割も大きくなり、やがて鉄道貨物の輸送量が海運貨物を上回る伸びをみせるようになってきました。

明治末期までに幹線網が整備

前節でも解説したように、日本の鉄道は、明治末期までにはほぼ全国の幹線網が完成しています。

私設の鉄道も全国で多数建設されていますが、1892（明治25）年に設立した**鉄道敷設法**により、鉄道建設は官設を建前とし、長期的展望に立って、これを推進する方針が確立しました。日露戦争後は鉄道国有法により私設鉄道の買収が実施され、明治末期においては全国の鉄道の9割余りを官設鉄道が占めることになりました。

大正期に入って、第1次世界大戦の頃には、戦争特需もあり、日本の経済は急速に発展し、鉄道事業も急成長を遂げています。

鉄道技術の向上による輸送力増強

1919（大正8）年に、電気機関車が国産化され、蒸気機関車も**幹線用蒸気機関車***として、大型化されています。貨物用の**9600形**（愛称**キューロク**）や旅客用の**8620形**（愛称**ハチロク**）が、国内民間メーカーで開発され、国内向けに量産されています。また、両機関車とも当時の狭軌鉄道では速度・牽引力において世界最大級のものでした。

その後も、第1次世界大戦後の好況による輸送量増大に伴い、鉄道省は蒸気機関車のさらなる性能向上と標準化を推進し、**C51形**・**D50形**などの大型蒸気機関車を大量生産しています。

Term **幹線用蒸気機関車**　1906（明治39）年鉄道国有化後に機関車の形式が標準化され、製造技術も向上した。本格的な国産機関車は1913（大正2）年の貨物用9600形と、翌年の旅客用8620形がある。1919年には幹線旅客用C51形が製造され、世界的水準に達している。

鉄道網の整備

国内の幹線鉄道網の整備は、鉄道敷設法に基づき、1919（大正8）年度までに概ね全国での幹線整備は終わっています。さらに、鉄道網の進展に合わせて、既設線における輸送力増強のためのさらなる線路の改良や増設、停車場の拡張、諸施設の改良工事などを行い、スピードアップと旅客を中心にサービスの改善にも力を入れてきました。1930（昭和5）年10月には超特急「燕」が運転を開始し、東京・神戸間を9時間、東京・大阪間を8時間20分で結び、従来の所要時間を2時間以上も短縮しています。

また、大都市への過度な人口集中が見られ、都市周辺部と都心部を結ぶ高速通勤輸送手段の役割も増大したことから、電化・高架化による輸送力の増強も図られてきました。東京や大阪など大都市の大手民鉄も電化に取り組み、1927（昭和2）年には浅草・上野間に日本で最初の地下鉄も開通しています。しかし、鉄道による貨物輸送は、1923（大正12）年の関東大震災以降、自動車の進出によって、輸送量が減少していきました。1933（昭和8）年以降、鉄道輸送量は、貨客とも増勢に転じ、船舶の不足やガソリンの消費規制によって海運および自動車の貨客が鉄道へと移ってきました。

Column

日本の鉄道の生みの親……佐藤政養

山形県遊佐町升川に生まれた佐藤は、黒船が来襲した1853（嘉永6）年に、33歳で江戸へ出て、勝海舟の塾に入り、蘭学・砲術・測量などを学びました。勝海舟が渡米したときには、塾の留守役を務め、また横浜開港建言を幕府に提出し、これが認められたことから、横浜港の生みの親とも呼ばれています。明治維新後、貿易や鉄道の重要性を主張し、鉄道敷設の責任者となり、大阪・神戸間などを開通させるなど鉄道網整備に取り組み、初代の鉄道助（てつどうのすけ）に任命されました。山形県遊佐町には佐藤政養の銅像が建てられ、日本の鉄道の生みの親として親しまれています。

鉄道開業 150 周年　ロゴマーク（プレスリリースより）

Section

3-4 戦時下の道路輸送業者

1929年秋にアメリカから始まり、やがて世界中を巻き込んでいった世界恐慌の影響は日本にもおよび、1930（昭和5）年から翌1931年にかけて、日本経済は、昭和恐慌と呼ばれる危機的な状況に陥りました。道路輸送業者の多くが、合併・整理を迫られました。

■バス、タクシー会社の統合

路線バスやタクシー、トラックなどの自動車交通事業も、1937年の日中戦争勃発後から、ガソリンと車両、部品の補給がひっ迫してきたことから、木炭車など代用燃料への切り替えと、競合路線の廃止や企業の整理・統合などを余儀なくされました。

中でもガソリンの消費規制は、戦況の進展に併せ、年を追うごとに厳しくなり、1941年からは、米国の対日石油輸出禁止が行われ、バス・ハイヤー・タクシーへの割当てが、ほぼ全面的に停止されました。これにより、ほとんどの自動車会社で代用燃料に依存しなければならなくなりました。

■小運送業法と日本通運株式会社法

やがて戦時下になり、鉄道貨物取扱業に対する国家統制はさらに強化されていきました。1937年、**小運送二法***（**小運送業法**と**日本通運株式会社法**）が公布され、小運送業者の合併および日通への統合が行われたのです。

もともと小運送業法は、それまで自由に開業できた小運送業を免許制にして乱立を防ぐもので、日本通運株式会社法は、半官半民の統轄会社を設立して、小運送業の全国的な統轄と統制を図ろうとするものでした。その結果、鉄道貨物の統轄業務は、すべて日本通運株式会社に引継がれ、各駅の貨物取扱業者もすべてその統轄に服することになったのです。

小運送二法　1937（昭和12）年に小運送業法と日本通運株式会社法からなるいわゆる小運送二法が制定され、それまで複雑で不統一だった鉄道小運送事業（鉄道貨物輸送と連係する小運送業）の整備が図られることとなった。

■トラック会社における整理・統合

バス、タクシー業界では、燃料・資材の節約と効率的な利用のため、国の主導で、業者の整理・統合が急ピッチに行われました。当時の鉄道省指令によって、全国でほぼ一斉に統合が実施されたため、1945年には、その10年前と比較して業者数が10分の1にまで激減しています。

一方、トラック会社は、当初軍需輸送の関係から、バス、タクシーほどの燃料統制は受けなかったものの、

零細業者が多いために、かなりドラスティックに整理・統合が進められました。政府指令に基づき、1次と2次の統合が行われ、トラック会社を従前の業者数の80分の1近くに減少させることになりました。

戦局の悪化により、燃料・資材の補給はひっ迫を続け、バス、タクシー、トラックなどの自動車会社の稼動率は戦前の4割までに落ち込み、敗戦時の1945年には実動車数が、1936年と比較して4分の1になり、運輸業界としての体を成さなくなってきました。

終戦後は自動車工業が復活するとともに、1950年代はじめまでには各車種ともに戦前の水準を越えるようになり、営業用トラックの中・長距離路線の発展も拡大しました。

馬なし馬車を目指して

Column

日本で最初に作られた自動車の動力は、ガソリンエンジンではなく蒸気機関でした。国産蒸気機関車も1839年には第1号機が製作され、ガソリンより蒸気機関の方がノウハウも実績もあったのです。1903年に大阪で第5回内国勧業博覧会が開催され、そのとき展示されたインターナショナル・モーターカー社製のスチームカーを見た岡山の資産家が、乗合自動車の営業を思い立ち、当時、岡山市内で電機関係の販売修理を営んでいた**山羽虎夫**に製造を依頼したのです。山羽は独学を重ね、1903年9月から製作を開始し、翌年3月に動力部分の試運転に成功し、路上テストに挑んだのですが、当時はゴムタイヤの技術があまり進んでいなかったことから、この自動車の実用化は見送られることになりました。

その後、明治末期から大正時代にかけて、自動車の国産化が数多く試みられています。1907（明治40）年、国産で初めて実用化されたガソリン自動車が誕生し、さらに1914（大正3）年に快進社が乗用車の第1号「ダット」を完成させました。日本初の本格的な自動車生産は、白楊社のオートモ号で、1925（昭和元）年に生産を開始し、230台が製造されています。

Section

3-5 戦後の鉄道貨物輸送

鉄道による貨物輸送の減少傾向は、1933（昭和3）年をピークにその後6年まで減少し、収益率も1933（昭和3）年の7・3%から1932（昭和7）年には4・5%へと著しく低下しています。そこで、政府は人員の整理を行うとともに、一般自動車の進出に対抗するため、省営自動車を拡充したり、積極的に貨客に出荷誘致の営業を行ったりするようになりました。

■戦時下の鉄道輸送力の整備

1933（昭和8）年以降、戦時体制の進展とともに、日本の経済は軍需に支えられ、一時期、景気が上昇しました。鉄道の貨物輸送量も、増加に転じました。

日華事変を契機に輸送量はさらに増大し、また船舶の不足と石油の消費規制などによって、海運や自動車輸送を行っていた貨物が鉄道に移行するようになり、鉄道は戦時下の国内輸送では大きな役割が期待されるようになっていきました。

輸送力のさらなる増強のため、国有鉄道では政府の生産力拡充計画に対応して1938（昭和13）年度を初年度とする**輸送力拡充4か年計画***を策定しました。

■石炭輸送の使命

戦況が悪化するにつれ、国内経済では物不足による統制も厳しくなっていきました。

日本近海での船舶の制海権や飛行機の制空権を連合軍に奪われかねない事態から、政府は京浜地区の軍需工場などの動力源として重要な物資である石炭の北海道からの輸送方法を見直しました。それまで小樽や室蘭からの海運で京浜地区などに運ばれていたものを、青函航路を介して、本州側に、すべて鉄道で運べるよう、室蘭本線、青函航路、東北本線、常磐線、奥羽本線、羽越本線、信越本線、上越線などの路線において、設備の増強などを行ったのです。

Term

輸送力拡充4か年計画　1933（昭和8）年以降、輸送力増強のため、国有鉄道では政府の生産力拡充計画に対応して1938（昭和13）年度を初年度とする輸送力拡充4か年計画を策定。貨物輸送の拡充を主眼として、車両の新造、線路増設、停車場その他の施設の改良を実施している。

戦後復興と鉄道

8年余り続いた戦争が終わり、国有鉄道にも車両や施設の荒廃などの大きな被害がありました。しかし、国は国民生活の安定と経済の復興のためには鉄道の再建が急務と考え、他の何よりも先に鉄道の再建に着手しました。

旅客では復員者や進駐軍、食料事情の悪化による買い出しなどにからむ利用者の輸送、貨物でも石炭や鉄、セメントなどのほか、食料品の輸送などの役割を担っていました。鉄道における労働力も不足し、政府は鉄道要員の雇用を増やしています。しかし、鉄道においても電力をはじめ、石炭や鋼材、セメントなどの資材不足は深刻で、鉄道の輸送力にも限度がありました。そのため、大口貨物の海上転移が図られるようになりました。

国ではその後も引き続き、国有鉄道の輸送業務を超重点産業として位置付け、可能な限りの復興支援に取り組みました。その結果、1948（昭和23）年以降、鉄道が国の重点産業部門に位置付けられ、車両の新製や線路の改修、電化工事の進展が計画されました。輸送量の増強とともに、高速化も図られるようになり、移動の時間も大幅に短縮し、経済の復興にも大きな役割を果たしました。

Column 機関車で炊く石炭は火力が違う

戦後復興の原動力は、鉄道でした。石炭、鉄、セメントなどの建設資材の国内輸送は鉄道が頼りで、食糧不足による買い出しなどにも鉄道が利用されました。また戦地からの引き揚げ者の雇用対策として、多くの人間が国鉄に雇用されました。一般家庭でのモノ不足も深刻で、風呂を焚くにも薪が足りない状況でした。戦地から引き揚げ、国鉄に機関士助手として雇用されていたある職員が、実家の近くを機関車で走ることになったとき、家族にそっと知らせて、鉄橋に差しかかったら、運転席から機関車用の石炭を何個か放り投げ、それを拾って、家の風呂の燃料にするようにしたというエピソードも残っています。

国産最初の機関車は、1893年に官設鉄道の神戸工場でイギリス人技師の指導により製作された860形機関車が第1号で、第2号が1895年北海道炭礦（たんこう）鉄道で、日本人だけの手で製作された7150形機関車「大勝号」になります。本格的な国産機関車は1913（大正2）年の貨物用9600形、翌年の旅客用8620形で、1919年には幹線旅客用C51形、23年には強力な幹線貨物用D50形が製造されています。

Section

3-6 戦後日本経済の発展と運輸の歴史

1951年から53年にかけて起きた朝鮮戦争とその特需、また52年、IMF（国際通貨基金）への加盟と55年のGATT（関税および貿易に関する一般協定）への加入によって、日本経済は貿易が活発となり、景気も翌54年から57年までの長きにわたり拡大期を経験しました。

■戦後復興と運輸業界

神武景気によって、**三種の神器**と呼ばれた冷蔵庫や洗濯機、白黒テレビなどの大型家電が飛ぶように売れ、戦後の日本経済は太平洋戦争前の水準に復帰しました。運輸業界でも、戦時下で船舶のすべてを国家に徴用され、軍需物資や兵員を輸送する手段に使われて、多くの船舶が沈没の憂き目に遭い、海運は壊滅状況に陥っていました。国は海運を再建するために、戦後間もなく、計画造船を進め、復興資金の多くを船舶の建造資金に回し、1959年に日本籍船の船腹量を戦前の水準にまで復帰させせました。

空運も、1951年に**日本航空**が発足しています。

■なべ底不況*と海運業界

1957年まで続いた神武景気は、その後国際収支の悪化により急速に冷え込みました。国は国際収支改善のため強力な金融引き締め策をとることになりましたが、産業界では減益や減収に陥り、操業短縮などの在庫調整に入りました。この不況について、当時の経済白書では、不況が中華鍋の底をはうような形で長期化することから、**なべ底不況**と名付けました。

海運業界でも不況から、当時の運輸省主導で、海運会社の集約が行われることになりました。大阪商船と三井船舶、日本郵船と三菱海運、川崎汽船と飯野海運など、国内6グループで合併が行われています。

Term **なべ底不況**　神武景気のあとの1957（昭和32）年から1958（昭和33）年にかけて起こった不況のこと。なべの底のように景気が停滞したままであり、不況が長期化するのではないかと予想されたため、なべ底不況と呼ばれた。

■高度経済成長と運輸業界

1962年頃より、64年開催の東京五輪のための施設づくりや新幹線、高速道路などのインフラ整備がはじまり、建設需要の高まりから、トラック輸送が増加してきました。また、道路網の整備によって、自動車による貨物輸送のエリアが拡大してきました。東海道新幹線は1964年に開通し、鉄道輸送も高速化時代を迎え、さらに輸出も好調で、貿易収支は1965年に初めて黒字に転換しています。

1965年から70年までの好景気を**いざなぎ景気**と呼んでいますが、道路や鉄道など社会資本整備に向けた投資のほか、造船、鉄鋼、石油化学など民間企業の分野でも、全国的に工場立地や石油コンビナート化が進み、道路整備と相まって貨物の輸送量は急激に増加しました。団塊世代層による住宅建設のブームによる国内消費の高まりや、政府が1958年から3回にわたって実施した公定歩合の引き下げなどによって、日本経済はなべ底不況を脱して、1958年後半から、今度は**岩戸景気**と呼ばれる時代を迎えました。景気回復に併せて、国内の航空路線では、全日本空輸株式会社や局地的な路線運航の会社が次々と誕生し、本格的な航空輸送も始まりました。

戦後復興から高度経済成長期まで

年代	世の中の動き	運輸業界の動き	
1945	太平洋戦争　終結 ➡ 民主化、経済復興		
1947	日本国憲法発布		
1951	サンフランシスコ条約	1951	日本航空発足
	日米安全保障条約		
	朝鮮戦争（～53年）➡ 朝鮮特需		
1952	IMF加盟		
1953	スエズ動乱		
1955	GATT加入（自由貿易）		
			日本道路公団発足
1958	岩戸景気始まる（～61年）	1956	世界初の海上コンテナ輸送
1960	新・日米安全保障条約		高速道路網の拡大
	所得倍増計画発表		
1964	オリンピック景気	1964	東海道新幹線開通
	OECD加盟		
1965	貿易収支初黒字	1965	名神高速道路開通
		1966	日米間初コンテナ船就航
1967	ASEAN		

Section
3-7 オイル・ショックと日本経済

1960年代後半から、国際経済の舵取り役を務めていたアメリカが、ベトナム戦争の戦費増加のための財政赤字やインフレの加速と貿易不均衡のための貿易赤字によって翳りを見せはじめ、世界経済は混迷の度を深めていきました。日本経済も国際金融情勢の急変やオイル・ショックなどにより、激動の時代に入りました。

■ニクソン・ショック

アメリカは、財政支出の増加から国内において、インフレーションが加速し、輸入の増大から貿易赤字に陥りました。また、1969年頃より、外国為替の相場では、米ドル切り下げの思惑から、投機資金が日本円やドイツ・マルクの買いに大量に流れ出るようになっていきました。このような状況の中で、アメリカのニクソン大統領は、財政赤字と貿易赤字解消のために、1971年、減税と歳出削減、雇用の促進、価格政策の発動、金・ドル交換の停止、10％の輸入課徴金制度の導入を含む新たな政策を打ち出しました。これが**ニクソン・ショック**といわれるものです。

■米中、日中の国交回復

1971年12月、ワシントンのスミスソニアン博物館で、先進国の蔵相会議が開催され、金とドルの固定レートの引き上げとドルと各国通貨との交換レートの改定を定めた、**スミソニアン協定***というものが締結されました。それまで日本円は1ドル360円であったものが、308円へと大幅に切り上げられました。

さらに、ニクソン大統領は中国を訪問し、米中国交回復を果たしました。時の日本政府の田中角栄首相もアメリカに追随し、日中共同声明を発表して、日中の国交も回復しています。

Term
スミソニアン協定　ドル=ショックのあとの1971年12月、先進主要国が固定為替相場制維持を図った通貨協定。 ドルと金の交換停止を継続した上で、ドルを切り下げ、固定相場制を維持すること、国際通貨危機に対して各国が協調介入することを定めた。

■オイル・ショックと運輸業界

70年代では、田中内閣による列島改造政策が始まり、積極的な財政出動の結果、ニクソン・ショックにもかかわらず、経済は拡大基調を続けました。しかし、その一方で地価が高騰し、経済は過熱、インフレーションが進行することになりました。

さらに、1973年の第四次中東戦争勃発により、**オイル・ショック**に見舞われ、狂乱物価に拍車が掛かりました。

このような中で、70年に日本初の**テレビショッピング**が始まり、**宅配便**（**小口配送**）サービスも開始されました。76年には、小倉昌男が率いる**ヤマト運輸**が陸運規制を死守している運輸省と戦いながら宅急便を開始し、78年には**日本通運**など35社が宅配市場に参入しました。

空運では、78年に**成田空港**が開港となり、同時に通関のコンピューター・システムが稼動を開始しています。米国では**航空規制緩和法**が制定され、航空会社の競争が激化していきました。第1次オイル・ショックを原因とする原油価格の急騰は世界同時不況をもたらすとともに、日本経済は高度成長期から安定成長期へと変化し、景気回復も緩やかに推移しました。

オイル・ショック以降の運輸業界

年代	世の中の動き	運輸業界の動き	
		1970	日本初のテレビショッピング
1971	ニクソン・ショック		
1972	日本列島改造論		
1973	オイル・ショック		
1974	（第四次中東戦争）		
		1976	ヤマト運輸が宅急便を開始
		1977	航空規制緩和法の制定
		1978	成田空港が開港
		1978	日本通運他も宅配サービス開始（35社が市場参入）
1979	第二次オイル・ショック（イラン革命）		
		1980	運輸自由法が成立
		1981	コンビニが宅配便取次サービス開始
1984	ソ連がペレストロイカを発表		
1985	プラザ合意		
1987	ブラックマンデー	1987	国鉄が民営化
		1987	ヤマトがUPSと提携し、サービスを米国に拡張
		1988	FedEXが日本参入

Section

3-8 バブル期の運輸業界

80年代に入り、ソ連経済の行き詰まりからペレストロイカが行われ、議会の民主化や市場原理の導入、アメリカとの強調と軍縮に方向転換しました。アメリカでもドル安政策を進め、国内のインフレーションは沈静化し、貿易赤字もプラザ合意によって、円高・ドル安での解消を意図し、円は大幅に切り上げられました。

■円高対策としての金融緩和策

1987年10月、NY株式市場で**ブラックマンデー**と呼ばれる株式大暴落があり、世界経済は混乱が続きました。しかし、日本では円高対策として金融緩和措置をとっていたため、国内に過剰流動性が発生しました。一方で円高不況により、製造業における設備投資意欲が減退し、銀行による優良製造業への融資も低迷したことから、過剰資金の貸出競争が激化していきました。

銀行だけでなく、保険業界や証券業界、商社なども有り余る資金の貸出先として、不動産業、小売業、住宅などに拡大していったことから、**バブル景気**を引き起こす結果となったのです。

■鉄道会社における経営多角化

鉄道会社においては、土地への投資が加速したことから、沿線において、宅地の造成やリゾート開発などに取り組むようになっていきました。また、鉄道業をはじめとする運輸業界は、「日銭商売」といわれ、収入が日々利用者からの運賃によって賄われました。さらに運輸業界は総じて、車庫や駅舎、路線など所有する土地も多く、流通業にも参入している企業も多いことから、バブル期には、みずからの資金と土地の運用先として、リゾート開発やゴルフ会員権などの金融商品、株式などに向かっていったこともバブルに拍車を掛けていきました。

Term

リーマンショック　2008年に米国の投資銀行大手リーマン・ブラザーズが負債総額6000億ドル超となる史上最大級の規模で倒産したことを契機として発生した世界的な金融・経済危機。低所得者向け住宅ローン（サブプライムローン）を証券化し販売したが、住宅バブルの崩壊とともに破たんした。

■失われた20年

１９８９年５月に、日本銀行は株価の沈静化と地価の高騰を抑えるために何度か公定歩合を引き上げ、政府も加熱した地価を抑制するために、地価税や土地特別保有税などの新税を実施しました。これらの経済対策により、ようやく１９９０年９月をピークに、それまで高騰を続けてきた地価や株価は沈静化していきました。しかし、バブルの崩壊とともにデフレの傾向が強く現れ、金融危機なども重なり、景気は急速に悪化しました。バブル崩壊後から今日までのことを**失われた20年**と表現するようにもなりました。

不況による鉱工業生産の低下や出荷・在庫調整などは運輸、特に貨物運送の業績に敏感に反応します。

好不況の影響をあまり受けないといわれる運輸業界でも、本業以外の事業でバブル崩壊の影響を受けるなど、経営の再構築を迫られた企業も少なくありませんでした。２００８年秋の**リーマンショック***によって世界同時不況が始まるとともに、グローバル化が進む運輸業界にあっても、業界再編を余儀なくされています。

２０１０年１月、ＪＡＬが会社更生法を申請し経営破綻しました。

バブル期以降の運輸業界

世の中の動き		運輸業界の動き	
1990	バブル崩壊	1990	物流二法（規制緩和）
1991	湾岸戦争勃発		
1992	失われた10年（2002年まで）	1992	日本航空巨額赤字による経営再建
1993	カンフル（緊急経済対策）景気		
1997	消費税引き上げ	1997	クロネコメール便開始
1998	長野オリンピック開催	1998	佐川急便も宅配サービスを開始
1999	ＩＴ景気		
2000	デフレ不況		
2001	同時多発テロ／ゼロ金利政策		
2002	いざなみ景気	2002	日本航空・日本エアシステム経営統合
2003	イラク戦争勃発		
2004	ＳＡＲＳ※大流行	2004	ヤマト宅急便取扱個数１０億個超える
		2005	港湾・内航海運規制緩和
		2005	郵政民営化
2007	サブプライムローン問題		
2008	リーマンショック		

※重症急性呼吸器症候群

Section

3-9

コロナ禍と運輸業界①

旅客運送業への影響

新型コロナウイルスは2019年に中国の武漢で初めて確認され、2020年初頭から急速に世界中に感染が拡大し、各国で未曽有の混乱が発生しました。人々の健康被害だけでなく、経済にも深刻な打撃がもたらされました。とりわけ、運輸業界においては、人々の行動を制限する「ロックダウン」（都市封鎖）の措置により甚大な被害を受けました。

■遠距離、近距離ともに大打撃

鉄道業界でもコロナ禍による打撃は大きなものがありました。旅客運送業における需要では、鉄道を中心に、通勤・通学等の近距離の需要から、観光需要・ビジネス需要など長距離の需要がありますが、いずれの需要もコロナの感染拡大防止のために、不要不急の移動の自粛と、なるべく人と人の接触を避けるようにという行動制限を受けてきたことが影響しました。通勤客の需要では、コロナ禍で広がったリモートワークの定着も要因になっています。

特に赤字ローカル線を抱える会社ではバスへの転換など路線のあり方を見直す方向で、地方自治体との議論を重ねたり、運賃の見直しなども予定されています。

■航空旅客運送業への影響

旅客運送業は大きく分けて、鉄道旅客運送業、道路旅客運送業、水運旅客運送業、航空旅客運送業の4つの業種から成っていますが、陸・海・空問わずいずれの業種とも軒並みコロナ禍により大きな影響を受けました。特に航空旅客運送業への影響が顕著で、国内線旅客運送と国際線旅客運送ともに、需要が激減しました。

航空旅客運送業について、感染症の流行前は国内線よりも国際線の方が伸び率が高かったのに対して、落ち込みからの回復状況では、政府が主導した**GoToトラベル**＊事業など国内での移動自粛要請の解除の効果もあって、国際線よりも早く回復していきました。

Term **Go Toトラベル**　日本における新型コロナウイルス感染症の流行に伴う外出自粛と休業要請で疲弊した経済の再興を図ることを目的に、観光などの需要喚起を狙いとした日本国政府による経済政策。

■バス事業者への影響

航空会社や鉄道会社とは経営規模が違うバス業界におけるコロナ禍の影響もまた深刻なものがありました。

特に路線バスより厳しい「高速バス」「貸切バス」の業界では、コロナが小康状態となってからも回復が遅れています。

路線バスの輸送人員はコロナ禍前から減少が続き、一般路線バスを運営し、保有車両30台以上の業者のうち、7割を超す事業者が赤字で、地方のみならず、3大都市圏でも2割近くの事業者が赤字運行になっていました。このような厳しい状況に追い打ちをかけたのがコロナ禍で、路線バスの輸送人員はコロナ禍当初の2020年5月に50%まで減少し、回復基調が見られる2022年3月でも3割近く減少しました。

高速バスの輸送人員は、2020年5月には85・5%の減少で、2022年3月でも65・2%の減にとどまっています。貸切バスでも実働率（1年間におけるバス車両の稼働率）では、2019年3月の41・7%に対して、2022年3月でも24・8%に減少しており、厳しい状況を強いられています。

コロナ禍による公共交通への深刻な影響

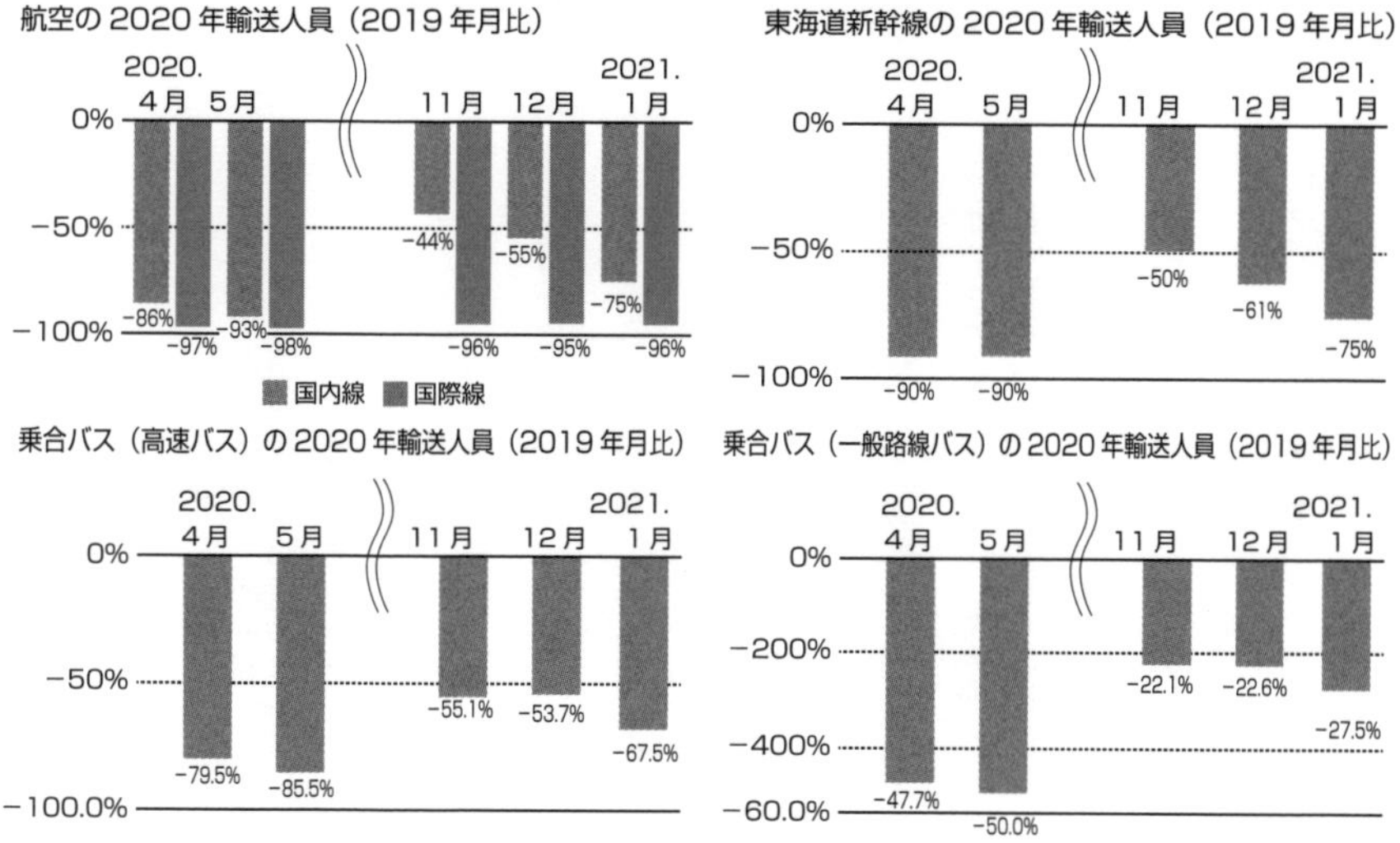

日本バス協会　バスの公共性を広く一般に啓蒙し、バス業界の健全な発展・バス事業者の民主的運営および経営の合理化・バス事業者の相互間の親睦を目的として設立された公益社団法人。

Section

3-10 物流業界への影響

コロナ禍と運輸業界②

2-1節でも触れたように、コロナ禍による移動制限は、貨物輸送にも多大な影響を与えています。人と人との対面が規制されたことで、業務の遂行に著しく時間がかかるようになった一方、物流量が増加したものと、反対に減少したものとで二極化が進みました。

一般消費者向け物流量が増大

緊急事態宣言の発令によって、不要不急の外出自粛が言い渡されたことから、インターネットショッピングの利用者が急増しました。いわゆる「巣ごもり需要」と呼ばれるもので、在宅時間の増加により、家庭内で消費する食料品や日用品の購入量が増加しました。

2020年のコロナ禍初期の頃は、必要な物資が手に入らない状況が発生したことから、ECショップが活況となりました。また、当初は物流のドライバーに対しても、対面を避けたり、県境での乗り入れ禁止などの措置をとる自治体が出るなど、一般消費者向けの物流体制が混乱した時期もありました。

B2B向け物流での変化

コロナ禍による外食産業や住宅産業への影響も大きく、輸入品の輸送量が減少したほか、学校給食の停止やホテル、レストランなどへの納入減少による、農産物の輸送量減少などが顕著になりました。一方で、新しいB2B物流といわれたのが、ワクチンや医薬品、医療器具などの**メディカル物流***です。この輸送のために、かつては農産物などの輸送に使われた**コールドチェーン**向けの仕組が活用されました。コールドチェーンは、食品などを冷蔵・冷凍した状態で配送する物流方法の1つで、鮮度保持の重要性から生鮮商品などで採用されていた方法を、高度な品質管理が求められる医薬品、化学品などの輸送に活用し、医療機関や薬局などへの輸送が増加しました。

Term

メディカル物流　コロナ禍で増加した、医薬品や医療機器など、医療・治療用の物品を取り扱う物流業務のこと。

ドライバー職の不足と事務の煩雑化

コロナ禍により、EC市場が拡大し、物流業界への負担が大きくなった一方で、それまでも業界では慢性的な人手不足による労働環境の悪化が課題になっていました。特に細かな時間や送付先住所の指定などで**ラストワンマイル**※の配送が複雑化し、ますますドライバーへの負担が大きくなってしまったのです。

また、感染拡大防止のため、非対面のサービス提供が強いられた一方で、スムーズな配送を実現するために、伝票の電子化や対面を避けたオペレーション、リモートでの指示出しなど、これまでの業務の見直しと、作業効率を上げるための取り組みが必要となりました。

日本ロジスティクスシステム協会が会員企業に対して2020年3月に実施した「新型コロナウイルスの感染拡大による物流への影響」の調査では、「新型コロナウイルスの影響により、物流面で課題が発生したか」という問いに対して、「一部で課題が発生した」が43・3%、「全社的な課題が発生した」が14・4%と、およそ60%の企業が課題が発生したと答えています。

宅急便の増加

宅急便の荷物数はコロナ禍で約 12%増加

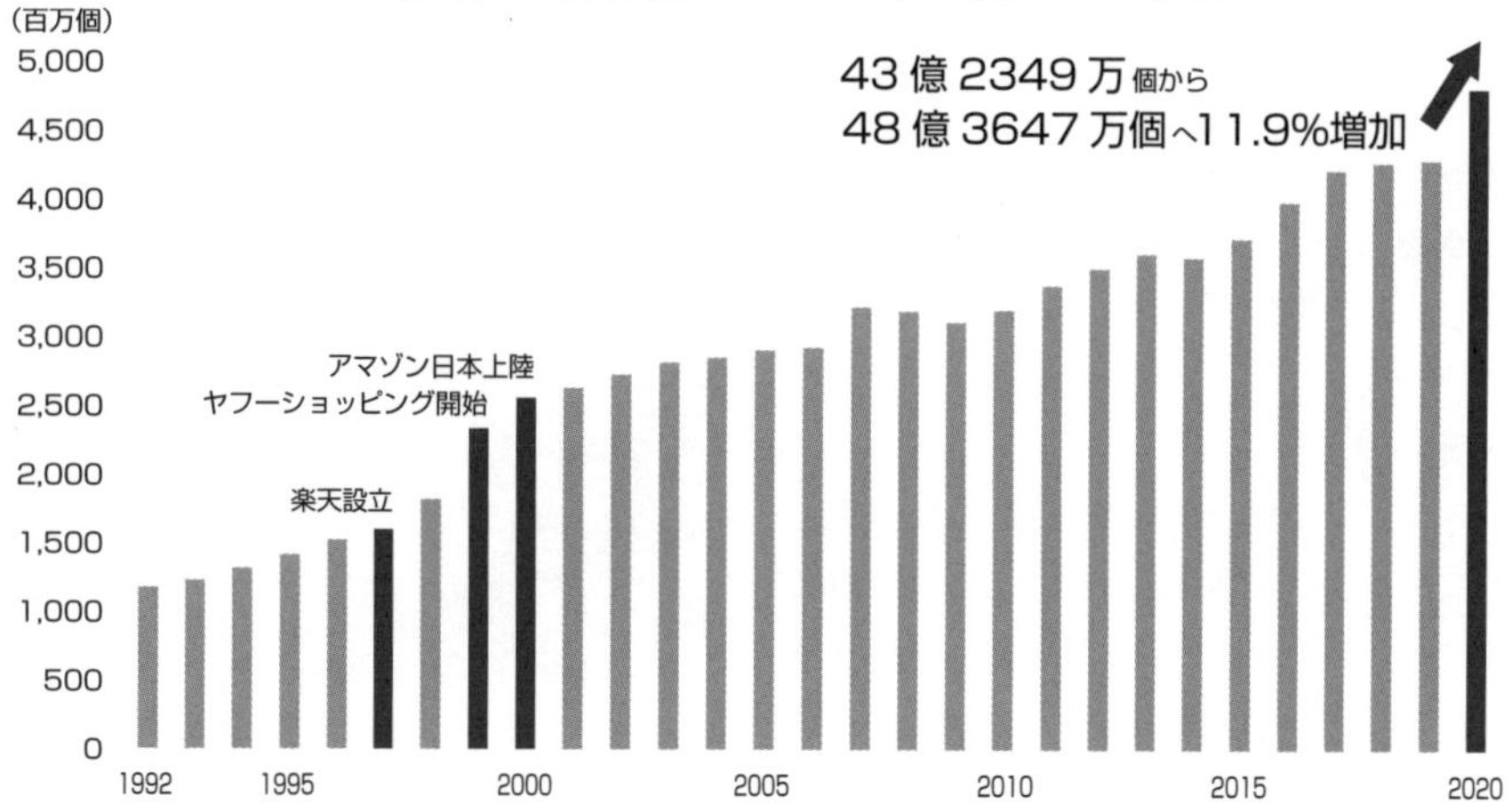

出典：国土交通省「宅急便取扱実績について」

Term

ラストワンマイル　最終拠点からエンドユーザーへの物流サービスのこと。距離的な意味ではなく、顧客へ商品を届ける物流の最後の区間のことを意味する。

Column

食のロード（昆布・鯖・塩・鰻）

最近、よく地産地消という言葉を耳にします。地域で生産された農産品や水産品を、その地域で消費することです。その一方で、全国各地にはおいしい食材がたくさんあり、中には古くから遠方の地に届けられている食材も多くあります。

おいしい食材を全国から取り寄せて舌鼓を打ちたいという思いは、誰にでもあるでしょう。それを実現しているのが物流です。古くから遠方の地に運ばれた食材のいくつかを取り上げ、その輸送路を「食のロード」として簡単に紹介します。

●昆布

料理のうまみを引き出す「だし」は、関東の鰹節に対して、関西では昆布が主流でした。江戸の時代、この昆布は、北前船に積まれて北海道の松前から日本海、瀬戸内海を通って大阪に運ばれました（昆布ロード）。その途中、富山や小浜では、独特の昆布の食文化が育まれてきました。

●鯖

若狭湾で取れた魚介類は、海のない京の都でもおいしく食されていました。このような魚介類の中には、塩でしめられた鯖があり、主に小浜から熊川宿、朽木村などを経る琵琶湖の西の若狭街道を通って京に運ばれました（鯖街道）。人の背で丸一昼夜をかけて運ばれた鯖は、塩加減もちょうど良く、食べ頃だったといいます。

●塩

人が生きるために不可欠な塩、海辺でつくられた塩は内陸へ運ばれました（塩の道）。塩の道は、岩塩の取れない我が国に多く存在しますが、中でも千国街道（糸魚川～松本）や秋葉街道（相良～塩尻）は代表的な塩の道といわれています。塩尻市の名前の由来は、塩の道の終着地です。この山道を、牛方が塩の俵を牛の背に積んで運んだり、歩荷（ボッカ）と呼ばれる人たちが背負って運んだりしました。

●鰻

大阪には「出雲」を名乗る鰻屋が多くあります。江戸の時代、生きた鰻を入れた竹籠を天秤棒で肩に担ぎ、出雲の中海から四十曲峠を経て中国山地を越え、勝山から川船で岡山に下り、瀬戸内海を船で大坂まで運んでいました。鰻が輸送の途中で息絶えないように、竹籠を清流に浸し運んでいたといいます。

第4章

運輸業界と法規制の歴史

1989（平成元）年12月、「貨物自動車運送事業法」と「貨物運送取扱事業法」という法律が成立しました。「物流二法」と呼ばれています。

それまでは、1951年に成立した「道路運送法」がありました。日本の運輸業界は、陸海空のすべてで規制ががんじがらめでしたが、物流二法は大きな規制緩和があり画期的な法律改正と呼ばれました。

運輸業のほとんどすべてが免許事業でしたが、その後、規制緩和により許可制となりました。また、会社の事業運営に関しては会社法があり、人を使うことについては労働基準法、車両については、道路運送車両法、運転に関しては、道路交通法、そして倉庫の設置と運営についても倉庫業法という法律があります。運行の安全面などでは社会的規制の強化が進んでいますが、全体的には規制緩和も進んでいます。

Section

4-1 規制と免許の歴史

自動車事業を中心に、国による規制と免許の歴史について調べてみると、1872（明治5）年、現在の日本通運の前身である、陸運元会社の設立と同年の新橋・横浜間の鉄道輸送開始まで遡ることができます。両方共、当時の政府が主導して行われた事業です。

■陸運中心の運輸行政

明治新政府は、1867年10月の大政奉還と、翌年の戊辰戦争の勝利、版籍奉還や71年の廃藩置県の断行などによって、幕藩体制に終止符を打ち、全国的統治を確立していきました。

その過程において、内戦の勃発に備え、軍事的な必要性と新政権による国家的統一達成の必要性から、運輸行政の重点を海運ではなく、陸運に置こうと考えました。

内陸水運は、政権交代による貢米の減少や貢米の金納化の方針により、必要性が低下していたことも背景にあったからです。

■近代的運輸行政の始まり

「日本近代郵便の父」と呼ばれた前島密（まえじまひそか）は、郵便事業の創業にあたるとともに、海運や鉄道でも、時の政府に発議し、近代国家にふさわしい運輸事業の創業に貢献してきました。

その郵便事業の創業にあたり、江戸時代から陸運業務と信書送達を行っていた定飛脚問屋が郵便事業に強く反対したため、前島は政府の援助のもとに新たに貨物輸送を行う全国的な会社を設けることを提案し、1872（明治5）年に日本通運株式会社の前身となる**陸運元会社***を設立しました。国が設立を認可し、近代的運輸行政が本格的なスタートを切ったのです。

Term **陸運元会社**　旧定飛脚仲間によって設立された陸運元会社を前身とし、明治前期は政府の手厚い保護を受けていた。東京に設立された陸運元会社は，沿道各駅に設立された陸運会社の人馬を利用し、官営郵便物や一般貨物を輸送する運送請負業者であった。

■陸運元会社から内国通運会社へ

陸運元会社は、全国の宿駅に誕生した陸運会社を統合し、郵便輸送を中核とする貨物専門の通運会社にすることを目的としていました。それまでは、各駅ごとに独立し、一定の規則もなく、資金も乏しく、不当な運賃を請求するなど、とかく問題の多い陸運会社ばかりで、これらの会社の加盟やあるいは合併などによって、強力な全国的規模の会社への移行を考えていたのです。また、設立にあたり、1株500円の出資による株式会社のような合本組織をとるなど、近代資本主義経済に適応した体制を敷いています。

その後、陸運元会社は各地に出張所や分社、取次所などを設置し、取引網の拡大に併せて、社名を**内国通運会社**と改称し、改組の申請を政府に出し認可されました。また、政府は元会社に加盟しなかった陸運会社については、内務省布達によって解散を命じるなど、規制を強化しています。

内国通運株式会社は、各地の「陸運会社」を代理店として継承するとともに、不足の地域については取次店を設置して全国輸送網を整備していきました。

陸運元会社から日本通運までのあゆみ

1871(明治4)年　東京・京都・大阪間に郵使制度を開始する。
▼
1872(明治5)年　全国伝馬所、助郷制度が廃止される。
▼
1872(明治5)年　各駅に陸運会社設立。陸運元会社創立。
▼
1874(明治7)年　陸運元会社、全国旅館の同盟(真誠講)の結成に着手。
▼
1874(明治7)年　陸運元会社、東京〜小田原開に郵使馬車を開業する。
▼
1875(明治8)年　陸運元会社、内国通運会社に改称する。
▼
1877(明治10)年　内国通運会社、東京深川扇橋〜栃木県生井村間に通運丸を就航させる。
▼
1881(明治14)年　内国通運会社、東京〜大阪間に荷物・郵使馬車を開業する。
▼
1893(明治26)年　内国通運、馬車等による長距離道路輸送から鉄道貨物取扱業に転換する。この年から、内国通運株式会社となる。
▼
1911(明治44)年　内国通運㈱、貨物自動車4台を購人する。
▼
1928(昭和3)年　社名を「国際通運㈱」と改称する。
▼
1937(昭和12)年　現在の「日本通運㈱」と改称する。

Section

4-2 道路運送法の歴史

日本に自動車が登場したのは1900(明治33)年頃で、1903年、大阪天王寺公園で開催された第5回内国勧業博覧会で、8台のアメリカ車が展示され、大阪梅田駅と会場間に乗合自動車(バス)が運行して注目され、広島県で国内初の乗合自動車業が興っています。

交通機関の整備政策として

1903年、愛知県が国内初の自動車法令である**乗合自動車営業取締規則**を制定し、1907年には警視庁が**自動車取締規制令**を公布しています。国では、1918年から始まった原敬内閣と、その後の高橋是清内閣の時代に、交通機関の整備政策として、19年に**自動車取締令**、**地方鉄道法**、**道路法**、翌年に**鉄道省官制**(鉄道院の昇格)、**道路取締令**、21年には**地方鉄道補助法**、**軌道法**、22年には改正**鉄道敷設法**が公布され、第一次大戦下での輸送力不足に対して、道路整備や地方鉄道の拡充、新輸送手段への規制という観点での施策が次々と行われるようになりました。

自動車取締令

自動車取締令は、激増した自動車に対する国の最初の法令です。その後、乗合自動車の営業開始などに伴い、1919年に内務省が自動車取締令を公布し、一定の路線または区間によって自動車による運輸業を営もうとする者は地方長官の免許を受けることを必要とすることにしました。28年に陸上運輸の監督権が逓信省から鉄道省へ移管され、31年には内務省が道路および交通警察を担当し、自動車交通事業法を公布しています。この法律では、路線を定めて定期に自動車を運行して旅客または物品を運送する事業を営もうとする者は、免許を受けることを必要とするとしています。

Term

自動車交通事業者法　1933年施行。一般交通の用に供するため路線を定めて定期に自動車を運行して旅客または物品を運送する事業を営もうとする者は、運賃その他に関する事業計画を定めて、主務大臣の免許を受けることを必要とする旨を規定し、その監督をはかるとともに助成の体制を整えた。

■旧道路運送法の制定

１９４５（昭和20）年、終戦とともにそれまでの戦時統制経済体制も終焉を迎え、復興と国民生活における民主化と新しい秩序の確立を目指して、すべての政策の見直しが、ＧＨＱの主導で行われようとしていました。

貨物自動車運送事業でも、戦時下に制定された自動車交通事業法の改正と新しい道路運送法の制定に向けての検討が始まりました。しかし、この頃の貨物運送市場は、鉄道輸送が果たす役割が圧倒的に大きく、それに伴って小運送業の重要性も維持されていた中にあっては、大きな制度改革を行うには、まだまだ体制が整っていませんでした。

さらに、戦後復興で輸送需要が多かった鉱業分野では、自家用貨物自動車による輸送が多く、また自家用貨物自動車による営業類似行為も頻発し、貨物自動車運送事業者との対立は続いていました。

１９４７（昭和22）年に一度は道路運送法が成立したものの、その後、不備欠陥が多く露呈し、１９５１（昭和26）年に、新しい道路運送法および道路運送車両法案が国会に出されました。

旧道路運送法までの流れ

1903年（明治36）年

乗合自動車営業取締規則（愛知県令）、自動車取締規則（長野県令）、自動車営業取締規則（京都府令）等、全国で自動車営業に関する規則が制定される。

1907年（明治40）年

その後、警視庁でも、自動車取締規則令を施行する。

1919年（大正8）年

内務省令によって、自動車取締令が施行される。

1933年（昭和8）年

自動車取締令改正。

1947年（昭和22）年

終戦を経て、旧道路運送法が公布される。

1951年（昭和26）年

旧道路運送法が大幅に改正される。

Section

4-3 道路運送法の骨格とその後の動き

1951（昭和26）年、道路運送事業の適正な運営と、公正な競争を確保するとともに、道路運送の秩序を確立して、道路運送の総合的な発達を図ることを目的とした、道路運送法および道路運送車両法案が公布されました。その後幾度となく改正されていますが、法律の骨格は現在まで引き継がれています。

■旧法との相違点

戦後復興が進むにつれ、次第に自動車の数も増え、物流の量も増加し、道路運送事業者について、旧法を基準とした分類方法では実態に適合しなくなってきました。そこで、新しい法律では、路線と区域という、事業の地理的な運営形態による分類や旅客、貨物、自動車の大きさによる分類を取り入れた基準を用いるようになりました。

それまでは一般事業について、一般乗合旅客自動車運送事業、一般貸切旅客自動車運送事業、一般積合貨物自動車運送事業、一般貸切貨物自動車運送事業の四種類に分類していたものを、6種類に改正しています。

■免許、運賃、料金における許認可など

新しい法律では、一般乗合旅客自動車運送事業、一般貸切旅客自動車運送事業、一般乗用旅客自動車運送事業、一般路線貨物自動車運送事業、一般区域貨物自動車運送事業、一般小型貨物自動車運送事業※という、路線と区域を加味して、6種類に変更することになりました。そして、各種の免許、許可、認可等についての基準も、法律によって定めることとしました。

また、それまで利用者個々に対して、不当な差別的な取り扱いが見られた運賃や料金について、業者間の不当な競争を防止する見地からも、運賃、料金は一定額をもって明確にするよう定めています。

「区域」と「路線」の区分　貨物自動車運送事業については旧法の「積合せ」「貸切」の区分より、実体に近い「路線事業」「区域事業」の方がわかりやすいということで、「積合貨物」は「路線」へと、「貸切貨物」は「区域」へという言葉に変わったもの。

自動車運送事業の公共性を重視

自動車運送事業の公共性を確保する意味から、従来まで省令で規定していた従業員の服務規定や旅客の禁止行為、その他の事項についての法律事項が新たに加えられました。同様に、旅客事業の運転者の運転免許や運行管理者などの資格等についても付け加えられています。

また、自動車道関係の制度について、高速交通に対する安全と保安のため検査、管理等の制度を整備し、自動車運送事業に準じて改正しています。

省営の自動車事業など、古くから国が経営してきた自動車運送事業についても、日本国有鉄道が公共企業体に代わったことも勘案して、運賃の認可、重要な事業計画の変更の認可等、民営事業との調整を図るため必要な事項を、新たに適用することとしています。

そのほか、自家用自動車の共同使用や有償運送等の制度に必要な改正点を加え、自家用車の営業類似行為についても取り締まる条項を加えています。

また、車両の整備に関する事項については**道路運送車両法**として、本法から独立させています。

その後の改正点

1953(昭和28)年 8月5日改正	幅運賃制度*の導入。
1960(昭和35)年 8月2日改正	自動車運送事業者に対し、運行管理者の選任が義務付けられた。
1986(昭和61)年 12月4日改正	国鉄民営化に伴う国営自動車運送事業に関する規定が削除。
1989(平成元)年 12月19日改正	物流二法（貨物運送取扱事業法、貨物自動車運送事業法）の成立に伴い、自動車運送取扱事業および貨物自動車運送事業に関する規定を本法から独立。
1999(平成11)年 5月21日改正	一般貸切旅客自動車運送事業が免許制から許可制に変更。
2000(平成12)年 5月26日改正	一般乗合旅客自動車運送事業および一般乗用旅客自動車運送事業が許可制とされるとともに、一般貸切旅客自動車運送事業の運賃について届出制に変更。

Point

幅運賃制度　自動車貨物運送において、積合せ貨物運送（特別積合せ運送を含む）による貨物の輸送の運賃は確定額または幅運賃制（おおむね上限・下限10%以内）で、重量または容積および距離または地帯に応じたものとする、と定められたもの。

Section

4-4 40年ぶりの抜本改正 物流二法

道路運送法は、1951（昭和26）年以降、何度か改正されています。1954（昭和28）年に、一般貸切旅客自動車運送事業、貨物自動車運送事業および特定自動車運送事業について、幅運賃制度が導入され、1960（昭和35）年には自動車運送事業者に対し、運行管理者の選任が義務付けられました。

宅配便と国鉄民営化

昭和40年代後半から50年代には、宅配便を取り扱う貨物会社が次々と登場し、また引越し事業も活発化してきたことから、運輸省では、1985（昭和60）年に**標準宅配便約款**を制定、公示し、翌1986（昭和61）年には**標準引越運送・取扱約款**を制定しています。

また同年、国鉄民営化に伴う改正として、国鉄バスなどの国営自動車運送事業に関する規定が削除されるとともに、鉄道事業法が施行されています。

1987（昭和62）年の国鉄の分割・民営化が実施され、日本貨物鉄道株式会社（JR貨物）が設立され、運輸業界は新しい時代へと突入しました。

物流二法の成立

平成に入ってからは、1989（平成元）年に**物流二法**（**貨物運送取扱事業法**、**貨物自動車運送事業法**）が成立し、自動車運送取扱事業および貨物自動車運送事業に関する規定を道路運送法から独立させています。この二法は、トラック運送事業および運送取扱事業の規制を約40年ぶりに抜本的に見直したものです。その前までは、道路運送法のほか、内航海運業法、海上運送法、航空法、通運事業法で規定されていました。改正点では、一般貨物自動車運送事業と特定貨物自動車運送事業、第一種・第二種利用運送事業が許可制で、運送取次事業が登録制、貨物軽自動車運送事業が届出制になりました。

Column

宅配便の始まり　1976年、大和運輸株式会社（現在のヤマト運輸）が個人の荷物を集荷・配達するサービス「宅急便」をスタート。これが日本の宅配便の始まりとされている。

■新しいトラック行政の始まり

貨物自動車運送事業法は、トラック事業について、高度化・多様化するニーズに対応して事業者の創意工夫を活かすことができるよう、事業の免許制を許可制に改めるなど、経済的規制の緩和とともに、輸送の安全確保を目的に社会的規制を強化したのが特徴になっています。

貨物運送取扱事業法は、国内、国際の物流システムの近代化に運送取扱事業が積極的な役割を果たすことができるよう、従来各運送事業法ごとに規定されていた利用運送事業、運送取次事業を1つの法律にまとめ、事業規制の簡素化・合理化を図ったものになっています。また路線・区域の区分を廃止し、区域事業者にも貨物の積み合せを認め、中小事業者の活性化を促進することを目的にしています。

そのほか、運賃・料金が認可制から事前届出制になるなど、規制緩和も盛り込まれ、新しい物流市場とそれに取り組む貨物自動車運送事業者の活性化を促すものになっています。規制緩和では一部デメリットも発生します。規制緩和によって新規参入者が増加して価格競争が行われるようになるとその負担がドライバーに押し寄せることがあり、その対応も求められていました。

トラック行政における規制緩和の動き

規制の範疇	実施年	規制緩和の内容
事業内容	1990	路線、区域の事業区分の一本化。
	2003	営業区域の廃止。
新規参入	1990	参入規制を免許制から許可制へ。
	1990	退出規制を許可制から届け出制へ。
	1996	最低保有車両台数を引き下げ。
運賃	1990	許可制から事前届出制へ。
	2003	運賃を事後届出制へ（30日以内）。
安全管理	1990	過労防止、過積載の禁止規定の法制化。
	2003	運転手の運行期間は6日以内に。
運行管理者	1990	運行管理者資格を実務経験から試験制に。
指導機関	1990	全国適正化事業実施機関を指定し、事業者の活動を監督。
荷主勧告	1990	違法行為を強要した荷主に対して、その是正を勧告できる。

Section

4-5 海上運送法のあらまし

海上運送法は、海上運送の秩序を維持し、海上運送事業の健全な発達を図り、公共の福祉の増進を目的とすることを掲げ、1949（昭和24）年6月に施行されました。また、海上運送事業を、船舶運航事業、船舶貸渡業、海運仲立業および海運代理店業と分類しています。

■定期航路事業とは

船舶運航事業とは、海上において船舶による、人または物の運送する事業と定義付け、**定期航路事業**と**不定期航路事業**とに分けています。

定期航路事業は、一定の航路に船舶を就航させ一定の日程表に沿って運送する船舶運航事業で、13人以上の旅客定員を有する船舶により人を定期的に運航する「旅客定期航路事業」と、貨物を定期的に運航する「貨物定期航路事業」、カーフェリーとして自動車と当該自動車の運転手・その他の乗車人と当該自動車の積載貨物を合わせて運航する「自動車航走事業」の3つに分けています。

不定期航路事業には、屋形船やクルーズ船などがあり、許可を必要とします。

■貨物運送の内航と外航

旅客定期航路事業については、国内で旅客船によって定期運航をする**一般旅客定期航路事業**と、国内で特定の者の需要に応じ特定の範囲の人を運送する**特定旅客定期航路事業**、本邦の港と本邦以外の地域の港との間または本邦以外の地域の各港間に航路を定めて行う**対外旅客定期航路事業**の3つに分けています。

貨物定期航路事業については、内航と外航での海上貨物運送に区分しています。内航については、定期・不定期の別なく、別途に内航海運法を定めていることから、この場合の貨物定期航路事業とは外航の貨物定期航路事業を指します。カーフェリーは、原則ガソリン等の危険物は輸送できないことから、貨物定期航路事業と区分しています。

Term **RO-RO船**　貨物を積んだトラックやシャーシ（荷台）ごと輸送する船舶。発地（港）ではトレーラが乗船し、貨物を積んだシャーシを切り離して船側に載せ（ロール・オン）、トレーラヘッドだけが下船。着地ではトレーラヘッドだけが乗船してシャーシを連結し、そのまま下船（ロール・オフ）、陸送する。

■船舶貸渡業、海運仲立業、海運代理店業

船舶貸渡業とは、船舶の貸渡または運航の委託をする事業のことで、船主が一定の貸渡料を受け取り、船を貸渡しする事業です。**海運仲立業**は、荷主と船会社との仲介役を果たすことを業務としている事業で、**海運代理店業**は、船舶運航事業者や船舶貸渡業者の取引について代理をする事業です。

海上タクシーや花火大会時の遊覧船など、旅客定員1～12名で、ダイヤを定めない運航の場合は、「人の運送をする不定期航路事業」に該当します。

RO・RO船*はガソリン等の燃料を搭載する自動車と旅客とを同時に運送していることから、安全上、特に厳しい規制や監督が行われています。

不定期航路事業は、前述したように定期航路事業以外の船舶運航事業で、貨物不定期航路事業と区分されています。内航の貨物不定期航路事業は、内航海運法で規制されていることから、海上運送法で貨物航路事業に該当するのは、実質上、輸出入物資の輸送に従事する外航の貨物不定期航路事業となります。

海上運送事業とは

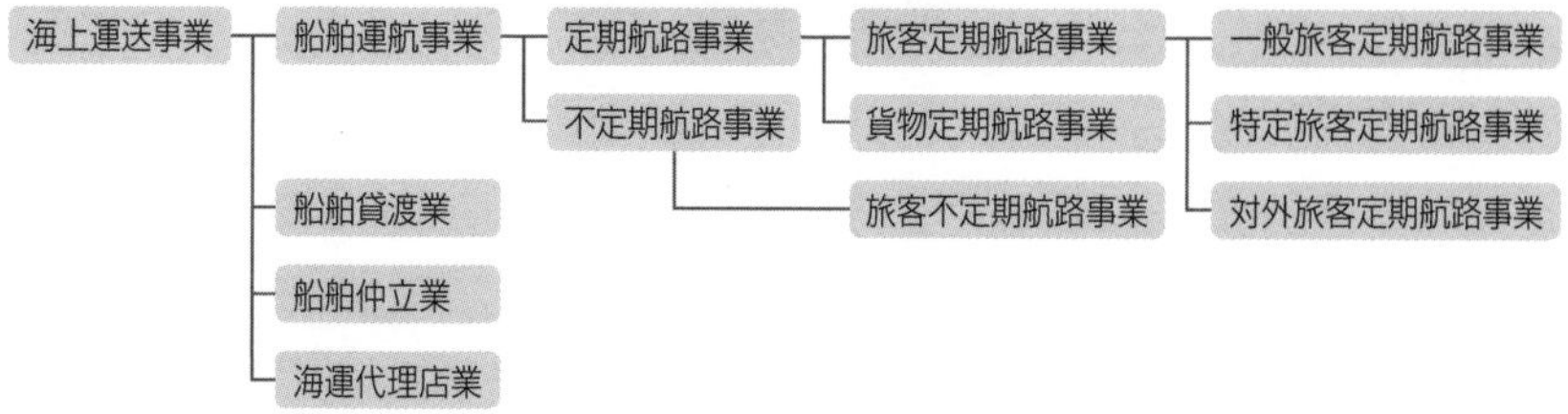

- 「船舶運航事業」とは、海上において船舶により人または物の運送をする事業で港湾運送事業以外のものをいいます。
- 「定期航路事業」とは、一定の航路に船舶を就航させて一定の日程表に従って運送する旨を公示して行う船舶運航事業をいいます。
- 「旅客定期航路事業」とは、旅客船（13 人以上の旅客定員を有する船舶をいう。以下同じ）により人の運送をする定期航路事業をいいます。
- 「一般旅客定期航路事業」とは、特定旅客定期航路事業以外の旅客定期航路事業をいいます。
- 「特定旅客定期航路事業」とは、特定の者の需要に応じ、特定の範囲の人の運送をする旅客定期航路事業をいいます。
- 「不定期航路事業」とは、定期航路事業以外の船舶運航事業をいいます。
- 「船舶貸渡業」とは、船舶の貸渡（期間よう船を含む。以下同じ）または運航の委託をする事業をいいます。
- 「海運仲立業」とは、海上における船舶による物品の運送（以下「物品海上運送」という）または船舶の貸渡し、売買もしくは運航の委託の媒介をする事業をいいます。
- 「海運代理店業」とは、船舶運航事業または船舶貸渡業を営む者のために通常その事業に属する取引の代理をする事業をいいます。

Section

4-6 内航海運業法と港湾運送事業法

前節で述べたように、内航について原則としては、海上運送法の適用を受けることになりますが、内航は定期・不定期の別なく、別途に内航海運法を定めていることから、国内の海上運送にあたっては、この法律の方が身近なものになっています。

重厚長大の経済成長に貢献

日本は、四方を海に囲まれている島国であることから、国内貨物の大量輸送に関して、ものによっては内航海運の方が適しているといわれています。これが日本の内航海運事業の特徴になっています。

鉄道や自動車などの他の輸送機関と比較しても、輸送距離が長いことや積載できる貨物の総重量などが上回ります。特に、重厚長大*の産業が日本の経済の推進役を果たしていた高度経済成長期には、原材料物資や素材産業からの製品の国内輸送には、コストの面からも内航海運事業が有利で、基幹産業の物資輸送に大きく貢献していました。

過当競争

しかし、需要が大きいぶん、参入する業者も多く、また中小零細企業も多いため、過当競争や不公正あるいは不当な取引行為等が頻発し、内航海運業の全体での健全な発達を阻害する傾向にあることから、**内航海運業法**が制定されることになりました。

具体的な法規制として、内航海運事業に許可制を導入することによって、業界秩序を確立させました。

また、適正船腹量の策定などの設定を行うことで、取引条件を公正なものにして、業界全体の発展に結び付けるという目的がありました。いまはこのような規制が緩和され、登録・届出制になっています。

Term

重厚長大　重く・厚く・長く・大きい製品という意味から、鉄鋼・造船・セメント・石油化学などの重化学工業などの産業を言い表す言葉として使われる。

■港湾運送事業法

内航運送業の業務内容は、海上運送法に規定されている旅客定期航路事業・自動車航送貨物定期航路事業・旅客不定期航路事業以外に内航運送をする事業や港湾運送事業法に規定されている港湾運送事業以外のものも含みます。内航海運事業は国内輸送機関の中でかなり大きな比重を占めていることから、法律の制定となったのです。

また、内航海運業法の制定に伴い、その関連である港湾運送に関しても、海上運送と陸上運送との接続を行う大切な事業の安定的な供給と発展を維持、増大させることを目的として、**港湾運送事業法**が制定されました。港湾運送事業として、船内荷役やはしけ運送、沿岸荷役、いかだ運送行為などが含まれています。

港湾運送事業法では、港湾運送が供給過剰とならないことや業種および港湾ごとに国が定める施設数および労働者数を有すること、適切な経営計画を持ち、責任の範囲が明確な経営形態であることなどが求められています。

国では、２０２３（令和５）年４月より、港湾労働者不足対策アクションプランの１つとして、事業者間の協業を促進する港湾運送事業法施行規則の１部を改正しています。

内航海運事業者数の推移

年月日	運送事業者数	貸渡事業者数	合計	備考
2005.3.31	613	2,206	2,819	
2008.3.31	713	1,872	2,585	
2009.3.31	710	1,786	2,496	
2010.3.31	701	1,686	2,387	
2011.3.31	677	1,624	2,301	
2012.3.31	664	1,567	2,231	
2013.3.31	652	1,513	2,165	
2014.3.31	647	1,450	2,097	
2015.3.31	641	1,395	2,036	
2016.3.31	637	1,344	1,981	
2017.3.31	633	1,317	1,950	
2018.3.31	640	1,290	1,930	
2019.3.31	623	1,239	1,862	
2020.3.31	619	1,209	1,828	
2021.3.31	613	1,178	1,791	
2022.3.31	613	1,181	1,794	
2023.3.31	620	1,179	1,984	2022(令和4)年4月1日船舶管理業の登録追加

2005(平成17)年4月1日に施行された改正内航海運業法では、許可制が登録制へと規制緩和されたことにより、許可事業者は登録事業者となりました。なお、同時に内航運送業および内航船舶貸渡業の事業区分も廃止されました。

Section

4-7 航空法の歴史

日本の航空業界は、大正末期から昭和初期にかけて、郵便の空輸から始まりました。1919（大正8）年10月に、帝国飛行協会が主催し、東京・大阪間で懸賞郵便飛行競技会というイベントが開催され、航空運航について、国民の知るところとなったのです。

■国際航空条約の批准と航空法

第一次世界大戦時、ドイツ軍が航空機を戦争の武器として使用してから、航空機の技術が飛躍的に進歩し、軍用機とともに民間航空機による輸送も一斉に開花しました。欧米を中心に、民間航空会社が誕生し、旅客定期路線も開設され、1919年に**国際航空条約**の制定の運びとなりました。日本では、1921年4月の帝国議会で航空法の制定を承認し、公布されました。

1922年6月、日本航空輸送研究所が堺市の大浜海岸に誕生し、和歌の浦や徳島、高松へ郵便物を輸送し、翌年、朝日新聞社による東西定期航空会と関西の財界による日本航空株式会社が誕生しました。

■国策会社の設立

国際航空条約は1922年に批准されたものの、国内の民間航空各社は創立まもないことから、航空法の施行は、昭和に入ってからの1927（昭和2）年6月でした。政府内には、国家助成のもとで、官製の大規模航空会社を設立して航空輸送事業を振興させようとする機運が盛り上がってきました。すでに定期航空輸送を開始していた民間3社がどこも小規模企業で将来的な発展がないまま数年が経過していたことも一因でした。政府は解散と国策の新会社への合流を要求したものの、3社揃っての合意はないまま、国策会社*の**日本航空輸送会社**は、1929年運航を開始しました。

Term

国策会社　国家の政策を遂行するために物資の生産、流通を統制して合理化を図る目的で設立された半官半民の会社。日本では、太平洋戦争前の戦時統制経済下に多数設立された。

■戦時下での国策会社化

日本航空輸送会社は当初、立川陸軍飛行場をターミナルとしていましたが、1931年に開港した羽田空港に移転しています。設立当初から、軍事的にも航空路網整備の必要性があった、朝鮮、満州、台湾への路線と国内の東京・大阪間など主要都市間を結ぶ路線を運航していました。

当時の航空需要は低く、乗客の3分の1は公務員や軍関係者の出張などで占められ、経営的にも不安定な状態が続き、政府からの補助金に頼る経営内容になっていました。

しかし、1937年に勃発した日中戦争以降、満州国を含む中国大陸との航空路の軍事的な重要性が増したことから、経営規模はさらに拡大し、政府は1938年12月に同社を国営会社に改組し、民間航空輸送の統合政策を目的に国際航空と合併して大日本航空が設立され消滅しました。

終戦後は、サンフランシスコ講和条約の発効により日本は独立を回復し、講和条約の趣旨に則って、国際民間航空条約に準拠し、1952年7月航空法を公布・施行しました。

航空法では、航行の安全と事業の秩序確立を目的として国際民間条約に準拠し、機体の規格など多くの規定が定められました。

戦前の民間航空会社の変遷

1922年11月	日本航空輸送研究所が、大阪・徳島間、大阪・高松間に水上機による定期運航を開始。
1923年1月	朝日新聞社による「東西定期航空会」が東京・大阪間で陸上機による定期航空輸送を開始。
同年4月	日本航空株式会社が大阪・別府間で水上機による定期輸送を開始。

日本航空輸送研究所 ／ 東西定期航空会（朝日新聞社） ／ 日本航空株式会社

・1929年(昭和4年)
国策による三社経営統合による。

日本航空輸送株式会社　設立

・1939(昭和14)年
政府も出資する半官半民の会社として。

大日本航空株式会社　設立

・1945(昭和20)年
敗戦により、日本国籍の航空機の飛行停止により、消滅。
1950年、航空禁止解除。

(旧) 日本航空株式会社　設立 (1951年8月)

・1952年
航空法の公布と羽田飛行場の米軍よりの返還。
・1953年
新会社に一切の権利義務を承継して解散。

(新) 日本航空株式会社　設立

Section
4-8
戦後の航空法改正の歴史

第二次世界大戦後、日本の航空業界でも民間航空再開の気運が高まってきました。航空法は、航空機の航行の安全および航空機の航行に起因する障害の防止などを目的に、1952(昭和27)年7月15日に公布されています。その後、1973(昭和48)年には事故調査委員会の設置など、安全運航に関する改正が繰り返されていきました。

■敗戦後7年間の空白を経て

敗戦後、占領政策によって、民間航空活動は全面的に禁止となりました。しかし、政府や経済界の間で、民間航空の再開を求める気運が次第に高まり、1950年の朝鮮戦争勃発を機会に、占領政策の変更から民間航空再開を認める方向となりました。翌51年10月、日本航空(旧日本航空)がノースウェスト航空と運航委託契約を交わして戦後初の国内線運航が始まりました。

そして、1952(昭和27)年7月に、**航空法**が公布施行され、羽田飛行場が米軍より一部返還されることになり、新生日本航空や全日空の前身の日本ヘリコプター輸送*などの民間航空会社が設立されました。

■空港整備法の制定

国際航空路線網は、1954年2月、日本航空がサンフランシスコに第一便を出し再開されました。国内航空路線網もまた、全日空などを中心に、国内民間航空会社による路線網が整備されていきました。

1956(昭和31)年四月には、**空港整備法**が制定されて空港整備のための法的枠組みも固まりました。これにより、米軍は伊丹飛行場を58(昭和33)年に全面返還し、羽田空港も同年に全面返還となり、全国で空港整備が本格的に進められるようになりました。さらに、それまで米軍が行っていた航空交通管制についても、57年4月に米軍より返還されました。

Term
日本ヘリコプター輸送 1952年に設立された日本初の民間航空会社。2機のヘリコプターで始めた純民間航空会社で、ANAの前身。

航空憲法の廃止

占領軍による終戦後の航空活動が解禁されるようになると、日本国内各地に続々と新しい航空会社が誕生するようになりました。ところが、政府は日本の航空事業の過当競争を防止し、業界の健全な発展を期するという趣旨から、1970（昭和45）年の運輸政策審議会に対し、航空会社の数を制限する新しい航空政策の基本方針を諮問し、1972（昭和47）年に航空会社の事業割当を決めたことから、**45／47体制**と呼ばれる航空会社に対する規制の強化を打ち出しています。これがのちに**航空憲法**と比喩されるようになりました。

しかし、15年後の1985（昭和60）年には、規制緩和を柱とするまた新たな航空の運営体制のあり方について、運輸政策審議会に諮問し、「航空憲法」の実質の廃止を決定しました。

新航空政策航空運営体制では、国際線の複数社体制と国内線の競争促進、日航の完全民営化の3点が盛り込まれることになりました。

国内線における競争促進と利用者利便の向上では、路線の需要規模、空港整備の進行状況に応じてダブルトラッキング（2社の同一路線競合乗り入れ）などが実現しています。

戦後の航空法改正のあらまし

1952（昭和27）年	1970・1972（昭和45・47）年	1986（昭和61）年	1996（平成8）年	2000（平成12）年
航空法施行	45／47体制の確立	ダブル・トリプルトラック化	幅運賃制の導入	※改正航空法施行

※2000（平成12）年施行の航空法改正の骨子

●参入規制について　●免許制から許可制へ

●運賃規制について　●認可制から事前届出制へ

出典：国土交通白書より

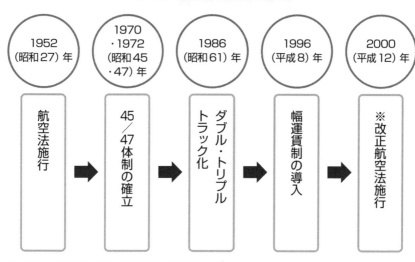

Section

4-9 規制緩和の推進

運輸サービスの安定的な供給を確保する観点から、それまで事業を安定化させる機能を果たしてきた需給調整規制について、政府は民間活動を可能な限り市場原理に任せることに方向転換していきました。現在の運輸市場が成熟段階に入り、自家用交通の普及が進む中で、規制の意義が薄れてきたことも背景にあります。

■鉄道事業における規制緩和

鉄道分野では、1987年4月に民営化されて以降、規制・制度改革は促進されてきました。

運賃については、1997年1月に上限価格制が導入されるとともに、複数の事業者のコストを比較し、基準となる標準コストを算定し、標準コストを元に料金を定める、**ヤードスティック方式**が強化されてきました。さらに、2000年3月には、参入規制の緩和・需給調整規制が撤廃され、路線ごとの免許制が路線ごとの許可制になりました。規制緩和の一方で、不採算路線のローカル鉄道においては、路線の維持存続から、自治体などが3セク化*や財政的な支援を行っています。

■貨物鉄道分野の規制緩和

貨物鉄道は、環境に優しく、長距離輸送におけるコスト競争力にも優れています。大量輸送機関としての使命を果たすべく、新たなサービスの創造や柔軟な運賃設定などを促進するため、貨物鉄道事業における需給調整規制と運賃の事前規制を廃止することなどを内容とする鉄道事業法の改正を行っています。

さらに、利用運送事業者等との間の貨物の引継ぎの円滑化措置を定め、利用者利便性の向上を図っており、引き続き、物流サービス全体の多様化・効率化や利用者のサービス向上等への取り組みを支援していくことにしています。

Term

3セク化　政府または地方公共団体（第一セクター）が、民間企業（第二セクター）と共同出資により、独立した事業主体として公共性・公益性が高い事業を行う法人。株式会社・社団法人などの形態を採る、「半官半民」の中間的な形態の法人。

旅客自動車運送事業での規制緩和

貸切バス事業については2000(平成12)年2月に、また乗合バスとタクシー事業についても2002(平成14)年2月に、**需給調整規制***の廃止等の改正道路運送法が施行されました。事業の参入については、需給調整規制を前提とした免許制から、輸送の安全等に関する資格要件をチェックする許可制へ移行し、運賃制度についても、事業者の創意工夫により多様な運賃を設定することが可能となりました。

貸切バス事業は、規制緩和によって、新規参入事業者数が前年に比較してほぼ倍増するなど市場原理の導入による競争促進効果がみられています。

一方、乗合バス事業では、需給調整規制の廃止による新規参入はわずかですが、近年需要が増大している高速バスについては、新規路線の開設が行われています。

タクシー・ハイヤー事業については、需給調整規制の廃止により、新規参入および増車が多数行われ、主要空港等と利用者の多い一定の地区間において、事前に一定の運賃を定める定額運賃が導入されています。

鉄道分野における主な規制・制度改革

年月	規制項目
1987年4月	●鉄道事業法制定による鉄道事業規制の一本化 ・参入規制:路線・種別ごとの免許制 ・運賃規制:認可制 ●旧国鉄の分割・民営化 ・旧国鉄はJRとして6つの旅客鉄道会社 ・貨物鉄道会社に分割
1997年1月	●運賃制度の改正 ・上限価格制の導入 ・ヤードスティック方式の強化
2000年3月	●参入規制の緩和・需給調整規制の撤廃 ・路線ごとの免許制 ⇒ 路線ごとの許認可制 ・運賃規制:認可制 ●運賃規制の緩和 ・上限認可制(上限価格制の法定化)

Point **需給調整規制** 事業参入に関して、需要と供給の関係を判断して供給が多すぎる場合には新規参入を認めないという規制の一形態。運輸業界では「事業の開始によって当該路線又は事業に関わる供給輸送力が輸送需要に対し不均衡とならないものであること」とされ、事業参入の法律上の要件の1つとして採用されてきた。

■貨物自動車運送事業での規制緩和

トラック事業や貨物運送取扱事業などの物流事業については、1990（平成2）年のいわゆる物流二法（貨物自動車運送事業法、貨物運送取扱事業法）の制定以降、他分野に先駆けた規制緩和が行われています。

参入規制の緩和と需給調整規制の撤廃のほか、利用者ニーズに即したサービスの実現や事業のさらなる効率化等を図るため、運賃・料金事後届出制や営業区域規制の廃止、運送取次事業に係る規制の廃止や、第二種利用運送事業の幹線輸送モードへの海運の追加等を内容とした改正も行われています。

これにより事業者間の競争促進を通じた物流の効率化が図られるとともに、全体的には料金上昇の傾向が抑制されてきました。

しかし、割引制度など、価格競争も激化し、行き過ぎたコスト削減などにより輸送の安全や公平な市場競争が損なわれないよう、事業者監査体制の充実や行政処分基準の見直しなど、事後チェック体制は強化されています。

■国内旅客船事業と港湾運送事業の規制緩和

3−6節でも解説したように、内航海運業法と港湾運送事業が改正されています。その中で、国内旅客船事業については、2000（平成12）年10月に、一般旅客定期航路事業に係る需給調整規制が廃止され、事業参入については免許制から許可制へ、事業の休廃止についても許可制から届出制へ緩和し、事業への参入・退出が自由化されました。また、運賃およびダイヤの変更についても、事業者の創意工夫を活かすために許可制から届出制へ緩和し、より迅速な対応が可能となりました。

これにより、一般旅客定期航路事業等の許可事業者数および航路数は、それまで減少傾向にあったものが、規制緩和後は増加に転じています。

港湾運送事業については、港湾荷役サービスの効率化・港湾の国際競争力の強化を目的に、2000（平成12）年11月、主要9港*において、需給調整規制の廃止等を内容とする改正港湾運送事業法が施行され、その後、地方港においても規制緩和されています。

主要9港（Term）　千葉・京浜・清水・名古屋・四日市・大阪・神戸・関門・博多の特定港湾を総称して呼ばれる。

■航空事業における規制緩和

国内航空の分野では、80年代に入って、臨時行政調査会（臨調）の場や日米航空交渉の場などで、市場開放や規制・制度改革の議論が活発に行われました。

1986年に新航空政策への転換が行われ、日本航空の完全民営化と国際線の日本航空による独占的運航が改められ参入規制の緩和が行われています。

国内線でも92年以降、同一路線への2社目、3社目の参入を可能とするダブル・トリプルトラッキング*基準が策定されるなど、参入規制の緩和と需給調整規制の撤廃が行われるようになりました。

また、空港においても、羽田や成田、札幌千歳空港など主要空港の滑走路の拡張や運航時間の見直しなどによって、発着枠の割り当てや空港ビルにおける航空各社の搭乗橋配分などで競争を促進するための環境整備が行われています。

運賃制度においても、割引運賃設定の弾力化や幅運賃制度の導入、運賃制度の認可制から事前届出制への緩和などが行われています。

利用者メリット計測期間内に行われた主な規制緩和

運輸	●国内航空 1993年 ➡ 2005年度	参入規制の緩和・需給調整規制の撤廃 運賃規制を事前届出制に緩和
	●鉄道 1997年 ➡ 2005年度	参入規制の緩和・需給調整規制の撤廃 運賃規制を上限認可制に緩和
	●タクシー 1997年 ➡ 2005年度	初乗り短縮運賃制 ゾーン運賃制
	●トラック 1991年 ➡ 2005年度	参入規制の緩和・需給調整規制の撤廃 運賃規制を事後届出制に緩和
	●自動車登録検査制度 1993年 ➡ 2005年度	定期点検・車検整備等項目の簡素化

Point

ダブル・トリプルトラッキング　航空企業間の競争促進を通じて利用者利便の向上を図るため提言された、国内線(同一路線を2社または3社で運航すること)。東京-小松線など4路線がダブルトラック化され,東京-鹿児島線がトリプルトラック化された。

Section

4-10 長時間労働と働き方改革

トラック運送事業は、典型的な労働集約型の事業で、運送コストに占める人件費の比率は高く、全国平均では2016年度、39・6%まで上昇していました。さらに、道路貨物運送業の賃金水準は全産業平均に比べて低い水準で推移し、年間労働時間も全産業平均と比較して長時間になっていました。

■長時間労働の抑制に向けた環境整備

トラック運送事業の労働環境の悪化から、人手不足も顕著となりました。総務省の調査でも、2017年のトラック運送事業に従事する就業者数は全体で約191万人で、このうちドライバーなどの輸送・機械運転従事者は83万人と横ばいで推移し、さらに、40歳未満の若い就業者数は全体の約28%であるのに対して、50歳以上が約40%を占めるなど高齢化も進みました。

また、女性の比率も就業者全体で18・3%、輸送・機械運転従事者で2・4%と低い状況にあり、要因の1つである長時間労働の抑制に向けた環境整備の必要性が問われてきたのです。

■取引環境・労働時間改善協議会の設置

これらのことから、2015年度から荷主、トラック運送事業者、行政（国土交通省・厚生労働省等）、労働組合、学識経験者などにより構成される**トラック輸送における取引環境・労働時間改善協議会**を中央およびすべての都道府県に設置しました。

この中でトラック輸送状況の実態調査や長時間労働の抑制に向けたパイロット事業（実証実験）が実施され、長時間労働改善ガイドライン*を策定するとともに、関係者が一体となって取引環境と長時間労働の改善に向けた取り組みを行っています。政府でも「働き方改革実行計画」が取りまとめられています。

Term

長時間労働改善ガイドライン　労働時間の適正な把握のために使用者が講ずべき措置として厚労省が設定した規定で、使用者の義務や労働者が自己申告できる時間数の上限を設けるなどの適正な措置を示している。

■働き方改革実行計画

２０１９年４月１日に施行された「**働き方改革関連法**」で、時間外労働の上限規制については、年７２０時間（月平均60時間）以内とすることとされました。自動車運転業務については、一般則の施行から5年後に同９６０時間（同80時間）が適用されることになり、２０２４年から一般則を適用することになりました。

また、中小企業に対する月60時間超の時間外労働に対する割増賃金率引き上げなども盛り込まれました。

加えて、国土交通大臣は運輸業界に、**働き方改革***の実現に向けたアクションプランの策定を要請しました。全日本トラック協会では、**トラック運送業界の働き方改革実現に向けたアクションプラン**を提出し、業界では事故防止に努めることを表明していました。

しかし、その後、深刻な人手不足や２０２０年から続いてきたコロナ禍により、抜本的な改革は実行されず、視点を変えた対策が求められるようになりました。

なお、物流事業の２０２４年問題については、５－１節で詳しく解説しています。

標準貨物自動車運送約款等の改正概要

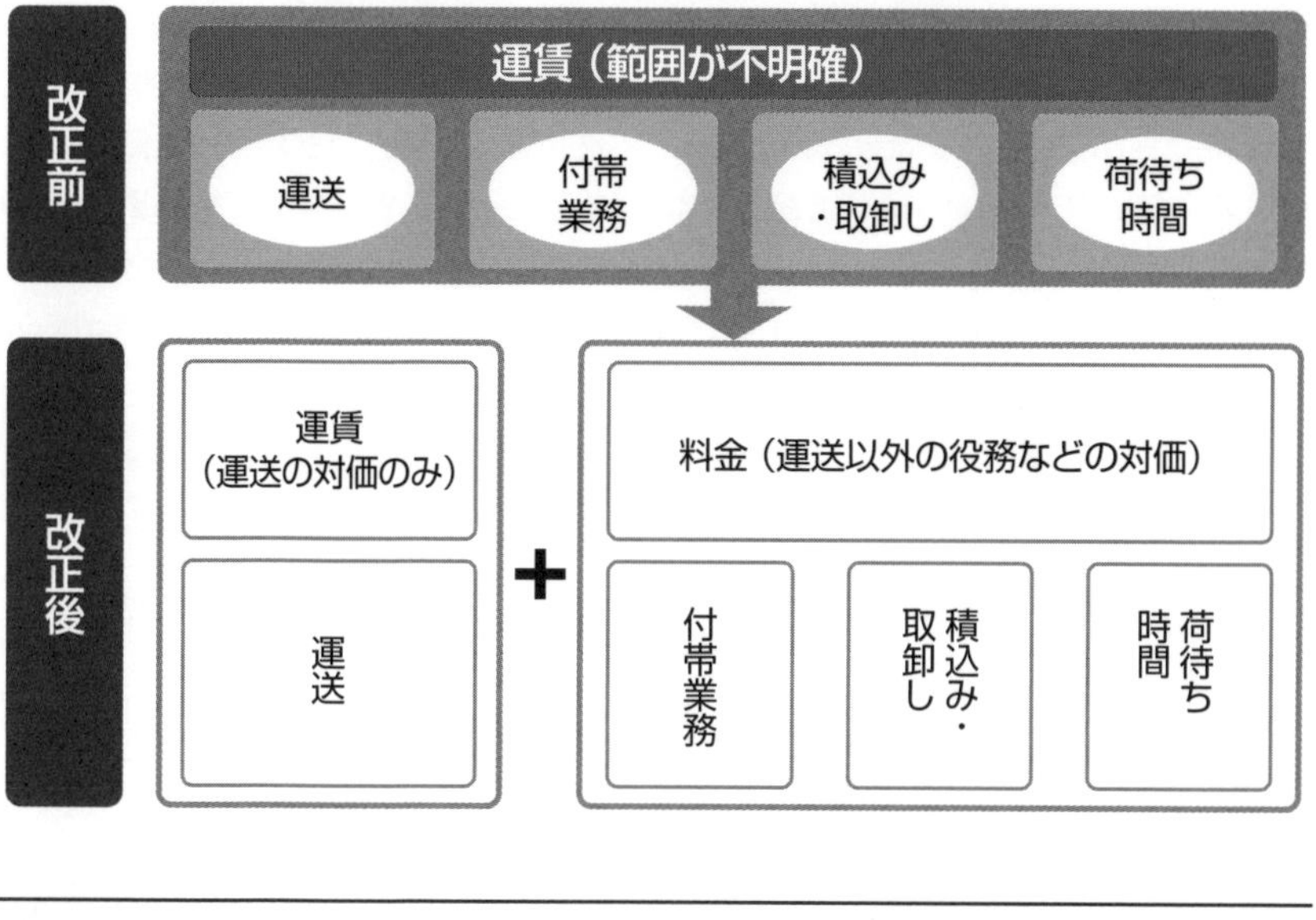

Point

働き方改革　「働き方改革関連法」は、2018年6月に成立し、2019年4月から施行が開始した労働関係法の改正に関する法律のことで、いろいろな労働環境をめぐる課題の解決を目指し、労働者が多様な働き方を選択できることが目的になっています。

店着価格制と送料無料

Column

日本に広く普及している商慣行の１つに、「店着価格制」があります。店着価格制とは、商品価格に納品の際の運賃が含まれていることをいいます。

運賃が商品価格の中に含まれ、しかも購入者にはブラックボックス化されているため、運賃の存在が購入者に意識されづらく、購入者から多頻度小口納品など過度な輸送サービスが要求されやすい面があります。

これに対して、物流改善に意欲的な購入者の中には、自らが運賃を負担して受け取りに行くケースも見られるようになりました。つまり「取りに行く物流」です。このときの商品価格は、運賃分を差し引いた金額になりますが、この「取りに行く物流」は、組立メーカーが部品メーカーを巡回して部品を集めて回るときなどに多くみられます。部品メーカーが納品していたときの物流を、組立メーカーが自ら改善することができるのです。

「取りに行く物流」は、牛乳メーカーが牧場を回って原料となる生乳を集荷する形に似ていることから、「ミルクラン」とも呼ばれています。

▲宅急便

ところで、通信販売を行うECサイトには、「送料無料」という触れ込みが多くあります。しかし、送料無料でも、購入すれば宅配便で届くのですから、送料つまり運賃が無料になっているはずはないのです。つまり、誰かが負担しているはずで、実はここにも先の店着価格制と同じ仕組みがつくられているのです。

送料は商品価格に含まれています。送料は距離によって高くなることから、販売実績を踏まえた平均送料が含まれていることになります。

とすれば、近距離の購入者は遠距離の購入者の送料を一部負担していることになり、同じ商品を同時に複数購入すると、割高な送料を負担していることにもなるのです。

ともかく、「送料無料」は不当表示の可能性もあり、せめて「送料は売主負担」と明示することが必要になってきます。最近は送料を明示しているECサイトも増えていますが、購入した商品が宅配便で届けば、そこには当然ながら運賃が掛かっていることをよく認識する必要があるのです。

ECサイトで
送料無料とうたって
いても、宅配便で
届けられる…。

第5章

陸上貨物運送業の現状と経営的課題

陸上貨物輸送には、鉄道輸送と自動車輸送があります。

日本の貨物輸送は、経済成長に比例し、急激にその量を増やし、貨物の重さと距離を乗じたトンキロでは戦後の経済復興が始まった1950年代と現代を比較すると10倍近くに増えています。

輸送機関別の輸送分担率をみると、戦前から50年代までは鉄道貨物輸送が貨物輸送全体の50%以上を占めていたのに対して、その後は衰退の一途を辿っています。輸送分担率では2000年度には4%近くまで低下し、陸上輸送においては、自動車輸送に主役を奪われています。

その貨物自動車による運送事業は1990年施行の物流二法で運送事業が免許制から許可制に移行、新規参入が容易となったことから競争が激化しました。

本章では陸上貨物運送業の現状分析とともに、今後の経営的な課題について解説していきます。

Section

5-1 運輸業界における2024年問題

貨物自動車運送業では、近年燃料価格が高止まりする中で、荷主への価格転嫁は進まず、業界は厳しい状況に置かれています。さらに事業者の多くは中小企業で、経営的には荷主企業に大きく依存し、運賃の値下げ競争とともに、荷主企業の物量減少とあいまって収益力はますます低下しています。

■働き方改革関連法

2019年4月1日に施行された「働き方改革関連法」では、**年次有給休暇の時季指定**、**時間外労働の上限制限**、そして**同一労働同一賃金***が焦点となり、その中で時間外労働の上限は原則として月45時間、年360時間に制限され、たとえ労使間で三六協定を結んでいたとしても、時間外労働は年720時間に制限され、大企業は2019年4月より、中小企業も2020年4月より適用になりました。しかし、時間外労働の上限規制適用について、自動車運転業務や建設業、医師、研究開発に携わる業務など、実情がかけ離れている事業については、猶予もしくは適用除外となっていたのです。

■物流事業の2024年問題

2024年問題とは2024年4月1日以降、トラックドライバーの時間外労働時間の上限が年960時間に制限されることにより発生する諸問題のことを指します。これまで自動車運転業務などで猶予期間があった、時間外労働の上限規制などを含んだ、**働き方改革関連法**が2024年完全施行することにより、ドライバーの収入減少や物流業者の売上低下などが懸念されています。

さらには、運輸業界のみならず日本の産業界全体を大きく揺るがしている問題として、少子高齢化がピークとなる2025年問題も後に控え、対策が急がれています。

Term **同一労働同一賃金**　2015年9月16日から施行された「同一労働同一賃金推進法」は、正社員と非正規社員との賃金の格差をなくすことを目的としている。しかし、法的拘束力が弱く、責任の程度、事情によっては同一賃金ではない場合もあり、解釈の余地を残したものになっている。

■経営の根幹を揺るがす問題

自動車運転業務については5年間、つまり2024年まで猶予されていたのですが、施行が直前に迫った現在でも、業界では対応策がまとまってはいません。

運送業界ではこれまでもドライバー不足の慢性化と低賃金が課題とされていました。時間外労働を年960時間に制限する改正法の施行によって、業界にはさらに厳しい課題が突きつけられているのです。

そのほか、今回の施行に伴い、物流業界には、時間外労働時間の上限のほか、次の2点の変更が求められます。1点目は、時間外労働の割増賃金の見直しです。1カ月あたり60時間を超える時間外労働に対する割増賃金は、これまで大企業は50%増、中小企業は25%増だったものが、中小企業でも割増賃金が50%増になります。2点目は、同一労働・同一賃金の導入で、これまでの正規雇用と非正規雇用の間で生じる不合理な待遇差を、解消しなければなりません。

企業にとってはコスト増や、オペレーションの複雑化を招く、経営の根幹を揺るがす問題になっています。

運輸業界における「2024年問題」の概要

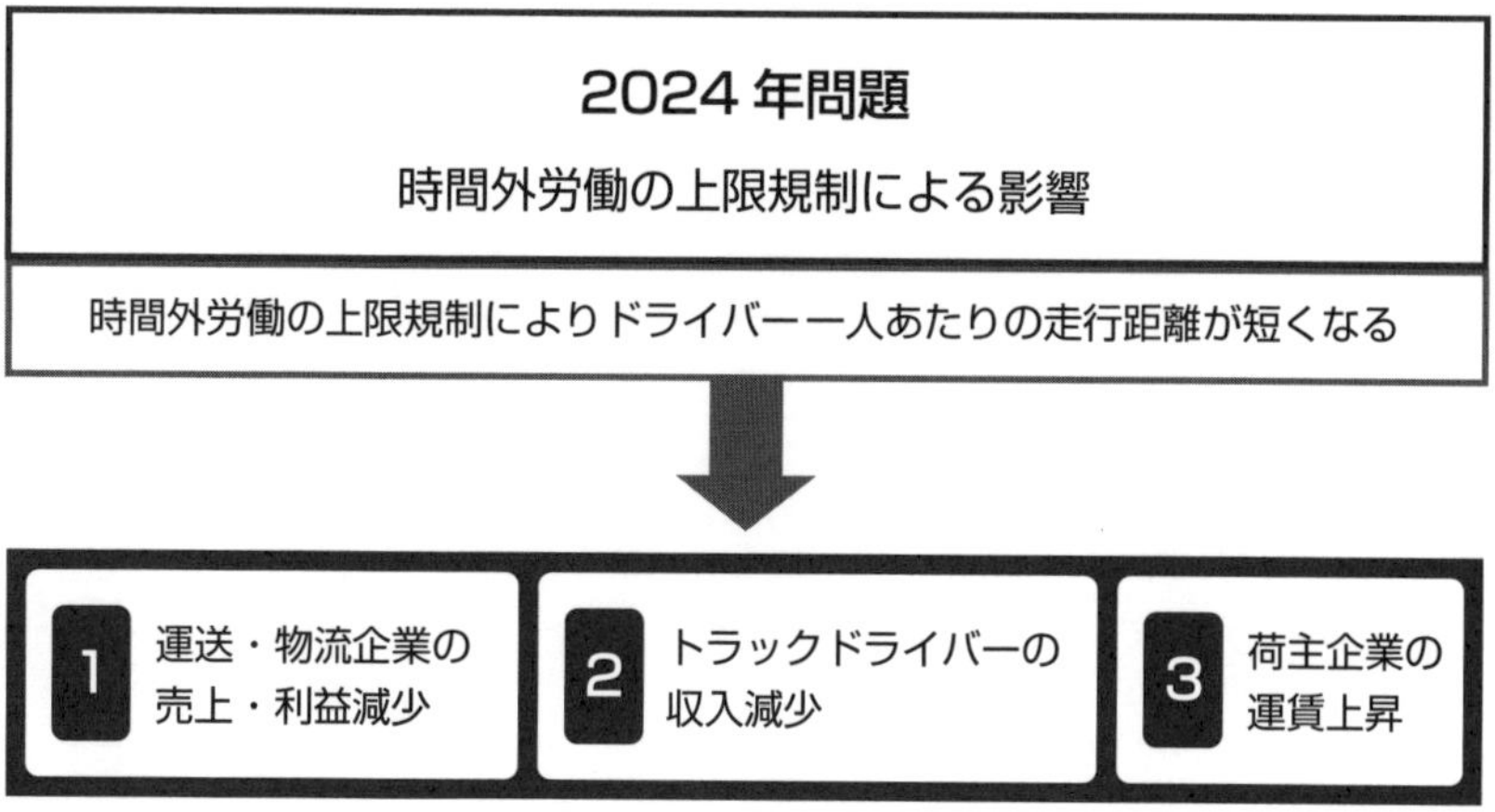

Column

トラックドライバーの平均年収　厚生労働省の「賃金構造基本統計調査」の比較では、トラックドライバーの年間所得額は、全産業平均と比較して、大型トラック運転者で約1割低く、中小型トラック運転者で約2割低いとされています。

経営的課題の解消

「2024年問題」で予測される事態として、具体的には現在より労働時間が短縮される一方で、業界全体ではドライバー不足が深刻化し、人員増による運送会社の利益減少や荷主が支払う賃料の高騰などが懸念されています。またドライバーの側でも時間外労働によって得ていた収入が下がることが指摘されています。

業界では人手の確保のほか、同業他社との協業やDXなど新技術の開発などの取り組みを急いでいるものの、解決の目途はいまだ不透明な状況にあります。

これまで1台のトラックを長時間動かすことで成立してきたこれまでの仕組みと輸送ルートが維持できなくなることから、サプライチェーン全体での影響も多くなると予測され、運輸業界だけで解決される問題ではなくなってきました。また、この問題はトラックドライバーだけの問題ではなく、大型自動車免許を必要としているバス業界や建設業界でも同様で、大型車の免許取得を含めて、働き手の確保をどうするかといった問題にもなっています。

労働環境の改善と経営の効率化

時間外労働時間に上限が設定されることで懸念される大きな収益減を回避するために、雇用者数の見直しと従業員の確保が急務で、労働環境や待遇の見直しが必要となっています。具体的には給与体系の改善と福利厚生制度の充実、適切なワークフローや業務の効率化による労働時間の短縮、時短勤務制度をはじめとした柔軟な働き方の導入などが考えられてきます。

さらに、現在ドライバーの長時間労働の要因になっている「荷待ち時間の短縮*」や「再配達」「トラック1車両あたりの稼働率向上」、「運行システムの最適化」「配送・庫内作業の効率化」などの課題解消が必要で、これらの問題解決のために、AIやIoTを活用した自動化・機械化の取り組みが期待されてきます。いわゆる、業界全体でのDX化（デジタルトランスフォーメンション）の実現です。このほか、同業者間での協業化やM&A、**置き配**なども、2024年問題に向けた対策として有効な手法と考えられています。

Point
荷待ち時間の短縮　トラックドライバーの長時間労働の要因の1つとして、荷主庭先での長時間の荷待ち時間や荷役時間が挙げられている。対策として、荷主企業と運送事業者が一体となって、荷待ち時間の削減や荷役作業の効率化など長時間労働の改善に取り組むことが重要とされる。

■荷主企業とトラック業者の意識

国土交通省山形運輸支局では、2022年12月に、山形県内の製造業や卸売業、小売業、飲食業などの荷主企業60社とトラック事業者50社を対象に、「2024年問題」に関する意識調査を実施しています。問題の理解度として、荷主側の「十分に内容を理解している」は12%にとどまり、「内容をあまり理解できていない」「知らない、理解していない」が約半数に上っています。一方、トラック事業者側では、長距離、中距離、近距離と分類する中で、長距離のトラック業者のすべてが「影響がある」と答え、「特に影響なし」と答えたのは、中距離で3%、近距離で8%でした。

また、「2024年問題」への対応の仕方について、荷主側では影響についてまだ十分に理解できていない企業の割合が半数近くを占めています。

また、「発荷主ばかりでなく、着荷主も含めたサプライチェーン全体での取り組みが必要不可欠であるとの認識を深めさせ、危機感を共有することが重要」、「運送事業者側も荷主企業との緊密な連携を構築していくことが必要」と答えています。

運送・物流業界における時間外労働の現状

		年齢	勤続年数	所定内実労働時間数	超過実労働時間数	所定内給与額（月額）（千円単位切り捨て）（賞与等含まず）
全産業平均		43.2歳	11.9年	165時間	10時間	30万円
トラック	大型	49.4歳	11.8年	176時間	35時間	27万円
	中小型	46.4歳	10.0年	176時間	31時間	26万円
タクシー		59.5歳	10.2年	166時間	16時間	20万円
バス		51.8歳	12.3年	159時間	28時間	24万円

引用：改善基準告示見直しについて（参考資料）（厚生労働省）より一部引用

Point

置き配ポイント　政府の「2024年問題」の対策として、宅配ドライバーに負担をかけている「再配達」について、通販事業者に注文する際、玄関前への置き配やコンビニ受け取りを選んだ人は事業者からポイントがもらえる仕組みで政府が事業者の経費を支援する方式などが検討されている。

Section

5-2 グローバル経済下での物流業界

人口減少が進み、国内のさまざまな産業において、国内市場の縮小が顕著となり、今後の活路を海外市場に求めている企業が多くあります。また世界の活力を日本国内に取り込むべく、モノの流れ、ヒトの流れもグローバル化している中、運輸業界における仕事の仕組みも自動的にグローバル化へと進んでいます。

■製造業の海外進出と運輸業のグローバル化

ヒトだけでなく国内のモノの動きも、ここ10年来減少傾向が続いています。国内での貨物輸送量はピーク時と比較して7割程度まで減少しています。製造業を中心に、国内から海外へと生産拠点を移していることが大きな要因になっています。しかし、単に生産拠点の移転だけでなく、国際分業の進展に伴い、例えば部品調達における垂直分業も広範囲に、かつ多岐に渡り、国際的な物流システムの導入が求められるようになっていきました。さらに、グローバル化では自社生産に限らず、**OEM供給**での生産や工場から納品先に至るまで一貫した販売物流体制の構築などが求められるようになっていきました。

■変わる倉庫業の役割

運輸業の中には、運輸関連業として「倉庫業」も含まれ、物流全体の中で大切な役割を果たしています。倉庫といえばかつては「保管」という機能が求められましたが、近年は在庫の削減やジャストインタイム生産システムが主力となり、商品や部品はなるべく保管せずスムースに配送しようという動きになっていきました。2001(平成13)年の法改正により、貨物利用運送事業法など、ほかの物流関係事業と同様に規制緩和され、登録制と料金の自由化が導入されたのです。

この規制緩和によって、新規参入が容易となりました。また、その新規参入事業者のうち約半数が貨物自動車運送

Term **ジャストインタイム物流**　トヨタ生産方式を物流に応用したもので、「必要なものを、必要な時に、必要なだけ配送する物流システム」のこと。コスト低減を実現するが、指定時間納入を求められるため、ドライバー不足の状況にあっては、多頻度小口輸送により積載率が低下するなどの問題も指摘されている。

事業者です。

■3PL（サードパーティ・ロジスティクス）

倉庫業は単に物を保管するだけの役割から、総合的な物流サービスの1つとして、港湾運送業（港湾内の運送）や運送代理店（事務代行等）、こん包業、海運仲立業*（契約・仲介ブローカー）等のサービスも行うようになりました。

世界の物流はここ数年で大きく変化しています。世界的な景気後退や国内の市場縮小によって、メーカー、卸、小売などあらゆる業種業態でコスト低減とサービス水準の向上が求められ、物流においても、その業務全体を1つのシステムとして、アウトソーシングする動きになっていきました。

かつては「システム物流」と呼ばれていましたが、現在では、「3PL」と呼ばれ、このシステムの中に倉庫業も包括されるようになっていきました。倉庫業はこれまでの「保管」だけの機能から、「配送センター」のような機能を要求されるようになったのです。

3PLは世界的にも急速に広がり、多くの物流会社が積極的に海外へ進出するようになりました。

3PL事業の概念図と組織図

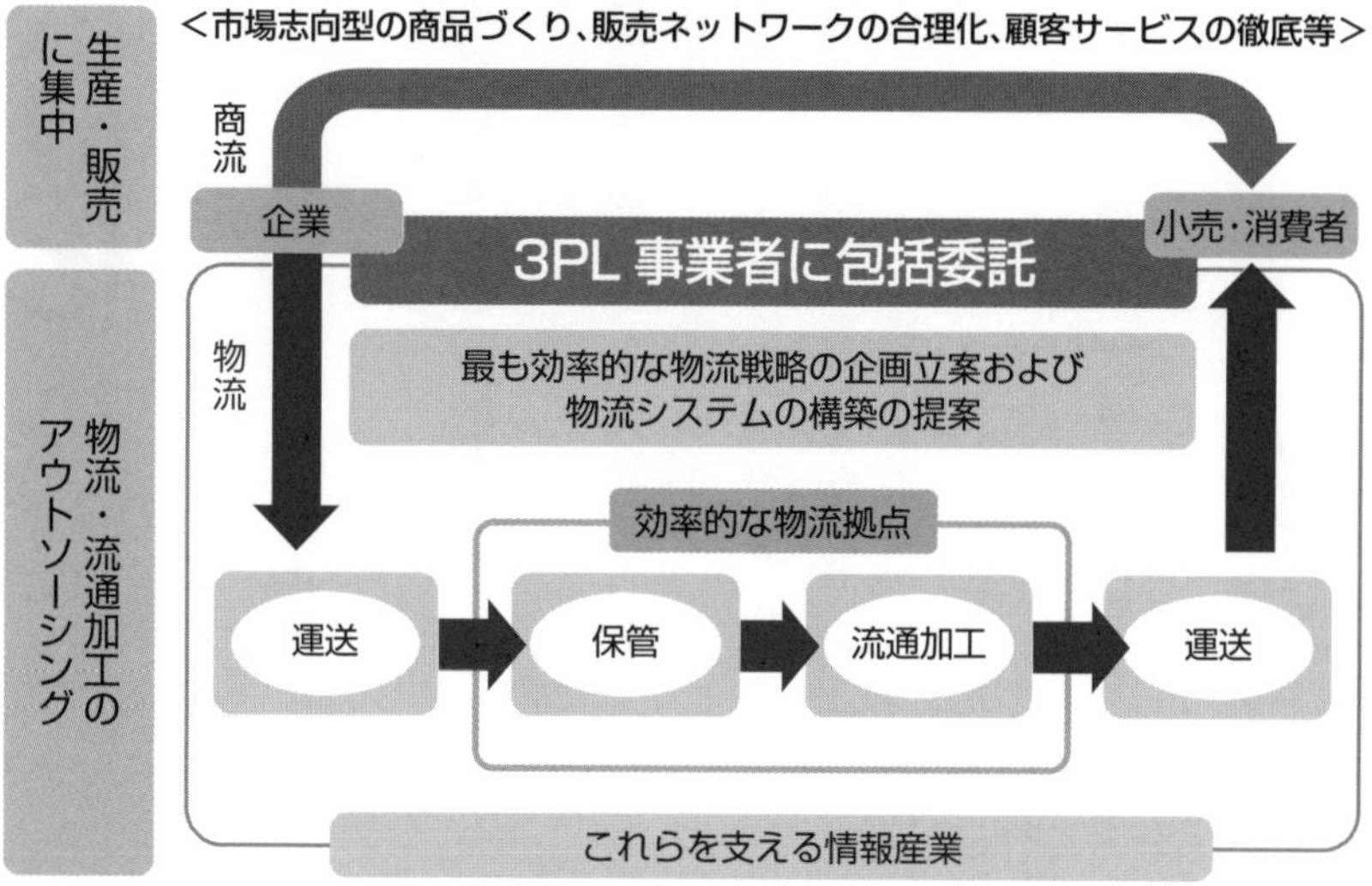

海運仲立業　一般商品市場などと同様に、海運市場にも海運企業と荷主の両者の間に介在して取引される伝統的な方法として、仲立人（海運ブローカー）が存在し、海運取引に重要な役割を果たしている。

Section
5-3 EC市場と貨物の小型化

トラック貨物は輸送件数が増加を続ける一方で、貨物の小ロット化が進み、輸送の総重量などは横ばいになっています。その傾向に拍車を掛けたのが、コロナ禍による巣ごもり需要です。

■買い物の利便性と品揃えの豊富さ

コロナ禍前より、通信販売の市場はそれまでのカタログやテレビショッピングの時代から、パソコンや携帯電話を使ってオーダーするインターネット通販が主力になっていきました。その成長要因には、インターネットの取引では1つのツールを使い、「いつでも・どこからでも・誰でも」、簡単にワンクリックで買い物ができるという利便性と、ショッピングモールに集うショップの多さと、さらには品揃えの豊富さから価格比較も行いやすいことなどがあるようです。

また、インターネットの利用者は世代を超えて、購入する商品のジャンルも多岐にわたり、生鮮食料品や日用品にまで広がっていきました。

■BtoC*・ECの拡大

経済産業省の調査によれば、2021年のBtoC・EC市場規模の総計は、20兆6950億円で、前年の2020年から7・35%の増加です。

BtoC・EC市場には物販系分野、サービス系分野、デジタル系分野の3分野があります。このうちコロナ禍により旅行などのサービス分野は縮小したものの、物販系分野は13兆2865億円で、前年の2020年より8・61%増加しています。物販系EC分野は、さらに食品や書籍、生活雑貨など8分野に分けられますが、いずれの分野とも対前年比を上回り、金額で一番多いのが食品・飲料・酒類で2兆5199億円、対前年比14・1%の増加となっています。

Term

BtoC　BtoB　「BtoC」は、"Business to Consumer"の略称。企業がモノやサービスを直接個人（一般消費者）に提供するビジネスモデル。一方、「BtoB」は"Business to Business"の略称で、企業同士のビジネスを指している。

■CtoC・EC市場も増加

中古品売買を行うリユース市場などのCtoC・EC市場でも、2021年の市場規模の総計は2兆2121億円で、対前年比12・9％の増加となっています。リユース市場にはフリマアプリ*やネットオークションなどの市場や、中古品売買の市場等が含まれています。EC、実店舗含むリユース業界全体の市場規は2025年には3兆5000億円に達すると予測されており、リユース利用人口も拡大を続けていくと見られています。

このような取引における商品配送の大半が宅配便を使っており、その取扱個数も増加を続けています。

EC市場で取引される商品は軽量なものが多く、輸送件数が伸長する一方で、総重量が横這いで推移する結果になっています。また、コンビニやスーパーなどの小売業界での通信販売事業も拡大を続けています。

これまでの無店舗販売業者に加え、大手の家電販売店や百貨店、スーパー、コンビニなどでも通信販売事業は本格的に展開されるようになっていきました。

BtoC-ECの市場規模及び各分野の伸長率

	2019年	2020年	2021年	伸長率（2021年）
A.物販系分野	10兆515億円（EC化率6.76%）	12兆2,333億円（EC化率8.08%）	13兆2,865億円（EC化率8.78%）	8.61%
B.サービス系分野	7兆1,672億円	4兆5,832億円	4兆6,424億円	1.29%
C.デジタル系分野	2兆1,422億円	2兆4,614億円	2兆7,661億円	12.38%
総計	19兆3,609億円	19兆2,779億円	20兆6,950億円	7.35%

出典：経済産業省「令和3年度デジタル取引環境整備事業（電子商取引に関する市場調査）」より

Term　**フリマアプリ**　オンライン上にてフリーマーケットのように、主に個人間による物品の売買を行える主にスマートフォン用のアプリで、代表的なものにメルカリやpaypayフリマなどがある。

Section

5-4 ラストワンマイルのネットワーク構築

インターネット通販などのEC市場は、スマートフォンのアプリなど、さらにサービスを拡大させ、アクセス性を高めています。取扱商品やサービスにおいて、ますます多様化するとともに、決済や配送などにおいても利便性が高まり、さらなる拡大が見込まれています。

■ラストワンマイルとは

近年、小売業界などで叫ばれ始めているのが、ラストワンマイル（最終集配拠点からの最後の行程）でのネットワーク構築で、これが生き馬の目を抜くように競争が激化している小売業界で雌雄を決する戦略だといわれています。

「ラストワンマイル」の市場では、これまでインターネット通販の業界と二人三脚のようにして成長拡大してきたのが宅配便業者で、きめ細かな全国ネットワークを構築しながら、通信販売の配送部門を一手に請け負っていました。現在でも市場の4割強のシェアを握っているのがヤマト運輸です。2023年6月に発表された日本郵便とヤマトとの協業に向けた基本合意の目的にも、ラストワンマイルへの対応がありました。

■取扱件数の急増による人手不足

これまでは、ヤマトの後を佐川急便が続き、さらには生協やネットスーパーなどに代表される地域密着型の宅配ビジネスも、地方の需要の取り込みと配送の効率性を競って、独自の対応を行っていました。

しかし、前節で紹介してきたEC市場の急激な拡大による取扱件数の増加によって、宅配業者は人手不足という事態を迎えてしまったのです。

もともと運輸業界においては、2009年頃からずっと人手不足が続いていましたが、労働時間のわりに所得が低い業種といわれ、さらに時間外労働の未払いなどの問題も露呈したのです。

Column

ラストワンマイルと最新テクノロジー　ラストワンマイルの解決策として、AIやIoTなどの最新テクノロジーを活用した技術の実用化が始まっている。自動運転車や配送ロボのほか、電動キックボードやドローンによる配達、自転車シェアなど。

■個人向け運賃の値上げ

2017年10月に、ヤマトが個人向けの運賃の平均15%値上げに踏み切りました。この全面的な運賃改定は消費税時を除くと27年ぶりでした。この理由について、荷物量の増加で現場に大きな負荷がかかり、労働基準監督署からは労働基準法違反で是正勧告を受けたため、値上げを通じて荷物の総量を抑制しようとしたと説明しています。EC市場の拡大によって荷物量の増加が続いた一方で、現場段階ではこれという対策も打たず、人手不足などにより配送コストも上がり、荷物が増えれば増えるほど儲けが減少していたのです。

一方、佐川でも個人向け運賃の引き上げのほか、法人顧客とも採算重視で値上げを交渉しています。日本郵便も個人向け運賃を平均12%引き上げ、荷物の9割を占める法人向けの値上げ幅も個人向けとほぼ同じ程度だったことから、低価格志向の中小企業などがゆうパックへの乗り換えが増加していきました。しかし、ヤマトでは競合他社のような大口顧客との価格調整も行わなかったことから利益率は低下傾向にあります。

ネットスーパーの仕組み

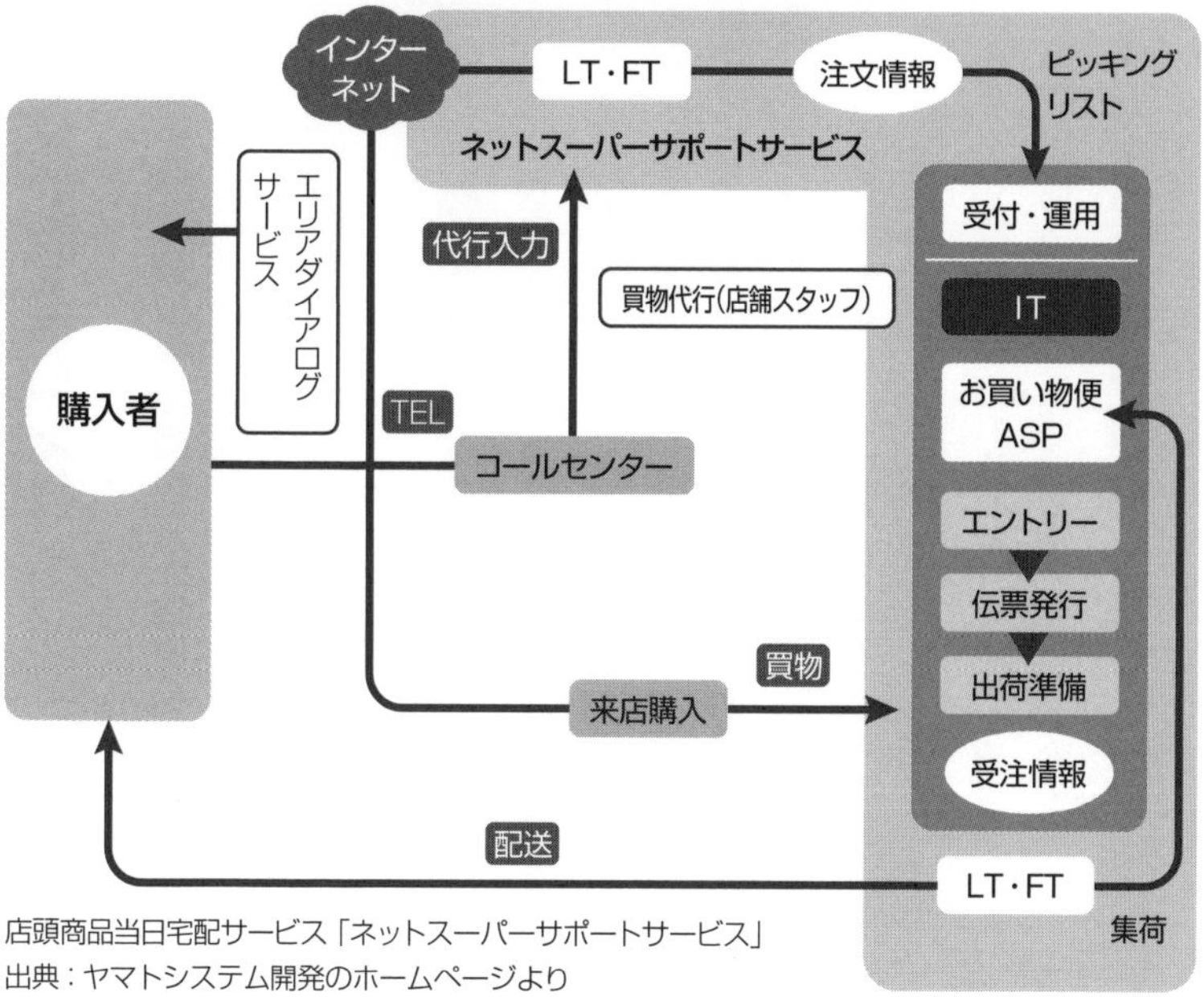

店頭商品当日宅配サービス「ネットスーパーサポートサービス」
出典:ヤマトシステム開発のホームページより

Section
5-5 国も取り組む物流生産性革命

日本では、トラック事業における新規の参入障壁を引き下げ、競争を促進し、貨物自動車運送分野における利用者利便の増進への寄与を目的に、1990年12月に貨物運送取扱事業法と貨物自動車運送事業法の2つを合わせた物流二法を施行しました。

■価格競争の激化

物流二法の施行によって、新規の参入障壁が引き下げられましたが、これによって運送会社の価格競争が激化し、「送料無料」や「全国一律料金」などの割引政策を打ち出すようになっていきました。しかし、取り扱い荷物が増加しても運送会社の売り上げには直結せず、ドライバーなどの待遇も変わらず、負担だけが増える結果となりました。

そこで、政府は国土交通省と厚生労働省が共同でトラック輸送における取引環境・長時間労働改善中央協議会を設立し、トラック運送業の適正運賃と料金収受に向けた方策等についての検討を進めていきました。

■標準貨物自動車運送約款の改正

トラック運送事業においては、適正な運賃・料金の収受に向け、国土交通省は2017年8月から**標準貨物自動車運送約款**を改正するとともに、貨物運送事業における運賃および料金の定義を定めた通達も出しています。通達では、運送状の記載事項として「積込料」や「取卸料」「待機時間料」等の料金の具体例を規定しています。そのほか、運行管理計の装着義務の拡大や荷待ち時間の記録を義務化するなど、さまざまな施策が実施されました。さらに、運送業界の厳しい稼働状況の中で、長時間労働の改善や賃金の適正化なども急務な課題として指摘されています。

Term **成長加速物流**　移動時間・待ち時間、スペースなどの無駄を効率化することを目的にトラック運送事業者と行政・有識者が荷主と協調して行う業務改革の実施や、中継輸送を含む共同輸配送による積載効率50%を目標とした取り組みなどの実現のこと。

■トラックの隊列走行など

国土交通省では、非効率な運送が続いているトラック輸送について、2020年度までに物流事業の労働生産性を2割程度向上させることを目標に、物流に関するプロジェクトを進めることにしています。

具体的には、全配達の2割に達している荷物の再配達の対策や、1運行あたり平均2時間弱発生する荷待ち時間の問題、トラックの輸送能力で未使用な余剰の問題、荷役業務に対する対価の問題など、現状抱えているさまざまな課題の解消を目指しています。その一方で、自動隊列走行の実現など、**成長加速物流**＊や**暮らし向上物流**＊の強化などに取り組むとしています。

今後ともダブル連結トラックの本格導入を目指した実験の推進やトラックの隊列走行の実用化などにも取り組む予定で、特に先頭車両が有人で後続車両が無人のトラックの隊列走行については2020年度に新東名高速道路での後続無人隊列走行の実証実験を実現するとともに、なるべく早い時期に、東京・大阪間での高速道路での事業化実現を目指すことにしています。

トラックの隊列走行のイメージ

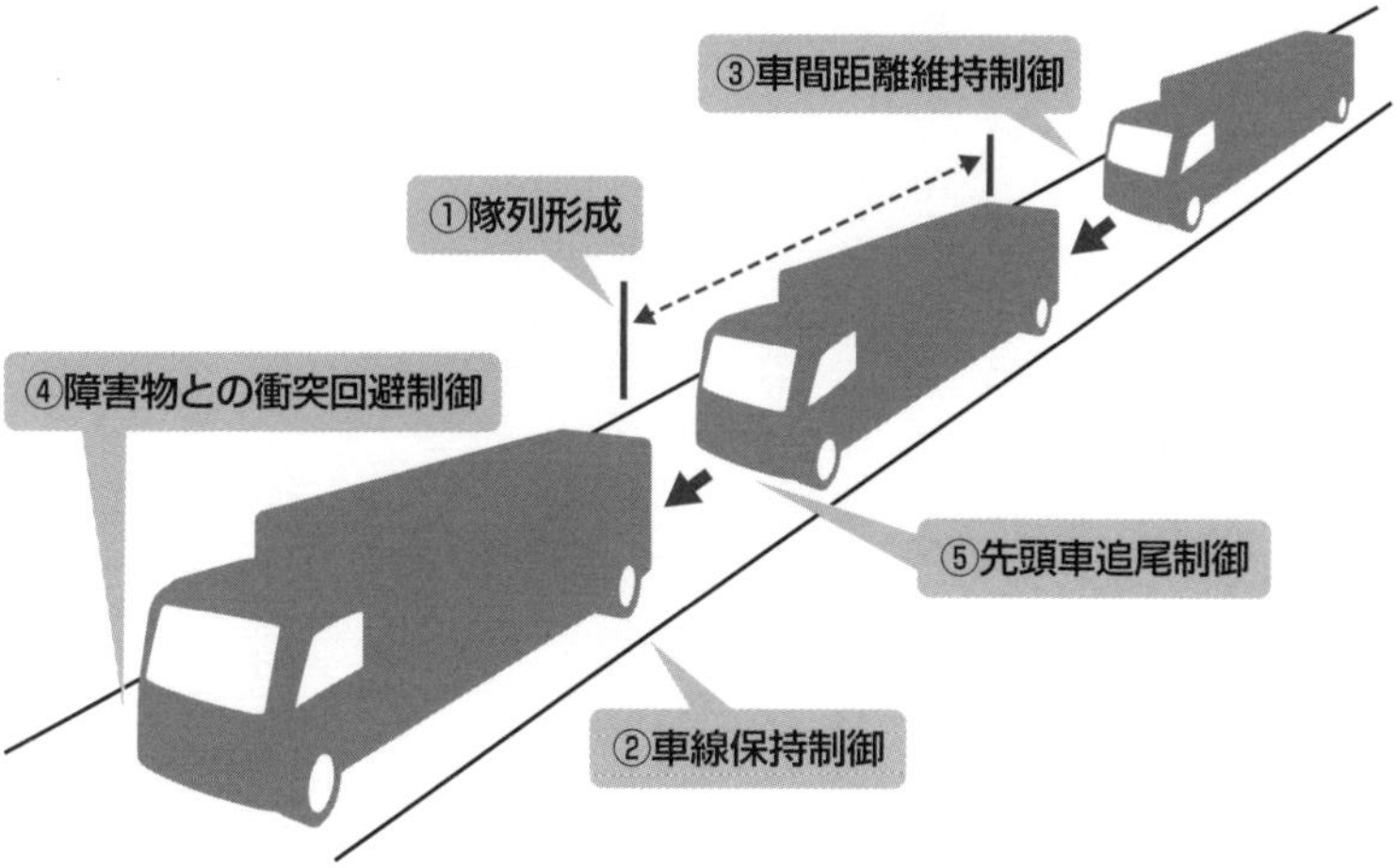

出典：NEDO　国立研究開発法人新エネルギー・産業技術総合開発機構　資料より

Point

暮らし向上物流　宅配便の再配達削減を掲げ、駅などの公共スペースに新設する「オープン型ロッカー」やドローンを使った荷物配送など、連携と新しい技術を使った物流の実現のこと。

Section

5-6 未来投資戦略と運送業界

政府は新しい経済政策パッケージとして、2020年までの3年間を生産性革命・集中投資期間と定め、大胆な税制、予算、規制改革などあらゆる施策を総動員し、日本経済全体の生産性の底上げを図るためのさまざまな施策を講じることにしています。

■自動化による移動・物流革命

新しい経済政策パッケージに盛り込まれた諸施策のうち、運送業界に関連するものでは、AIやロボットによるさまざまな分野での自動化があります。自動車の運転や物流の局面で実現した場合、交通事故の削減や地域における移動弱者の激減が期待されます。また、人手不足に直面している物流現場の効率化にもつながり、過度な業務負担も大幅に軽減されるという期待も生じます。

政府では世界に先駆け、自動運転および公共交通全体のスマート化を含む「次世代モビリティ・システム」の実現を掲げ、「自動運転に係る制度整備大綱」の取りまとめなど、規制改革の推進を図ろうとしています。

■自動運転の実用化

無人自動運転による移動サービスは2020年、高速道路でのトラックの隊列走行については早ければ2022年の商業化等を目指しています。

このため、地域の交通事情に知見がある運行事業者と連携した実証や、後続車無人システムの公道実証を開始しています。さらに、2030年までに、地域限定型の無人自動運転移動サービスを全国100か所以上で展開させたいとしています。車両では、2020年に、自動ブレーキを国内販売新車乗用車の90%以上、安全運転支援装置・システムを国内車両（ストックベース）の20%に搭載することを目指します。

Term

セカンダリアクティビティ　車の自動運転中に可能になる、運転手ができる運転以外の行為で、ハンドルを離して別の行動をすることなどをいう。

■自動運転の実現に向けた制度整備

前述のとおり高速道路でのトラックの隊列走行については、早ければ2022年の商業化を目指し、後続車無人システムの公道実証を開始しています。また、実証実験の成果やダブル連結トラックの実験の状況を踏まえ、運用ルールや他の走行車両への影響軽減の観点も含めてインフラ面などの事業環境の検討を行う計画です。

新たな技術に係る具体的な安全基準については、イノベーションを阻害しないよう国際基準策定を段階的に策定するとともに、交通ルールについても、自動運転車を使用する運転者について、自動運転中にどのような運転以外の行為（**セカンダリアクティビティ**＊）が許容されるかも含め、既存の運転者の義務の見直しを検討するとしています。加えて、自動運転車を使用する運転者に新たに課すべき義務や、自動運転中に道路交通法令の規範を逸脱した際のペナルティの在り方等について検討する計画になっています。さらに責任関係についても民事責任における求償権行使の実効性確保やデータ記録装置の設置義務化などが検討されています。

自動走行システムの実現期待時期

実用化　計画

完全運転自動化	SAE レベル5	・システムがすべての運転タスクを実施　（限定領域内※1ではない） ・作動継続が困難な場合、利用者が応答することは期待されない	
高度運転自動化	SAE レベル4	・システムがすべての運転タスクを実施（限定領域内※1） ・作動継続が困難な場合、利用者が応答することは期待されない	2025年目途※2
条件付運転自動化	SAE レベル3	・システムがすべての運転タスクを実施（限定領域内※1） ・作動継続が困難な場合の運転車は、システムの介入要求等に対して、適切に応答することが期待される	2020年目途※2
部分運転自動化	SAE レベル2	・システムが前後・左右の両方の車両制御に係る運転タスクのサブタスクを実施	2017年
運転支援	SAE レベル1	・システムが前後・左右のいずれかの車両制御に係る運転タスクのサブタスクを実施	
運転自動化なし	SAE レベル0	・運転車がすべての運転タスクを実施	

自動運転レベルは道路環境に応じて変化

※1　ここでの「領域」は、必ずしも地理的な領域に限らず、環境、交通状況、速度、時間的な条件などを含む。
※2　民間企業による市場化が可能となるよう、政府が目指すべき努力目標の時期として設定。

出典：内閣府ホームページより

Section

5-7 新たな物流ニーズへの対応とサービスの創造

荷主などから物流に対して、新しいサービスの要求などが高まってくると、これまでは車の運転だけで済んでいた運送業界の労働者にも、接客サービスやITの知識、長時間労働をこなせる体力面などにおいて、業務を迅速にこなせる若年労働者に頼る割合が多くなってきます。

■宅配便取扱個数の増加

宅配便の取扱個数は年々増加し、2017年度の上位3社の取扱数では、ヤマトが18億3600万個に対し、佐川が12億6200万個、日本郵便が8億7500万個になっています。

宅配便は、運賃が安く、また発送の手軽さと受け取り時刻の細かさや温度管理など利便性の高さから、消費生活にはなくてはならないサービスとして、消費者の支持を得ています。また近年は、インターネットなどによる通信販売やメルカリなどに代表されるCtoCによる商品取引も増加し、代金引換*サービスやクレジットカード決済など、利便性も増していきました。

■小売業者による宅配サービス

通販市場の拡大に併せて、商品カタログやパンフレットなどを配送するメール便サービスの取扱量も、ここ数年で拡大を続けています。

さらに、通販市場と競合してきたスーパーマーケットやコンビニなどの小売業者による宅配サービスも活発化し、運送業者ではない、独自の配送体制を敷くようになってきました。また引越事業においては、個人の需要だけではなく、オフィスの移転など法人需要も増加し、またモノを輸送するだけでなく、付加価値の高い人的サービスが要求されてきたことから、引越し事業に特化したトラック業者がシェアを広げています。

Term **代金引換**　着払いだけではなく、商品代金＋配送料＋代引手数料を、荷物の受け取り時に配達員に直接支払う方法で、ネットショップ等へカード情報を登録せずに済むため情報漏洩等のリスクを回避できるなど防犯性に優れており、根強い人気がある決済方法。

■若年労働者の確保が急務

貨物輸送量の伸び悩みにもかかわらず、事業者数は平成2年の貨物自動車運送事業法施行以降、規制緩和によって新規参入事業者が急増し、競争が激化しました。

その一方で、消費者のニーズや荷主などからの新しいサービスへの要求は高まり、これまでは単に車の運転だけで済んでいた運送会社でも、新しいサービスの提供が迫られています。

社員に対しては、接客サービスやITのスキルを求めたり、長距離・長時間労働などを要求するようになり、ますます体力的にも迅速に仕事がこなせる若年労働者に頼る割合が多くなっています。しかし、自動車運送事業者の99％は中小企業が占めており、過当競争から大幅な料金の引下げを要求されるなど、厳しい経営環境が続いています。

人件費の削減から非正規雇用者に頼る割合も高くなっています。少子高齢化の時代にあっては、若年労働者の確保も困難で、ベテランドライバーに頼らざるを得ない状況もあります。

年齢階級別　就業者数

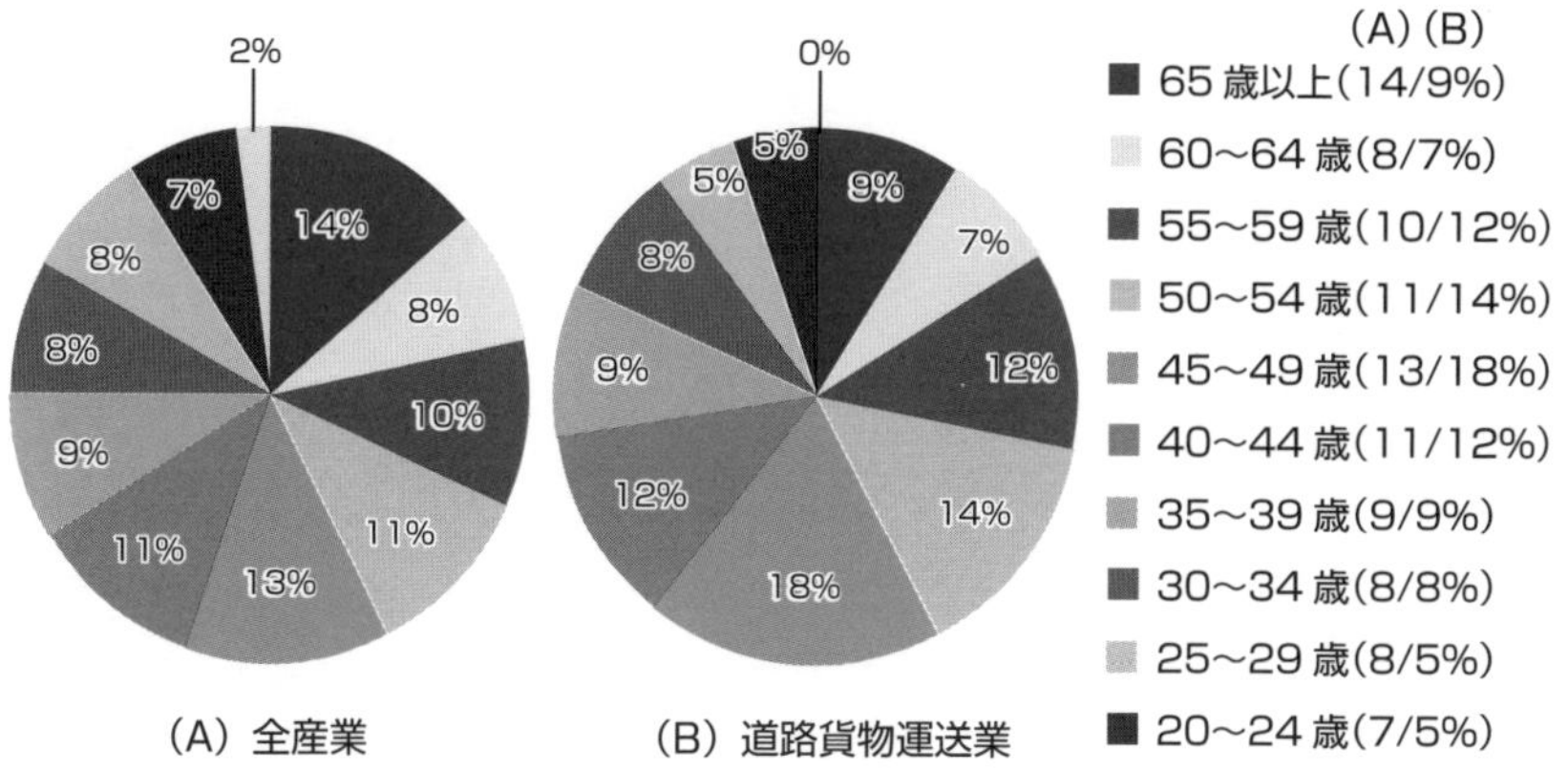

※トラック運転者以外の就業者も含む　総務省「労働力調査」2020年10月調査　年齢階級、産業別就業者数より

Section

5-8 課題になっている荷主との適正

中小業者がひしめくトラック業界にあっては、いつも運送事業者と荷主との関係は構造的にも運送事業者が弱い立場に置かれています。国は2010（平成22）年1月より独占禁止法を改正し、一定の条件を満たす場合には、優越的地位の濫用に課徴金を課すなど、取引の適正化にあたっています。

■荷主に対する価格交渉の難しさ

運送事業者は、荷主に対して交渉力が弱く、価格転嫁が困難な事業だといわれています。具体的には、消費増税時の価格転嫁や軽油価格の上昇分を運賃に転嫁できないなどの問題がありました。

また国でも、荷主、元請事業者による下請トラック事業者への附帯業務の押しつけや燃料油が高騰しているにもかかわらず**サーチャージ***が普及しないことなどの問題について、標準自動車運送約款を改正して運送契約時には原則として書面を取り交わすことや「トラック運送業における書面化推進ガイドライン」の策定と貨物自動車運送事業安全規則を改正しています。

■独占禁止法の改正

公正取引委員会では、優越的地位の濫用に関する**独占禁止法**上の考え方について、**ガイドライン**を策定しました。また、国土交通省でも、適正取引の推進に向けて、「トラック運送業における下請・荷主適正取引推進ガイドライン」および「トラック運送業における燃料サーチャージ緊急ガイドライン」を策定しました。

公正取引委員会が、一般から提供された情報をもとに優越的地位の濫用に関し調査する「優越的地位濫用事件タスクフォース」では、スーパーやドラッグストアーなど小売業者による納入取引に関する注意が一番多く、次いで物流取引になっています。

Term

＊**サーチャージ**　旅客や貨物において、運賃に加えて燃料費の値上げ分など、旅客や荷主に付加される諸料金のこと。

■燃料価格変動への対応と税負担の軽減

トラックの燃料である軽油の価格は、国際情勢に伴う原油価格の市況を反映し、ここ数年変動を繰り返しています。しかし、トラック運送事業者は運賃交渉力が弱いため、適切な運賃転嫁が進みませんでした。このままでは、国内の物流基盤の維持が難しくなることから、前頁で解説したように、燃料サーチャージ制の導入と独占禁止法・下請法の取締り強化などを打ち出しました。

燃料サーチャージは、燃料価格の上昇・下落によるコストの増減分を別建ての運賃として設定する制度で、国交省では、2008（平成20）年に策定した「トラック運送業における燃料サーチャージ緊急ガイドライン」を24年度に改訂し、燃料サーチャージの具体的な導入事例を追加してより実践的な内容の見直しを行っています。

さらに、運送事業会社から国に対して、これまで9種類もの税金が課せられてきた自動車関係諸税＊について、抜本的見直しと高速道路料金の大幅な引き下げの要求が出されています。

燃料サーチャージの算出方法

距離制運賃

燃料消費量＝走行距離 ÷ 燃費
（ℓ）　（km）　（km/ℓ）

燃料サーチャージ額＝燃料消費量 × 算出上の燃料価格上昇額
（円）　（ℓ）　（円/ℓ）

時間制運賃（一日、半日等の貸し切り運賃）

（一日当たり等の）平均燃料消費量＝（一日当たり等の）平均走行距離 ÷ 燃費
（ℓ）　（km）　（km/ℓ）

燃料サーチャージ額＝（一日当たり等の）平均燃料消費量 × 算出上の燃料価格上昇額
（円）　（ℓ）　（円/ℓ）

出典：全日本トラック協会資料より

Term

自動車関係諸税　購入時の自動車取得税、保有時の自動車重量税、自動車税、軽自動車税。使用時の揮発油税、軽油引取税、石油ガス税、そして消費税など。

Section
5-9 「日通グループ」から「NXグループ」へ

国内最大の総合物流企業「日通グループ」は2022年1月4日から、持株会社「NIPPON EXPRESSホールディングス」へと経営を刷新しました。トラック輸送、鉄道輸送、海運、航空運送、倉庫業、引越・移転事業、3つの専門輸送（警備・重量品建設・美術品）、物流サポートといったさまざまな事業を、多様な輸送モードによってグローバルネットワークで展開しています。

■創立100周年に向けた長期ビジョン

2037年に創立100周年を迎える同グループでは、長期ビジョンとして、「グローバル市場で存在感を持つロジスティクスカンパニー」を掲げています。具体的には2037年に連結売上高を3.5〜4兆円規模とし、その半分を海外ビジネスで構成することを目標としています。

実現に向けた取り組みとしては、M&Aや、戦略・施策の取り組みを支える機能の強化、持続的な成長と企業価値向上のためのESG経営の推進を掲げています。さらに、海外市場を主戦場に事業ポートフォリオの最適化をイメージし、M&Aも活用してトップライン*を引き上げることが重要なテーマであると捉えています。

■ITデジタルソリューション本部

同社では、2023年1月の組織改正で、IT関連の戦略機能強化を図るために、新たに独立した本部として**ITデジタルソリューション本部**を立ち上げています。

ここではグループのIT戦略部門として、ITデジタルソリューションを通して、顧客の課題解決やNXグループの業務効率化を推進することを狙いとしています。同社グループは、IT関連の戦略機能強化は喫緊の課題と考え、情報通信技術の革新など外部環境の変化に対応しながら、他社との競争でも優位に立つために必要な組織として、新設したものです。これにより同社は5本部体制になりました。

Term **トップライン**　「損益計算書(P/L)」において、トップに記載されるのが「売上」で、会社の商品やサービスを売り上げた合計の金額を指す。一方ボトムラインは「純利益」で、最終的に残った金額が記載される。

■NXグループ経営計画2023

NXグループの長期ビジョン実現の第一歩として取り組んでいるのが、5カ年計画の**NXグループ経営計画2023**で、2019年4月からスタートしていました。さまざまな変革に挑戦し、完遂するため期間を5年間としていました。

途中で最終年度の目標数値を引き上げ、現在、売上高は当初目標である2兆4000億円のままで据え置き、営業利益は当初の1000億円から100億円増の1100億円に修正し、海外売上高も当初の6000億円から7200億円に大幅に引き上げました。

主な成長戦略としては、「コア事業の成長戦略」と「日本事業の強靭化戦略」の2つを掲げ、コア事業の成長戦略では、重点産業として従来からの電機・電子産業と自動車産業に加え、医薬品産業と、アパレル産業、半導体産業を追加しています。

日本通運を中心とした日本事業の再編では、東京・大阪・名古屋の三大都市圏に経営資源を集中させつつ、その他エリアは各地の特性に合わせた体制に再構築するとしています。

NIPPON EXPRESSホールディングス 組織図

（2022年1月4日以降）

- NIPPON EXPRESSホールディングス（持株会社）
  - 日本通運 ― 日本国内地域物流事業会社
  - 日本国内物流事業会社
  - 機能会社（グループ向けサービス会社）
  - 物流サポート事業会社 ― 物流サポート事業子会社
  - 米州地域統括会社 ― 米州物流事業会社
  - 欧州地域統括会社 ― 欧州物流事業会社
  - 東アジア地域統括会社 ― 東アジア物流事業会社
  - 南アジア・オセアニア地域統括会社 ― 南アジア・オセアニア物流事業会社

出典：NIPPON EXPRESSホールディングスHPより

Column

日本通運法による設立　日本通運は、1937年10月1日「日本通運株式会社法」に基づくいわゆる国策会社として発足した。母体は鉄道輸送の発着両端の輸送を行う小運送業者間を取りまとめる国際通運株式会社で、その後の1950（昭和25）年、「日本通運株式会社法を廃止する法律」の施行により一般商事会社になっている。

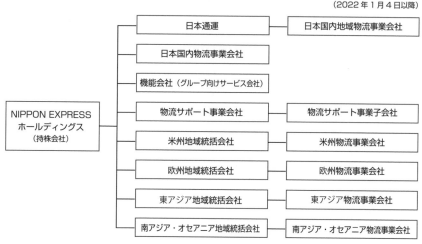

Section

5-10 日本郵便の中期経営

日本郵便は、2007(平成19)年10月1日に、郵政民営化と同時に、郵便局株式会社として発足しました。その後、2012年に郵政民営化方針の一部見直しに伴って、郵便事業株式会社を吸収合併し、社名を日本郵便株式会社に改称しています。

■「JP ビジョン2025」と日本郵便

日本郵政グループの中期経営計画JP ビジョン2025は、策定された2021年が日本で郵便事業を創業してから150年目にあたることから、郵政創業150年という節目を迎えるにあたり計画されたものです。

JPグループが2025年までに達成すべき成長戦略をまとめたもので、グループの中では郵便と物流事業を担う日本郵便についても、今後目指すべき姿とグループの中での位置付けについて触れられています。同計画では、これまで金融2社に頼る収益構造から脱却し、郵便局のデジタル化などで郵便事業を稼げる事業へと変革させることを強調する内容になっています。

■デジタル化の推進と事業構成の見直し

計画では、相次いだ不祥事で日本郵政グループへの信頼が失墜したことから、不正の再発防止に向けたガバナンス(企業統治)改革を並行して実行しながらも、デジタル化の推進と事業構成の見直しに取り組んでいくとしています。最初のデジタル化では、他社との連携や協業を加速させ、既存サービスの利便性向上や新たなサービスの創出を目指すとしています。2つ目の事業構成の見直しでは、郵便・物流・金融の既存事業に加え、不動産事業や新規事業の創出にも力を入れる内容になっています。全国約2万4000局の郵便局ネットワークを武器に、新たなサービスでのビジネスモデルへの転換を目指す計画です。

Term

ネコポス ヤマト運輸のサービスで、小さな荷物を宅急便レベルの翌日配達でポストに投函するサービス。ヤマトと契約した法人、ヤマトと契約のある個人間取引サイト(フリマ、オークション)を利用する個人が使えるサービス。

■ヤマトグループとの協業

日本郵政グループとヤマトグループは2023年6月10日、「物流を巡る社会課題の解決に貢献するとともに、持続可能な物流サービスを推進していくこと」を目的に協業していくことで合意し、基本合意書を締結しました。

長年ライバル関係にあった2社ですが、経営資源の有効活用を目的に、第1弾として、ヤマトのクロネコDM便を2024年1月末に終了し、日本郵便の「ゆうメール」のネットワークを活用した新サービスに移行します。

また、ヤマトのポスト投函型宅配サービス「ネコポス*」も23年10月からサービスを順次終了し、日本郵便の「ゆうパケット*」を活用した新サービスに段階的に移行する計画です。

日本郵政の増田寛也社長は記者会見の中で、「両社の経営資源を有効活用することで、顧客への利便性向上と事業成長を図るとともに、相互にネットワークやリソースを活用し合うことで、『2024年問題』の解決やカーボンニュートラルに貢献していく」と協業の目的について説明しています。

JPビジョン2025の概念図

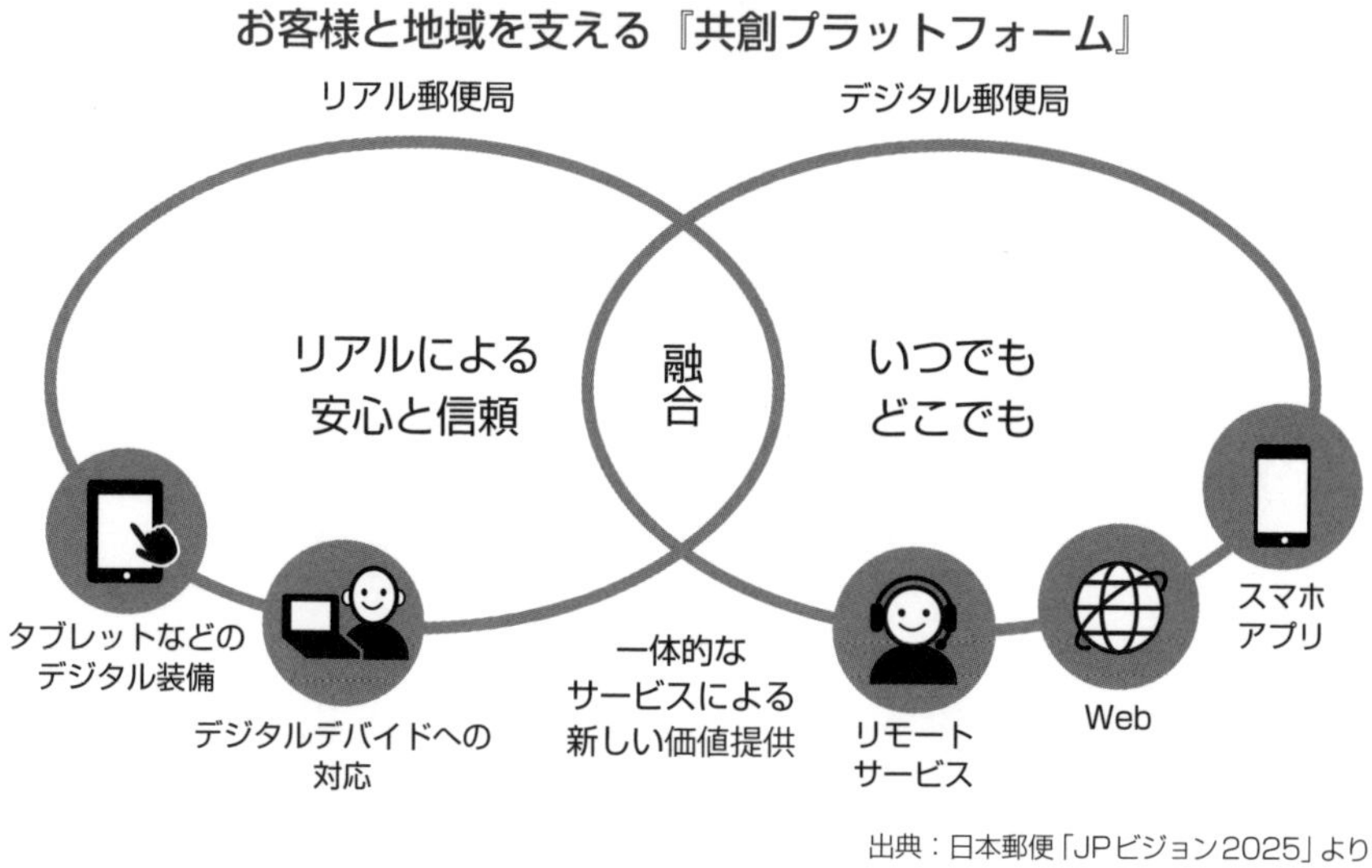

出典：日本郵便「JPビジョン2025」より

Term **ゆうパケット**　ゆうパケットは、主に通販で厚さ3cm以下の商品を送るのに利用されている郵便局のサービスで、このほかメルカリで提供する「ゆうゆうメルカリ便」や楽天ラクマで提供する「かんたんラクマパック（日本郵便）」などのゆうパケットプラスもある。

Section

5-11 ヤマトHDの経営戦略

「クロネコヤマト」の愛称で親しまれているヤマトホールディングスの創業は大正時代まで遡ることができます。1919（大正8）年、東京市京橋区で、4台のトラックによる貨物の貸切輸送から始まりました。4年後、三越百貨店と商品配送の契約を結び、運送業務を行っています。

■「YAMATO NEXT100」

ヤマトHDでは、2020年に、経営構造改革プランYAMATO NEXT100を策定しています。

このプランは、中期経営計画 **KAIKAKU2019 for NEXT100** の成果と課題、外的環境の変化を踏まえ、今後のヤマトグループにおける、中長期の経営のグランドデザインとして策定したものです。

内容としては、宅急便のDXやECエコシステムの確立、法人向け物流事業の強化に向けた3つの事業構造改革と、グループ経営体制の刷新、データドリブン*経営への転換、サステナビリティ*の取り組み、の3つの基盤構造改革からなる「YAMATO NEXT100」を着実に遂行し、持続的な成長を目指したものになっています。

■「One ヤマト 2023」の環境認識

その後、コロナ禍を契機に、生活様式（消費行動）と流通構造が一変するとともに、「全産業のEC化」も加速度的に進展し、さらには地域コミュニティの課題も深刻化していきました。

EC拡大による業務量の増加と感染リスクを考慮し、徹底的な機械化による省人化により、「業務量の増加に対し、人を増やさない経営」をするためのオペレーション構築の必要性が求められています。さらに、地域のインフラとしてのサプライチェーンを再構築し、ヤマトが根差す地域社会の持続可能性向上に貢献できる、企業経営におけるサステナビリティの重要性が増大していきました。

Term

データドリブン　データドリブン（Data Driven）は、売上データやマーケティングデータ、WEB解析データなど、データに基づいて判断・アクションするマーケティング技法。さまざまなデータを可視化し分析することで、より費用対効果の高いアクションにつなげることを目的としている。

■「Oneヤマト2023」の考え方

経営環境の変化に対応するためヤマトグループでは、「YAMATO NEXT100」を土台とした、2022年3月期から2024年3月期までの中期経営計画 **Oneヤマト2023** を策定しています。

この計画では、新しいヤマト運輸を中核とするワンヤマト体制のもと、生活様式の変化と、それに伴う流通構造の変化に対応するサプライチェーンの変革に向けたトータルな価値提供で、個人、法人、地域の顧客、社会のニーズに総合的な価値提供を目指すとしています。また、サステナビリティへの取り組みをさらに強化し、社会インフラの一員として、社会課題の解決に向けた物流のエコシステム創出を進める計画となっています。

2024年3月期の数値目標は、営業収益2兆円、営業利益1200億円（営業利益率6%）、ROE10%以上としています。

計画の主要な取り組みとしては、下記の図にあるように、3つの事業構造改革と3つの基盤構造改革にまとめることができます。

「YAMATO NEXT100」の概要

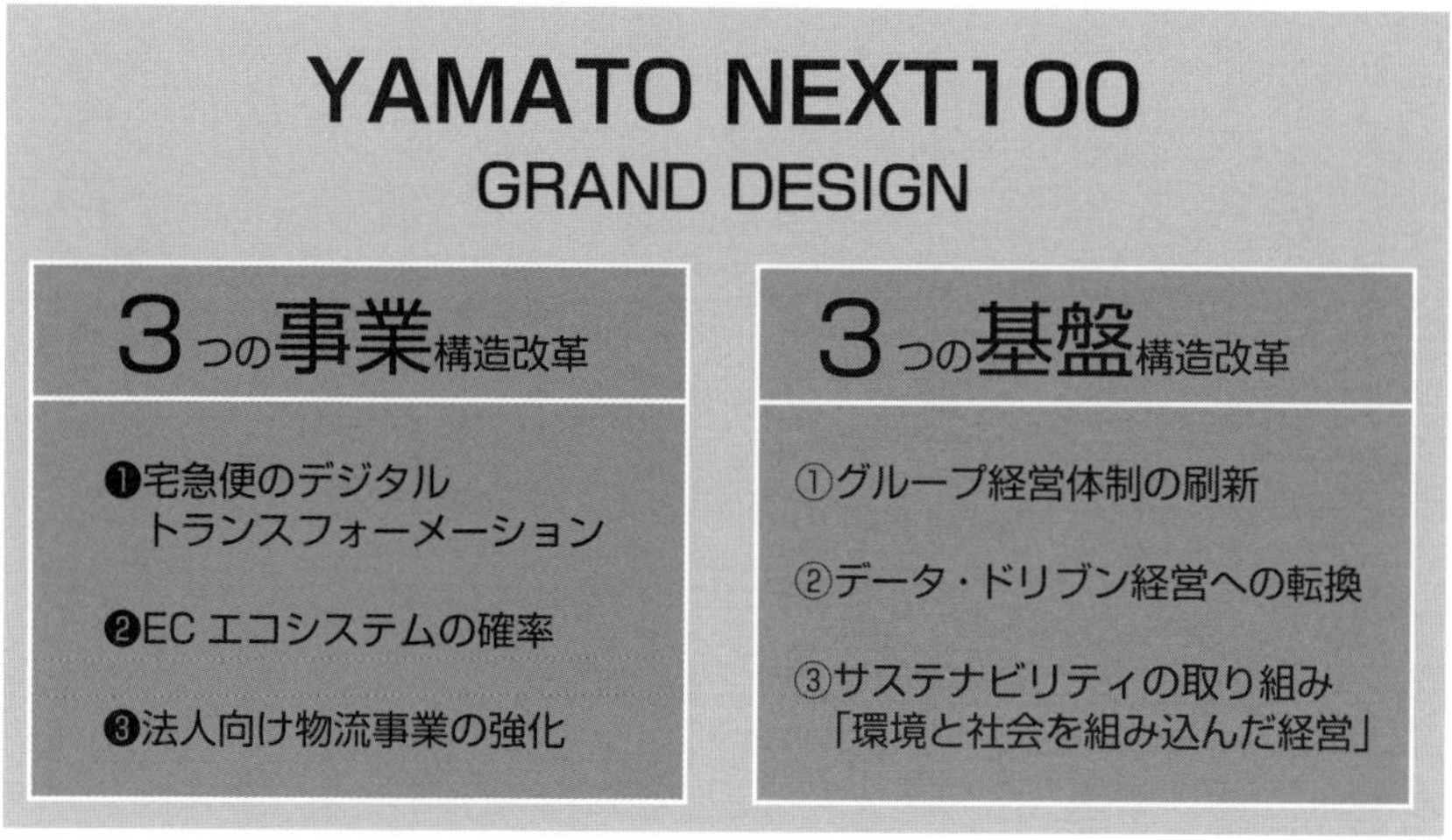

GRAND DESIGN

3つの事業構造改革	3つの基盤構造改革
❶宅急便のデジタルトランスフォーメーション	①グループ経営体制の刷新
❷EC エコシステムの確率	②データ・ドリブン経営への転換
❸法人向け物流事業の強化	③サステナビリティの取り組み「環境と社会を組み込んだ経営」

出典：ヤマトホールディングス

Term

サステナビリティ 「sustain（持続する、保つ）」と「-able（〜できる）」を組み合わせた言葉で、日本語で「持続可能性」を意味する。環境や社会、人々の健康、経済などあらゆる場面において「将来にわたって機能を失わずに続けていくことができるシステムやプロセス」を指す。

Section
5-12 SGホールディングスの経営戦略

佐川急便の創業は、1957（昭和32）年、佐川清氏が京都で、自転車を使った飛脚業を始めた頃に遡ります。その後、京都・大阪間を中心に、中小企業の小口貨物に狙いを定めて得意先を開拓していきました。1965年に、「佐川急便」を設立しています。1984年に全国縦貫路線網が完成しています。

新長期ビジョンの策定

SGホールディングス株式会社*は、2030年に向けた長期ビジョン「Grow the new Story. 新しい物流で、新しい社会を、共に育む。」とその最初の3年間となる2023年3月期から2025年3月期までの中期経営計画**SGH Story 2024**を策定しています。

同社では2016年から2024年までの9年間の長期計画の2番目のフェーズとして、**Second Stage 2021**を策定し、持続的成長に向けた経営基盤の強化に取り組んでいきました。コロナ禍によるニューノーマルへの転換をきっかけに日本のEC市場は大きく伸長し、同社グループでも取扱個数を大きく伸ばしました。

最終年度に前倒しで達成

また、業務効率化のためのDX推進や脱炭素社会の実現を目指した環境対応車の導入など、経営基盤の強化につながる投資も積極的に行った結果、9年間の長期経営目標は、「Second Stage 2021」の最終年度に前倒しで達成しています。

その結果、2023年3月期から2025年3月期まで新中期経営計画では、当初の長期計画の最終フェーズ「Third Stage」という位置付けではなく、新長期ビジョンの達成に向けた最初の3年間という位置付けにしています。

そして、新3か年計画の基本方針を、「持続可能な成長を実現する次世代の競争優位性創出」としています。

Term **SGホールディングス株式会社**　佐川急便グループの純粋持株会社として、2006（平成18）年に設立され、2015（平成27）年にはローソンとともにCVSを拠点とする宅配サービスで新会社を設立している。

■新中期経営計画「SGH Story 2024」

新中期経営計画では、大きく3つに分けて、施策を立てています。1つ目は、「総合物流ソリューションの高度化」で、脱炭素をはじめとした社会・環境課題解決に向けたサービスの推進やTMS・3PLネットワークの拡充と周辺ソリューションの高度化、国際・海外向けサービスの強化と宅配便のサービス向上と効率化による収益性向上に取り組む内容になっています。

2点目の「競争優位創出につながる経営資源の拡充」では、アライアンスを含めた国内外輸配送ネットワークの強化と人的資本への投資およびエンゲージメント*の向上、DXへの投資による競争優位の創出、そしてオープンイノベーションなどによる新たな価値の創造に取り組む計画になっています。そして、3点目の「ガバナンスの更なる高度化」では、グローバル化に対応したガバナンスの構築とコンプライアンスの継続的な高度化を掲げています。新中期経営計画における数値目標では、2025年3月期の営業利益を1兆6500億円（2022年3月期比108・5%としています。

新中期経営計画「SGH Story 2024」の基本方針

持続可能な成長を実現する次世代の競争優位性創出

重点戦略		
重点戦略	総合物流ソリューション（GOAL*）の高度化	❶ 脱炭素をはじめとした社会・環境課題解決に向けたサービスの推進
		❷ TMS・3PL ネットワークの拡充と周辺ソリューションの高度化
		❸ 国際・海外向けサービスの強化
		❹ 宅急便のサービス向上と効率化による収益性向上
	競争優位創出につながる経営資源の拡充	❺ アライアンスを含めた国内外輸配送ネットワークの強化
		❻ 人的資本への投資及びエンゲージメントの向上
		❼ DX への投資による競争優位の創出
		❽ オープンイノベーションなどによる新たな価値の創造
	ガバナンスの更なる高度化	❾ グローバル化に対応したガバナンスの構築
		❿ コンプライアンスの継続的な高度化

出典：SGH中期経営計画より

Term

エンゲージメント 「婚約」「誓約」「約束」「契約」などの意味を持つ英単語だが、企業経営におけるエンゲージメントでは、「職場（企業・団体）と従業員の関係性」や「自社と顧客との関係性」を表す際に用いられることが多い。

Section
5-13 JR貨物の経営戦略

同社は、1987年の旧国鉄分割民営化によって、貨物輸送部門を引き継ぎ、営業路線の大半をJR旅客会社各社から借り受ける形で全国展開しています。鉄道輸送は、戦後の復興期から高度経済成長期にかけて、国内貨物輸送の主役の座を占めていましたが、現在、輸送機関の分担率では4%にまで落ち込んでいます。

■モーダルシフト

鉄道貨物は、発着地でトラックとの積替えが必要だったり、専用線が少なく旅客線を借用することから運行本数が少ないなどの問題が残っています。しかし近年、環境への負荷が少ない大量輸送機関である鉄道や内航海運の活用を増やそうという**モーダルシフト***への動きもあり、鉄道貨物の巻き返しを図っています。

鉄道による貨物輸送の場合、コンテナでの輸送は、貨物列車1編成で大型トラックの50～65台分がカバーできることから、大量の貨物を一度に長距離運ぶことが可能で、CO_2排出量も少ない環境に優しい輸送機関とされています。

■コンテナが全体の6割

JR貨物の輸送は**コンテナ**と**車扱**に分けられ、2023年3月期の輸送実績合計では、コンテナが全体の約63%を占め、車扱が37%になっています。コンテナは、自動車部品や農産品・青果物、化学薬品および化学工業品、食料工業品、紙・パルプ等の輸送に使われ、車扱は、セメント・石灰石、石油などです。

輸送量は、6259万トンと対前年比1・6%の増加ですが、このうちコンテナ貨物は4416万トンで対前年比98・2%と減少しました。JR貨物の品目では、食料工業品の輸送が多く、値上げなどによる消費の減少などがあると、輸送量に反映されます。

Term
モーダルシフト　トラック等の自動車で行われている貨物輸送を環境負荷の小さい鉄道や船舶の利用へと転換すること。輸送（物流）における環境負荷の低減にはモーダルシフトや輸配送の共同化、輸送網の集約等の物流効率化が有効で、特にモーダルシフトは環境負荷の低減効果が大きいといわれる。

■長期ビジョン2030

ＪＲ貨物の長期ビジョン２０３０では、ＪＲ貨物グループが２０３０年に目指す姿として、総合物流事業の推進と不動産事業のさらなる発展を描いています。

ＪＲ貨物は全国ネットワークの貨物鉄道輸送サービスを提供する国内唯一の鉄道会社として、安全をすべての基盤とし、これまで同様、社会インフラである物流の幹線輸送を担うべく、鉄道ネットワークの強靭化を進め、確固たる事業基盤を構築することを掲げています。具体的な目標は次のとおりです。

- 新たな輸送サービスの展開（ブロックトレイン、定温貨物列車の新設）
- 貨物駅の高度利用による物流結節点機能の強化（駅ナカ物流施設（レールゲート）・積替ステーションの設置、新技術などを活用した効率性・作業性の向上）
- 幹線物流としての鉄道事業基盤の強靭化（安全性・生産性の向上、災害対応力の強化）

また、多角的な不動産開発により資産のポテンシャルを活かした不動産事業を展開するとしています。

鉄道へのモーダルシフトの概念図

出典：JR貨物ホームページより

Column

「ダブル連結トラック」と「自動運転トラック」

1台で大型トラック2台ぶんの荷物を運ぶことができる連結全長最大25mのフルトレーラ連結車、通称「ダブル連結トラック」の対象路線が拡大しています。

通常、全長21mを超える車両を走行させるには、ルートを国に申請し、特殊車両通行許可を取得する必要があります。この特車許可の基準を全長21mから緩和して、2016年度から実証実験が行われ、2018年度に本格導入になりました。そして2022年から物流業者からの要望を受ける形で、対象路線が約3年ぶりに拡充されました。

東北道では十和田ICまで、九州道では鹿児島IC、宮崎ICまで拡大したほか、北陸や四国などほとんどの高速道路が対象路線に加わり、距離が従来の2050kmから5140kmまで約2.5倍増加しています。大都市圏でも、外環道、近畿道が対象となりました。ただし、暫定2車線区間のほか、ICや一般道の構造上、走行が難しい区間は除外されています。

さらに、2024年4月以降は現在95か所のSA・PAにあるダブル連結トラックの駐車マスについても拡充する計画で、「連続4時間運転につき30分の休憩」という改善基準告示を超過する箇所を解消する計画です。

トラック業界の人手不足対策としては、このほかにトラックの「自動運転レベル4」までの実証実験が始まりました。

自動運転には、0〜5のレベルがあり、対応の主体がドライバーの場合には0〜2、システムの場合で3〜5と区分できます。レベル0は自動運転化なしで運転者が運転操作をすべて行うものです。レベル1はシステムが前後または左右の車両制御を行う「運転支援」、レベル2はシステムが前後・左右の両方の車両制御を行う「部分運転自動化」となります。

レベル3から、対応の主体がシステムとなり、3は限定された条件下において、システムがすべての運転操作を実施する「条件付運転自動化」、ただし運転自動化システムが作動中であっても、システムからの要請があればドライバーはいつでも運転に戻れる状態にあることが必要となります。レベル4は限定された条件下において、システムがすべての運転操作を実施し、それによりドライバーが運転席を離れることができる「高度運転自動化」を指します。

ちなみにレベル5は完全運転自動化で、システムがすべての運転操作を実施することになります。メーカーでは「レベル4」の大型トラックを使って、2025年度に東京と大阪間で輸送サービスを始めることを目指しているそうです。

第6章

陸上旅客輸送の現状と経営的課題

鉄道とバス、ハイヤー、タクシーなどの陸上旅客輸送は、人々の暮らしの営みと密接な関係を持っていました。鉄道の敷設やバス路線の設定と併行して、沿線開発を進め、まちづくりに貢献してきました。また、生活の足としての機能を発揮することで、人々の暮らしの下支えも行っていました。

鉄道はもともと、1度に多くの人や貨物を乗せ、比較的安いコストで、長距離輸送できるという特性があります。バスもまた、安い運賃で生活の足として機能する1方で、高速道路の整備に伴い、都市間輸送の機能も担うようになりました。

しかし近年は、コロナ禍や大規模な自然災害によって、旅客事業にも甚大な被害が出てきました。地方での路線維持も難しくなり、ローカル鉄道での路線存続はＪＲ各社と地方自治体の判断に委ねられています。

Section
6-1 明治、大正、昭和初期

鉄道の発展史①

日本で最初に鉄道が開通したのは、1872（明治5）年の新橋・横浜間で、その後、明治末期までにほぼ全国で鉄道路線が敷設されるようになりました。また、都市の交通機関では公共道路上に軌道を敷設して走る軌道業も始まり、1882年に新橋・日本橋間に東京馬車鉄道が開業しています。

■鉄道国有化法の公布

明治政府は近代国家のさらなる発展には鉄道網の整備が不可欠だとして、1892年に鉄道敷設法を公布し、全国土にわたる鉄道建設計画を策定し、日本の鉄道事業は急速に発展を遂げることになりました。

また、1900年には、**鉄道営業法**も公布され、鉄道法令や鉄道に関する諸制度の整備など、鉄道営業面での諸規則を定めました。

さらに1906年に**鉄道国有法**が公布され、全国の私設鉄道の買収による国有化が進み、同年から翌年にかけて主要私鉄17社が買収され、国内の鉄道の約9割を官設鉄道*が占めることになりました。

■大正時代の鉄道業

1914（大正3）年に勃発した第一次世界大戦で、日本の経済は飛躍的な発展を遂げ、重化学工業などの比重も増大し、陸運市場が拡大していきました。これに伴い、当時の政府では、鉄道施設のさらなる拡大を進めるために大正9年に鉄道省を設置して総合的な鉄道行政を進めることになりました。

また、電気機関車の国産化や大型蒸気機関車の生産など鉄道事業だけではなく、鉄道車両の国産化や鉄道用のトンネルの掘削技術などの開発も進められ、鉄道に関わる諸々の技術では世界に引けを取らない水準にまで達していました。

Term

官設鉄道　鉄道省は、戦前の日本で、鉄道に関する業務を管轄していた国家行政機関の一つで、1920（大正9）年5月15日に設置され、1943（昭和18）年11月1日に運輸通信省に改組された。日本国有鉄道の設立で、鉄道敷設は国鉄に移管された。

■自動車との競合

1922（大正12）年の関東大震災後、世界恐慌へと突入し、日本の経済は混乱期に陥りましたが、日本の鉄道業だけは好況を維持し、輸送量も増加していました。しかし、1928（昭和3）年頃より一転して下降を辿ることになりました。恐慌による企業の倒産と製造業を中心とする生産の縮小、関東大震災以降、自動車の普及によって、輸送量が減少してきたのです。

貨客の減少は、直接営業収入に大きな影響を及ぼし、国有鉄道の営業収入は毎年減少し、収益率も大幅に低下していきました。これに対して当時の国有鉄道は、人員整理を行うとともに、鉄道路線の改良費の大幅削減を図り、また一般自動車の進出に対抗して、国有鉄道自体で省営自動車の事業を拡充したり、運賃割引政策などを導入し、輸送量の回復に努めました。

しかし、自動車との競合が激しさを増したことで、民営鉄道もまた、自動車事業の直営化や軌道の拡張、電化の促進による高速化、事業の多角化などに取り組み、苦境の打開に取り組みました。

鉄道の歴史 ①

明治時代	
1872（明治5）年	新橋（汐留）～横浜（桜本町）に鉄道が開通。
1873（明治6）年	新橋～横浜間の鉄道貨物輸送始まる。
1881（明治14）年	日本鉄道会社創立（鍛初の私鉄）。
1889（明治22）年	東海道線、新橋～神戸間が全通する。
1891（明治24）年	日本鉄道会社、上野～青森間が全通する。
1892（明治25）年	東京市内に小包郵使開設される。
1906（明治39）年	鉄道国有法が公布される。
大正時代	
1914（大正3）年	第1次世界大戦。
1923（大正12）年	関東大震災が起こる。
1926（大正15）年	鉄道省、乱立していた小運送業者の合同を求める。
昭和時代（戦前・戦時下）	
1943（昭和18）年	鉄道省が廃止され、運輸通信省に改組される。
1945（昭和20）年	運輸省が創設される。

Section

6-2

鉄道の発展史②

戦前、戦中、戦後

昭和の時代に入り、苦境打開のために、既設線においては輸送力増強のための電化や複線化、改良工事などが活発に行われたほか、車両やダイヤなど、運行サービスの面でも創意工夫がなされるようになっていきました。民鉄においても、電化が飛躍的に進み、浅草・上野間では、日本で最初の地下鉄が開通しています。

■高速化と都市周辺部の整備

1930年には超特急「燕」が運転を開始しています。「燕」号は、停車駅を横浜、名古屋、京都および三宮などの駅に限定し、スピードアップを図ったことから、東京・神戸間を9時間、東京・大阪間を8時間20分で結び、従来の所要時間を2時間以上も短縮しています。

鉄道の高速化が経済に与える効果は大きく、新たな需要の喚起に結び付いています。また、東京や大阪などの都市周辺部では人口の増加に伴い、都市周辺部と都心部を結ぶ高速通勤輸送手段の役割が増大したため、電化・高架化により輸送力も増強されました。

■戦時下の鉄道輸送力の増強

やがて戦争が本格化すると、一転、鉄道は貨客ともにかつての輸送量を取り戻しました。船舶の不足とガソリンの消費規制によって海運と自動車の貨客が鉄道に転向してきたのです。

鉄道においては戦時下、兵隊の輸送や鉄鋼、兵器、石炭、木材などの国内輸送が増加しました。

そのため、政府は再び国有鉄道の輸送力拡充計画に着手し、特に貨物輸送の拡充を主眼に、車両の新造と線路の増設などを進めました。

さらに、国有鉄道は民営鉄道の大規模な買収も行い、国内における鉄道業の再編成にも取り組みました。

Column **地下鉄の始まり**　関東大震災の影響から資金調達が難しくなり、当初予定していた新橋～上野間5.8kmの地下鉄は断念したが、その後、1927（昭和2）年12月30日に日本で最初の地下鉄になる浅草～上野間2.2kmが開業している。

■戦後復興と鉄道経営

　敗戦により、国内の鉄道施設は、線路・車両とも荒廃し、国有鉄道では、終戦直後から鉄道の復興に追われました。しかし、資材不足から復興には時間がかかりました。さらに、戦時中に大幅に増員した職員の人員整理にも着手しなければならない事態を迎えました。

　民鉄でも国有鉄道以上に被害が大きく、また、戦時下で国に統合されていた民鉄は終戦後、巨大民鉄の存在を嫌うGHQに解体を命じられ、現在のような形に再編成を余儀なくされています。

　1948年、**日本国有鉄道法**の公布に基づき国営鉄道の運行母体を運輸省（現国土交通省）から日本国有鉄道に移し、急ピッチに鉄道路線の整備を図っていきました。1964年からは国鉄に代わって新線建設を行い、完成した鉄道施設を国鉄に貸付または譲渡することを目的に日本鉄道建設公団が設立されました。

　また、1955年に設置された都市交通審議会の答申に基づき輸送力増強を行い、地下鉄路線も整備されるようになりました。

鉄道の歴史 ②

昭和時代（戦後）	
1945（昭和 20）年	敗戦。
1946（昭和 21）年	日本国憲法公布（翌年5月3日施行）。
1949（昭和 24）年	日本国有鉄道が発足する。
1959（昭和 34）年	国鉄コンテナ輸送開始される。
1964（昭和 39）年	国鉄が初の赤字計上。
1964（昭和 39）年	東海道新幹線開業する。
1964（昭和 39）年	第 18 回オリンピックが東京で開催される。

▲SL

▲国鉄

Section

6-3 戦後復興と高度経済成長期

鉄道の発展史③

終戦後は、輸送サービスの改善が図られ、主要線区において、特急や急行列車の運行が整備されました。車両整備でも、客車の新装や老朽化した施設の更新整備、高速化に対応するためのロングレールの採用や、強度にすぐれたプレストコンクリート枕木の採用が進められました。

■構造的な赤字の再現

昭和30年代に入り、高度成長期による輸出量の増大等に支えられて、国鉄は再び黒字経営が可能になっていきました。しかし、昭和40年代に入り、再び構造的な赤字経営に落ち込むこととなりました。

この頃、民鉄でも経営難に陥る中小民鉄が増えてきて、国は補助金を実施するなど、積極的に中小民鉄の救済に努めています。しかし、モータリゼーションの進展は止むこともなく、鉄道離れが進み、かつ労働コストの急激な上昇により、それまで黒字であった国鉄は、東海道新幹線が開業したにもかかわらず、1964年から赤字に転落しました。

■貨物を中心とした利用者離れ

インフレの防止などを狙って政府が運賃の値上げを抑制したり、民業を圧迫するという理由で、国鉄が運輸業以外の他業種への参入を認めなかったこともあり、国鉄の赤字はますます増大を続け、健保や食管と並ぶ国の3大赤字の1つといわれるようになりました。

さらに、労使関係の悪化から、ストライキや順法闘争が激しさを増し、貨物を中心に利用者離れが一段と深刻化していきました。

国では、巨額債務解消のために、分割民営化の検討を開始し、それに先立って、1980年に国鉄再建法を成立させて、不採算路線の廃止に踏み切りました。

Column

3K問題　昭和40年代後半、赤字構造の食糧管理特別会計（コメ）、政府管掌健康保険（ケンポ）、日本国有鉄道（コクテツ）の頭文字をとって、「3K財政赤字」と呼ばれていた。

■赤字路線の廃止と分割民営化

1980年から3次にわたって、廃止対象となる特定地方交通線の選定が進められ、最終的に83線が選定されました。このうち45路線が廃止もしくはバスへの転換、36路線が第3セクター化、2路線が私鉄に譲渡されることになりました。その後さらに、2000年に施行された改正鉄道事業法によって、路線の廃止が簡素化され、各地で赤字路線の廃止が相次ぎました。

自治体財政の兼ね合いや市民合意の困難から、第三セクター化を断念して廃止されるケースも少なくはありませんでしたが、一方で沿線自治体が赤字を前提とした路線存続を決断し、第3セクター化するケースや第3セクターは設立せず民間事業者を公募して補助金を交付する方式で維持存続している路線もあります。

モータリゼーションの進展や沿線の過疎化、少子化、経営安定基金の減少、そして自治体の厳しい財政事情などにより3セク鉄道の経営環境はさらに厳しいものになっており、その存続が危ぶまれていますが、存続を望む沿線住民が多く存在し、支えとなっています。

鉄道の歴史 ③

昭和時代（戦後）	
1975（昭和50）年	山陽新幹線（新大阪～博多間）全通。
1980（昭和55）年	国鉄再建法成立。
1982（昭和57）年	東北新幹線（大宮～盛岡間）開業。
1982（昭和57）年	上越新幹線（大宮～新潟間）開業。
1985（昭和60）年	東北・上越新幹線（上野～大宮間）開業。
1987（昭和62）年	国鉄、JR6社・貨物1社に分割民営化される。
1988（昭和63）年	北海道と本州を結ぶ、「青函トンネル」開通。
1988（昭和63）年	本州・四国連絡橋「瀬戸大橋」開通。
1991（平成3）年	東北・上越新幹線（東京～上野間）開業。
	東北新幹線（盛岡～青森間）着工。
	九州新幹線（八代～西鹿児島間）着工。
	北陸新幹線（軽井沢～長野間）着工。

Column

私鉄に譲渡された2路線　鉄道路線としての転換では、第三セクター鉄道に転換されたのが16線、私鉄に転換されたのが弘南鉄道が引き受けた黒石線と、下北交通が引き受けた大畑線のみであった。2線ともその後廃止されている。

Section

6-4 国鉄分割民営化とその後

鉄道の発展史④

1987年、国鉄が行っていた鉄道事業のうち、旅客部門については、地域を6つに分割し、JR北海道、JR東日本、JR東海、JR西日本、JR四国、JR九州の6つの旅客鉄道株式会社が、また、貨物部門については、日本貨物鉄道株式会社（JR貨物）が発足しました。

■日本国有鉄道清算事業団の発足

さらに国鉄は、**日本国有鉄道清算事業団**を設立し、JR各社等に承継されなかった長期債務や土地、建物などの不動産やJR株式等、売却が可能な国鉄の資産を清算事業団に残すことにしました。同事業団は、承継された長期債務等の償還や債務に係る利子の支払い、これらの財源とするために必要となる土地やJR株式等の資産の処分を行うことにしました。

旧国鉄が所有していた土地は膨大な数にのぼり、全国で新しい都市再開発用地として活発に利活用されることになり、国鉄再建にあたっての貴重な原資にもなっています。

■経営安定基金と新幹線鉄道保有機構

分割・民営化では、ローカル線が多く、最初から営業損益で赤字が見込まれるなど、厳しい経営状況が想定される、JR北海道、JR四国、JR九州については、経営基盤の確立を図ることにしました。その対応として、会社発足時において長期債務を引き継がせない措置と営業損益を補填できる収益が生み出されるような経営安定基金を設けました。

また、既設新幹線については、線区ごとに大きな資本費の格差があるため、JR東日本、JR東海、JR西日本の本州3社の収益調整を行う必要性から、**新幹線鉄道保有機構**を設立し、新幹線施設について3社に貸し付ける仕組みとしました。

Term

整備新幹線　整備新幹線は、全国新幹線鉄道整備法（昭和45年）に基づき、整備計画を進めてきた北海道新幹線など5新幹線のことをいう。現在、北陸新幹線と九州新幹線長崎ルートで建設が進められている。

■改革の成果に格差が

分割・民営化から27年が経過し、本州3社（JR東日本、JR西日本、JR東海）と3島会社（JR北海道、JR四国、JR九州）、そしてJR貨物との間で毎年の決算で格差が出てきたといわれています。

各社の近年の決算を比較すると、JR東日本は大震災の影響で2011年度は減収となりましたが、翌年はその反動と新幹線の延伸効果から増収、増益となっています。JR東海やJR西日本でも、増収増益が続き、本州3社は総じて順調に推移していますが、3島会社の決算では、JR北海道とJR四国が営業利益が赤字で、経営安定基金運用益と新たな積み増しぶんの利息受取によって当期利益を黒字としています。またJR九州は営業利益を黒字としており、経営安定基金の運用益も合わせて当期利益を黒字としています。

JR貨物も、景気の動向や自然災害の影響を受けながらも、順調に推移していますが、JR北海道とJR四国、および貨物会社は株式上場の見通しはまだ立っていないのが現状です。

鉄道の歴史 ④

平成時代	
1992（平成4）年	山形新幹線（東京～福島～山形間）新在直通運転開始。
	北陸新幹線（西石動信号場～金沢間）着工。
1993（平成5）年	北陸新幹線（糸魚川～魚津間）着工。
	JR東日本株式上場。
1994（平成6）年	第1回「鉄道の日」。
1995（平成7）年	阪神・淡路大震災。
1996（平成8）年	JR西日本株式上場。
1997（平成9）年	JR東海株式上場。
1999（平成11）年	JR東日本株式第2次売却。
2001（平成13）年	「旅客鉄道株式会社および日本貨物鉄道株式会社に関する法律の一部を改正する法律」公布（JR東日本、JR東海、JR西日本純民間会社化）。

Column

札幌五輪と北海道新幹線　2030年度末開業予定の北海道新幹線札幌延伸は、建設工事の停滞から数年遅れる見通しで、さらに札幌市が冬季五輪の招致時期を34年以降に変更する方針を固めたことから、札幌開業の時期も再検討される情勢となった。

Section
6-5 民営鉄道会社の発展

鉄道の発展史⑤

国鉄が民営化された1987年まで、鉄道会社は法的にも国鉄と私鉄（または民鉄、会社線）の2つに区分されていました。国鉄は日本国有鉄道法の枠の中で経営された鉄道を指し、国鉄以外の地方鉄道法、または軌道法に基づき民間企業や公営企業が経営した鉄道・軌道のことを民営鉄道と呼んでいました。

■民営鉄道会社の区分

国鉄分割民営化以降、基本的にはすべての鉄道事業者が鉄道事業法および軌道法に管轄されていますが、JRグループは、上場したJR東日本・西日本・東海の3社を含めて「公私合同企業」、いわゆる**第三セクター**で、民鉄には含まれていませんでした。同時に、旧国鉄から経営分離された地方の第三セクター鉄道なども、一般的には私鉄に含まれるものの、**日本民営鉄道協会***には、加盟している会社と非加盟の会社に分かれて、明確な区分はありませんでした。日本民営鉄道協会には、現在72社が加盟し、大手私鉄・準大手私鉄・中小私鉄などに区分されています。

■コロナ禍明けの大手私鉄の動向

私鉄各社のコロナ禍からの回復状況を示す2022年度決算では、首都圏の大手私鉄8社と東京メトロ、関西大手私鉄の全社がコロナ後初めて経常収支が黒字になっています。コロナの影響を受けていた運輸事業やホテル事業が回復したことによります。

当期純利益額の順位では第1位が近鉄グループHDの約888億円。次いで西武HDの約568億円、阪急阪神HDの約470億円となっています。経常利益では阪急阪神HDの約884億円が最大で、次いで近鉄グループHDの約746億円。第3位が東武鉄道の約548億円、東急が約474億円、九州の西鉄が約279億円になっています。

Term

民営鉄道協会　日本の鉄道事業者および軌道経営者で構成する業界団体で、民鉄協（みんてっきょう）と呼ばれている。会員は、主に国鉄分割民営化・鉄道事業法施行前から旧地方鉄道法に基づいて鉄道事業を行っていた鉄道事業者と軌道経営者となっている。

■経営多角化の継続

前節に続き、関東の私鉄では、小田急電鉄が約407億円、東武鉄道が約292億円、東急が259億円、東京メトロのグループの最終利益が277億円、京成電鉄は269億円、京浜急行が158億円、京王電鉄が131億円、相鉄HDが69億円と、それぞれ増益になっています。

関西でも、阪急阪神HD、近鉄HDのほか、京阪HDが176億円、南海電鉄が146億円、大阪メトロも151億円の最終黒字になっています。

私鉄各社はコロナの水際対策の緩和で外国人旅行者が増え、鉄道利用と供にホテル事業も回復したものの、鉄道事業では、テレワークの普及などで定期券の利用者がまだコロナ禍の前の8割程度で、鉄道利用全体としても、感染拡大前の水準には戻らないのではないかと見ています。

そのため、各社とも経営の多角化を進め、国内外の不動産など成長が見込める分野への投資を進める方針とされています。

私鉄はこれまでも、非鉄道事業の割合が高かったのですが、ポスト・コロナでの経営環境の変化から、事業構造の見直しも迫られています。

大手私鉄16社と準大手私鉄5社の一覧

区分		
大手16社	・東武鉄道株式会社	・相模鉄道株式会社
	・西武鉄道株式会社	・名古屋鉄道株式会社
	・京成電鉄株式会社	・近畿日本鉄道株式会社
	・京王電鉄株式会社	・南海電気鉄道株式会社
	・小田急電鉄株式会社	・京阪電気鉄道株式会社
	・東京急行電鉄株式会社	・阪急電鉄株式会社
	・京浜急行電鉄株式会社	・阪神電気鉄道株式会社
	・東京地下鉄株式会社	・西日本鉄道株式会社
準大手私鉄5社	・新京成電鉄（新京成）	・山陽電気鉄道（山陽電鉄）
	・泉北高速鉄道（泉北高速）	・神戸高速鉄道（神戸高速）
	・北大阪急行電鉄（北急）	

Column

日本で最初の私鉄　日本の私鉄第一号は1882（明治15）年に開業した東京馬車鉄道で、1906年の鉄道国有化法制定以前は、幹線鉄道の一部も日本鉄道会社などの私鉄が建設し経営していましたが、同法制定によりそれらは国に買収され、国鉄の一部になっています。

Section
6-6
迫られる地域公共交通の「リ・デザイン」

コロナ禍や大規模自然災害などにより鉄道業界は利用者の大幅な減少に追い込まれました。定期券収入を中心に売り上げは大きく落ち込み、JR上場4社の2022年3月期連結決算はJR九州を除き3社が2期連続の当期赤字になりました。

■崩れた「内部補填」のビジネスモデル

コロナ禍前までのJR各社の経営は、乗客数の多い都市部などの黒字路線の収益により、ローカル線の赤字を支える、いわゆる「内部補填」によって経営が成り立っていました。しかし、その後に発生したコロナ禍や大規模自然災害の発生による鉄路の損壊などにより、赤字路線の拡大が進みました。

国土交通省の2023年版交通政策白書でも、鉄道1キロメートルあたり1日に輸送した平均人数を示す輸送密度が4000人未満の路線は、JR発足の1987年度に36%だったものが2019年度には41%に、またコロナ禍の20年度には57%に増えたと報告しています。

■地域モビリティの刷新

また、前記した乗車密度4000人未満とは、平常時でもバス転換や第三セクターへの移管を検討するレベルで、交通政策白書ではさらに鉄軌道全体で00年度から22年度までの22年間で1158キロメートルの路線が廃止されているとしています。

国では2022年に、**鉄道事業者と地域の協働による地域モビリティの刷新に関する検討会**を開き、平常時の輸送密度が1000人/日未満で、自治体と比較的連携しやすい第三セクター鉄道を除いた線区を対象に仮称・**特定線区再構築協議会（特定線区協議会）**を設け、「廃止ありき」「存続ありき」ではなく協議を進めることが適当と提言しています。

地域のモビリティ支援事例　MaaSの導入　MaaSはスマホアプリ等を活用し、1人ひとりのトリップ単位の移動ニーズに応じ、移動サービスを最適に組み合わせ、検索・予約・決済等を一括で行うサービス等のこと。国内市場規模は2030年には6兆3,635億円に達すると予測される。

■地域公共交通の「リ・デザイン」に向けた展望

令和5年版交通政策白書の第二部では、**地域公共交通の「リ・デザイン」に向けた展望**と題して、地域公共交通のネットワークの再構築に向けての取り組みと今後の展望について触れています。

鉄道・バス・ハイヤーなどあらゆる交通モードにおける地域の関係者の連携・協働、すなわち「共創」を通じ、地域公共交通ネットワークの再構築を目指そうという提言内容になっています。

国は「地域公共交通活性化法」の一部を改正する法律を成立させ、再構築協議会の制度をはじめ地方自治体と交通事業者との協定範囲の拡充や、鉄道とタクシーの協議運賃制度の創設などを定めています。

さらに、地域公共交通について、「リ・デザイン」による対症療法だけではなく体質改善を進め、高齢化などに伴う地域課題を解決する必要性もあると指摘しています。交通不便地域におけるデマンド交通や自家用有償旅客運送の改善策、公共交通をユニバーサルサービスと位置付け、安定財源の確保なども加えています。

地域公共交通の「リ・デザイン」とは

ローカル鉄道の再構築

鉄道の維持・高度化

・設備整備・不要設備撤去
・外部資源を活用した駅の活性化
・GX・DX 対応車両等への転換
・事業構造の見直し

軌道の強化（高速化）
駅舎の新改築・移設

バス等への転換

・BRT・バスへの転換
・GX・DX 対応車両等への転換

BRT・バス等への転換

3つの「共創」

官民の共創

・エリア一括運行事業
・バスの上下分離等

交通事業者間の共創

・独禁法特例法を活用した共同経営
・モードの垣根を越えたサービス等

他分野を含めた共創

・地域経営における住宅・教育・農業・医療・介護・エネルギー等との事業連携

住宅×交通
教育×交通
農業×交通
医療×交通
介護×交通
エネルギー×交通

交通 DX

自動運転

自動運転バス
遠隔監視室

MaaS・AI オンデマンド交通

交通 GX

GX 対応車両への転換

交通のコスト削減・地域の CN 化

蓄電池・充電施設

出典：国交省資料「地域公共交通部会の最終とりまとめ案」より

Section

6-7 一般乗合バス事業と高速バス事業

日本におけるバスの歴史は1903（明治36）年に京都で営業運転されたのが始まりといわれています。その後、自動車の普及とともに、大正時代には全国に路線が設置されるようになりました。しかし、鉄道同様、太平洋戦争中は燃料の供給状態の悪化などから運行が行えなくなる事態を迎えています。

■高速ツアーバス大事故の反省から

安さを武器に多くの人から支持を集めていた**高速ツアーバス**業界では、2012年4月に関越自動車道で乗客45人が死傷する大事故が発生し、問題視されました。事故の原因は、被告の運転手が多忙な勤務状態が続き、睡眠不足だったにもかかわらず、バス会社側の乗務要請に応じて、仮眠時間中も何度も携帯電話で話をするなど、十分な休息をとらなかったことと、中度の**睡眠時無呼吸症候群**（SAS）によるものと診断されています。

この事故を契機に、安さの背景にあった、安全を軽視した運行や運転手の過酷な労働環境などの問題を是正するために、**高速乗合バス制度**＊がスタートしました。

■旅行業法から道路運送法へ

また前記したSASを巡っては、2014年3月にも、富山県の北陸道で28人が死傷する事故があり、このときの運転手も、「要経過観察」と診断されていました。国交省ではバス会社に対して、新基準の順守とともに、運転手の体調管理の強化を厳しく規制しました。

さらに、「高速ツアーバス」という業態を廃止し、これまでのツアーバス事業者は乗合バス事業者に移行するか事業からの撤退を迫る新制度を設けました。

この結果、ほとんどのツアーバス事業者が撤退し、乗合バス会社に移行した事業者に対しても、運輸安全マネジメントの実施義務付け等が行われ、安全管理体制や法令遵守

Term

新しい高速乗合バス制度　国交省は、夜間運行の上限距離をそれまでの670キロから原則400キロに引き下げ、昼の運行でも上限500キロに規制されました。さらに1日の乗務時間も最長10時間とする新基準を設けている。

状況等の確認を通じ、安全運行の徹底が図られました。

■バス事業者への改善基準告示

前章で解説したトラック業界における「2024年問題」はバス、ハイヤー・タクシー等の事業者も同様で、自動車運転者についての労働時間等の労働条件の向上を図るため拘束時間の上限、休息期間について基準等が設けられています。

改善基準告示とは、**自動車運転者の労働時間等の改善のための基準**（厚生労働大臣告示）のことをいい、自動車運転者の長時間労働を防ぐことは、労働者自身の健康確保のみならず、国民の安全確保の観点からも重要であることから、基準等が設けられています。

貸切バスをはじめ乗合バス運転者、高速バス運転者を対象に、拘束時間の上限時間をはじめ、休息期間、実ハンドルの運転時間、連続運転時間、長距離貸切バスや高速バスでの二人乗務での最大拘束時間や連続運転時間などの特例についても細かく規定されています

バス事業者では、人手不足もピークに達している中で、運転手の働き方改革への対応もあり、対策に苦慮しています。

Column　バス会社のドライバー確保

ドライバーの不足などで全国的にバスの減便などが相次ぐ中、日本バス協会などの業界団体では2030年度には3万6000人のドライバーが不足するのではないかという試算をまとめています。

トラックのドライバーと同様に、バスの運転手の年間の労働時間の上限も3300時間に引き下げられるほか、退勤から次の出勤までの休息時間は、現在より長く確保することが求められます。すでに2023年度の時点で、全国では12万1000人のドライバーを必要とするのに対して、実際には11万1000人で、1万人不足しているとしています。このまま高齢化などが続き、担い手不足が深刻化すると、先の予測の通り2030年度には9万3000人まで減少し、不足する数は3万6000人まで増えるという見通しです。

女性ドライバーの採用や定年延長のほか、国土交通省では「自動車運送業」を外国人の人材を受け入れるための在留資格「特定技能」に追加することを検討しています。さらに、新制度では、それまでの旅行代理店が貸切バスを借り上げて輸送を行う募集型企画旅行商品ではなく、乗合バス（路線バス）事業者が運行する仕組みに変わったことから、適用する法律が、旅行業法ではなく道路運送法に変わりました。

Section

6-8 国内タクシー業界の動向

タクシー業界でもコロナ禍による人の移動の制限などにより、多くの企業が大幅な減収減益を記録しています。さらに、乗務員の不足や燃料費の高騰などにより、経営は厳しさを増しています。DXの推進や前章で解説した地域公共交通のリ・デザインによる事業の再構築が求められています。

■国内タクシー業界の動向

国内のタクシー業界では、2006年をピークに減収傾向にあります。また、乗務員の高齢化や長時間の労働により勤務年数が短く離職率が高いことなどを背景とした人手不足も課題になってきています。女性ドライバーの登用なども見られますが、二種免許の取得などのハードルの高さもあり、業界全体では車両数に比較して乗務員は慢性的に不足しています。

さらに経営面では、稼働率の低下により固定費が上昇、ロシアによるウクライナ侵攻を背景に燃料費が高騰しているほか、キャッシュレス決済の手数料や、コロナの感染防止費用の負担など変動費も高騰し、利益の減少につながっています。

■新しいサービスの展開

コロナが小康状態となり、国内観光客の増加やインバウンドの回復などもあり徐々に稼働率は回復してきたものの、まだコロナ禍前の水準には戻っていません。また、値上げによる客離れもコロナ禍前から変わらず、その対応にも苦慮しています。

観光とビジネス客が主力のタクシー業界ですが、最近は高齢者向けに通院での同伴サービスや買い物代行、お墓参り代行、フードデリバリーなど、新しいサービスを提供し、高齢者の利用者の拡大を図るなどの取り組みも活発に行われています。しかし、いずれにしても観光需要、ビジネス需要の回復に期待を寄せているのが現状です。

Column

タクシー「相乗り」 定義は、「配車アプリ等を通じて、目的地の近い旅客同士を運送開始前にマッチングし、タクシーに相乗りさせて運送するサービス」ということで、「運送開始後に不特定の旅客が乗車できるバスとは異なる」としている。

■タクシー業界のDX

タクシー業界においても問題解決にあたってはDXを加速させる必要性が出てきています。

具体的にタクシー業界がDXとして使える新しいテクノロジーには、「配車アプリ」「配車システムのクラウドサービス」「自動運転技術」の3つが考えられ、実装にあたっての社会実験なども行われています。

実例としては、配車アプリを利用した「変動運賃制」の実証実験や、同じく配車アプリを通した「相乗り*」が解禁されています。相乗りについては、乗客にとっては運賃を安価に抑えられることから、今後新たなタクシー需要として期待されています。

さらに、アプリを活用しての新たなサービスの付加、需要予測や効率配車、人手不足解消などにも役立つ車載タブレットの活用も進んでいます。

また、AIと連動可能なGPSを使って運賃を計測する**ソフトメーター***の開発も行っています。まもなく、「自動運転技術」にも取り組むなど、タクシー業界のDX展開が期待されています。

ライドシェアの仕組み

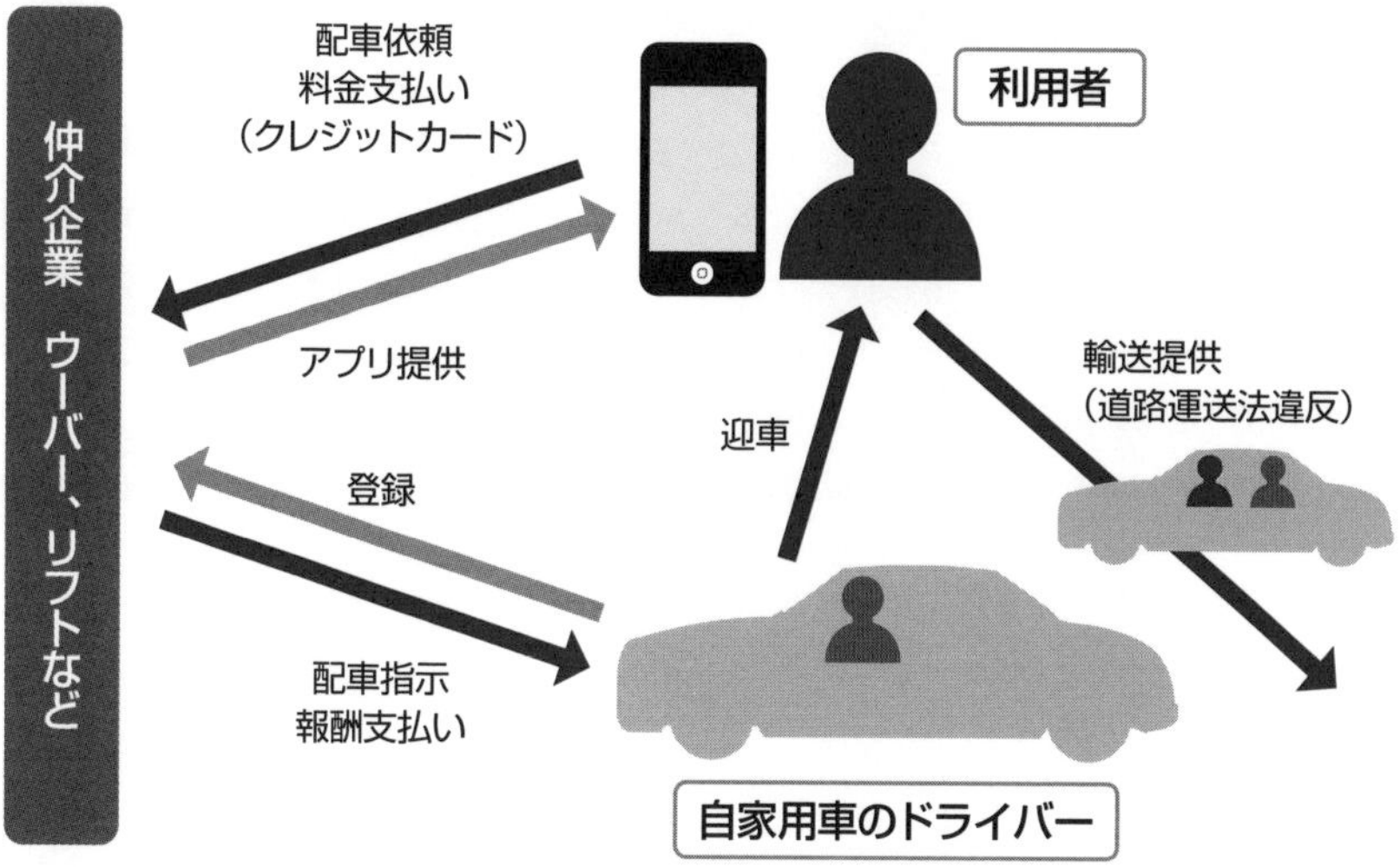

出典：自公総連のホームページより

Point

ソフトメーター　ソフトメーターとは、これまでのタイヤの回転数ではなく、GPS情報を基に走行距離を計測し、運賃を算出するメーターで、新しいサービスに活用されている。

75年ぶり開業の路面電車「宇都宮芳賀（はが）ライトレール線」

国内の路面電車としては、1948（昭和23）年以来75年ぶりとなる「芳賀・宇都宮LRT」が2023年8月26日に開業しました。路面電車がなかった街に、次世代型路面電車（LRT）が新設されて開業するのは、国内では初めてとなります。

国内の路面電車は昭和40年代の急速なモータリゼーションの進展によって、バスや地下鉄への転換が進んできました。現在、全国21都市の20事業者が路面延長約206キロメートルで営業しています。

LRTは、Light Rail Transitの略で、低床式車両（LRV）の活用や軌道・電停の改良による乗降の容易性、定時性、速達性、快適性などの面で優れた特徴を有する軌道系交通システムです。道路交通を補完し、人と環境にやさしい公共交通として再評価されています。

都市内の自動車交通がLRTに転換されることにより、道路交通が円滑化されるとともに低床式車両や電停のバリアフリー化により、乗降時の段差が解消されるなど誰もが利用しやすい交通機関として全国の都市に提案されていました。

しかし、なかなかLRTの導入が進まなかったのは、LRTそのものへの投資規模が大きく、事業費に見合う価値があるのか判断が難しいこと、あるいはLRTを活かした街づくり案に対する地元住民の同意が得られなかったことにあるといわれてきました。

宇都宮市においても、何度か「計画が頓挫した」と報じられるほど、難行してきました。それでも、宇都宮LRTが実現にこぎつけたのは、計画を継続する中で、工業団地への通勤需要や市東部の慢性的な渋滞の解消、そして高齢化への対応があったからだといわれています。

車の運転ができなくなった高齢者や障害のある人、免許のない学生などに向けて、乗り継いでいけばどこまでも自分の意志で自由に移動できる、ネットワーク型コンパクトシティが実現されることへの期待感が市民の同意につながりました。地域公共交通ネットワークのリモデルとしても期待されています。

第7章

海運・航空業界の現状と経営的課題

海洋国日本は古くから海運が栄えてきました。海運は、輸送に時間がかかるものの、陸運や空運と比べて大量の貨物を輸送できるため、ローコストが強みとなっています。石油や鉄鉱石などの資源をはじめ、自動車や重電機など、世界貿易の９割以上を海運が担っているといわれています。

空運は旅客輸送が中心になるものの、貨物輸送では、小さく軽く貴重なものを迅速に運ぶことを強みに、国際貨物輸送での分担率を高めてきています。

Section
7-1 国内輸送の中核的な存在(内航海運)

国内輸送機関別輸送量に占める内航海運のシェアは、輸送量では7・4%ですが、輸送活動量では39・8%に及んでいます。これは、内航海運が長距離・大量輸送に適した輸送機関であることを示しています。令和2年度の平均輸送距離でみると503キロメートルで、自動車の9倍となっています。

産業基礎物資の約9割の輸送

2020(令和2)年度の内航貨物輸送量を主要品目別にみると、石油製品、石灰石等、鉄鋼等、セメント、砂利・砂・石材、化学薬品・肥料、石炭、製造工業品、自動車等の産業基礎物資9品目で輸送トンキロでは89・7%、輸送トン数では89・9%を占めています。

貨物船での輸送が2億6029万トンで全体の65%を占め、油送船は1億3948万トンです。船舶の数は2016年3月31日現在、5302隻で、356万6347総トンです。船種別では、自動車専用船やセメント専用船など7種類に分類され、その他貨物船の割合が最も高く、隻数全体の66%を占め、総トン数比では49%です。

大型化が進む内航船舶

内航船舶は2022(令和4)年3月31日現在5136隻、395万7707総トンとなっています。船種別ではその他貨物船が隻数比67%、総トン数比55%を占めており、また油送船は隻数比18%、総トン数比24%となっています。

内航船舶の船型別構成を登録船(100総トン以上)でみると、隻数比で499総トン以下が77・7%、1000総トン以上が10・5%です。また船型の大型化が年々進み、内航船舶全体の平均総トン数は、10年前に比べ11・8%の大型化がみられます。内航船舶を船齢別にみると14年以上の老齢船は隻数比71・4%、総トン数比24・7%を占めています。

Term **自動運航船** 国土交通省では、「陸上からの操船やAI等による行動提案で、最終的な意思決定者である船員をサポートする船舶」を「フェーズII自動運航船」と類型化し、2025年までの実用化の目標を示し、自動操船、遠隔操船および自動離着桟などの技術の実証事業を実施している。

内航海運事業者数の推移

2005年4月より、事業者がそれまでの許可制から登録制へと規制緩和されたことにより、許可事業者は**登録事業者**となりました。同時に内航運送業および内航船舶貸渡業の事業区分も廃止されました。

登録事業者とは、「総トン数が100トン以上または長さ30m以上の船舶による内航運送をする事業または内航運送の用に供される船舶の貸渡しをする事業を営む者」と定義され、**届出事業者**とは、その基準以下の船舶による事業者と定義されています。

2022年3月31日現在の内航海運事業者数は、3309になっていますが、このうち休止等事業者があるため、実営業事業者数は2822になっています。

このうち登録事業者数は、運送事業者が613、貸渡事業者が1181の計1794。届出事業者では、運送事業者が865、貸渡事業者が163の計1028となっています。また企業規模では資本金3億円未満および個人の事業者が全体の約94%を占め、とりわけ5000万円未満の法人が84%を占めています。

内航貨物輸送量の推移

年度	輸送トン数（千トン）	対前年度比（%）	輸送トンキロ（億トンキロ）	対前年度比（%）
2009	332,175	87.7	1,673	89.1
2010	366,734	110.4	1,799	107.5
2011	360,983	98.4	1,749	97.2
2012	365,992	97.2	1,778	117.6
2013	378,334	100.4	1,849	122.3
2014	369,304	98.1	1,831	121.1
2015	365,486	97.0	1,804	119.3
2016	364,485	99.7	1,804	100.0
2017	360,127	98.8	1,809	100.3
2018	354,445	98.4	1,790	99.0
2019	341,450	96.3	1,697	94.7
2020	306,076	89.6	1,538	90.7

出典：国土交通省「内航船舶輸送統計年報」

Term

電気推進　船舶における電気推進では、電動機によって何らかの推進器を駆動して運行を行う方式がある。推進器としては、単にスクリュープロペラを回す方式だけでなく、ウォータージェット推進器を駆動する方式なども含まれている。

Section

7-2 国際貨物輸送と外航海運

資源に乏しい日本では食料やエネルギー、工業原料などを輸入し、先進の技術でつくり出した工業製品などを輸出して外貨を獲得し、経済大国を作り上げてきました。その国際貨物輸送で非常に大きなウェイトを占めてきたのが、外航海運です。

■世界の外航海運の現状

日本の輸出入のほぼ100%を海上輸送が担っています。日本の輸出入貨物の約6割を日本商船隊が輸送していますが、この割合は**積取比率**＊と呼ばれています。

外航海運は、世界経済の動向に左右され、特に米国や中国などの国内景気や原油価格の動向と燃料油価格の低下なども関係してきます。事業環境とともに運賃市況の影響もあり、全般的にはまだ厳しい事業環境にあるといわれています。世界経済はリーマン・ショック後の長い景気低迷期から脱して、緩やかに景気が回復したものの、まだ多くの変動要因を抱えています。

■日本商船隊

海運は、**オペレーター**（**船舶運航事業**）と**オーナー**（**船舶貸渡業**）に大別されます。オペレーターは自社所有船とオーナーから借りる船舶を運航して、貨物・人を運送する事業者で、対価は運賃となり、日本の場合、ほとんどがオーナーも兼業しています。

一方のオーナーは、自社所有船に船員を配乗してオペレーターに貸し出し、また船舶の保守・整備も行い、対価は用船料になります。**日本商船隊**とは、日本のオペレーターが運航する2000総トン以上の外航船舶を指しますが、現在、2283隻あるうち、パナマ籍など外国籍が約88%で日本籍は12%になっています。

Term

積取比率　一国の自国籍船ならびにこれに外国用船を加えた自国商船隊の自国貿易貨物に対する輸送割合を示す数値で、一国の貿易貨物の輸送における外国船への依存度を表す数値でもある。 自国籍船の積取比率が低くなるほど、輸入資源の安定輸送の確保や輸出貿易促進の面で不安が高まる。

■海運大手3社の現況

日本の主要な外航海運企業は、**邦船3社**と呼ばれる**日本郵船**、**商船三井**、**川崎汽船**の3社が挙げられます。1964年の**海運集約***によって中核6社に集約がなされた後、1980年代から90年代にかけてさらに合併・統合が進み、現在の形になりました。

邦船3社はコンテナ船を用いた定期船業のほか、タンカーやばら積み船、自動車専用船での不定期船業なども行う総合型の経営を行い、船隊規模では3社がいずれも世界トップクラスに入っています。

3社の2023年3月期の決算では、最終的なもうけを示す純利益が3社いずれも過去最高を更新しました。コロナ禍でコンテナ運賃が高騰しコンテナ・バブルと呼ばれる状況を受けて、2年続けて記録的な好業績となっています。日本郵船の当期利益は、前年比0.3%増の1兆125億円で、海運業界では初めて1兆円を超えました。商船三井は同12.3%増の7960億円、川崎汽船は同8.2%増の6949億円になっています。

しかし、24年3月期については3社とも前記したコンテナ・バブルの終焉から大幅な減収が予測されています。

国内海運大手3社の現況

2023年3月期連結業績比較（億円、%）

社名	売上高	前年比	経常利益	前年比	当期利益	前年比
日本郵船	26,160	14.7	11,097	10.6	10,125	0.3
商船三井	16,119	27.0	8,115	12.4	7,960	12.3
川崎汽船	9,426	24.5	6,908	5.1	6,949	8.2

2024年3月期連結業績比較（億円、%）

社名	売上高	前年比	経常利益	前年比	当期利益	前年比
日本郵船	23,000	▲12.1	2,000	▲82.0	2,000	▲80.2
商船三井	14,900	▲7.6	2,000	▲75.4	2,100	▲73.6
川崎汽船	8,700	▲7.7	1,300	▲81.2	1,200	▲82.7

※前月比は増減率

各社決算資料より

Point

海運集約　戦後の海運政策として、1962年に支配船腹量100万トン基準の企業グループへの海運集約案を発表し、日本郵船、大阪商船三井船舶、川崎汽船、山下新日本汽船、ジャパンライン、昭和海運を中核とする6グループに集約されている。

Section
7-3 日本郵船の経営戦略

江戸末期、土佐藩の貿易に従事した岩崎弥太郎は、その後、長崎の土佐商会を経て、大坂に移り、1869（明治2）年に九十九（つくも）商会*と名付け、1873（明治6）年に、土佐藩の負債を肩代わりする条件で船2隻を入手し「三菱商会」と名称を変えて海運業を始めました。

三菱グループの発祥会社として

三菱商会はその後、「郵便汽船三菱会社」と会社化し、1885（明治18）年には、同業の「共同運輸」と合併して「日本郵船」を設立しました。

1893年には株式会社となり、同年には日本初の遠洋定期航路としてボンベイ（現、ムンバイ、インド）航路を開設しています。大正に入り、近海・内航部門を分離し、戦時下においては海運管理令で国の管理下に入るものの、戦後は東京、大阪、名古屋の証券取引所へ上場し、独立民間会社として、順次航路を復活し、業容拡大を続けてきました。1960年には、**氷川丸***の解役を機に客船事業から撤退しています。

総合物流会社として

日本郵船の近年の決算では、連結売上に占める「海運」の割合が約65％と、他の海運大手に比べてウェイトが小さくなっています。

グループ全体として、総合物流会社への発展を目指し、大きく8つのセグメントで、事業戦略を構築しています。海運では、生活必需品中心にさまざまな荷物を運ぶコンテナ輸送中心の**定期船事業**と鉄鉱石や石炭など乾貨物をばら積みするドライバルク輸送や自動車輸送、原油やLPG（液化石油ガス）、LNG（液化天然ガス）などエネルギー輸送を担う**不定期専用船事業**、その他として**客船事業**を行っています。

Term
九十九商会　三菱創業期の名称で、1870（明治3）年に上京した岩崎弥太郎は土佐藩の財政難を救うため、私商社土佐開成商社を創始した。後日改めて九十九商会として、通商司から廻漕（かいそう）業の仮免許を受け、藩船三隻を用い、東京一大阪、神戸一高知間の海運を開始している。

4カ年の新たな中期経営計画の策定

日本郵船グループでは、2023年度から開始する4年間の新たな中期経営計画"Sail Green, Drive Transformations 2026 - A Passion for Planetary Wellbeing -"を策定しています。

長期の事業環境予測を踏まえ、2030年に向けた新たなビジョン「総合物流企業の枠を超え、中核事業の深化と新規事業の成長で、未来に必要な価値を共創します」を掲げています。このビジョンの実現を目的とする2026年度までの4年間の行動計画としてこの中期経営計画を位置付け、ESGを中核に据えた成長戦略を推進するとしています。

経営戦略としては、各事業における機会とリスクを踏まえた事業戦略の方向性（両利きの経営：AX、および事業変革：BX）を定めるとともに、人的資本の更なる充実・グループ経営の変革・ガバナンスの強化（CX）、デジタル基盤の整備推進(DX)等のコーポレート基盤の強化に加え、脱炭素に向けた取組みの加速（EX）を推進する計画です。

財務戦略としては、26年度までに1・2兆円規模の事業投資を実施する計画です。

2030年に向けた新たなビジョンを策定

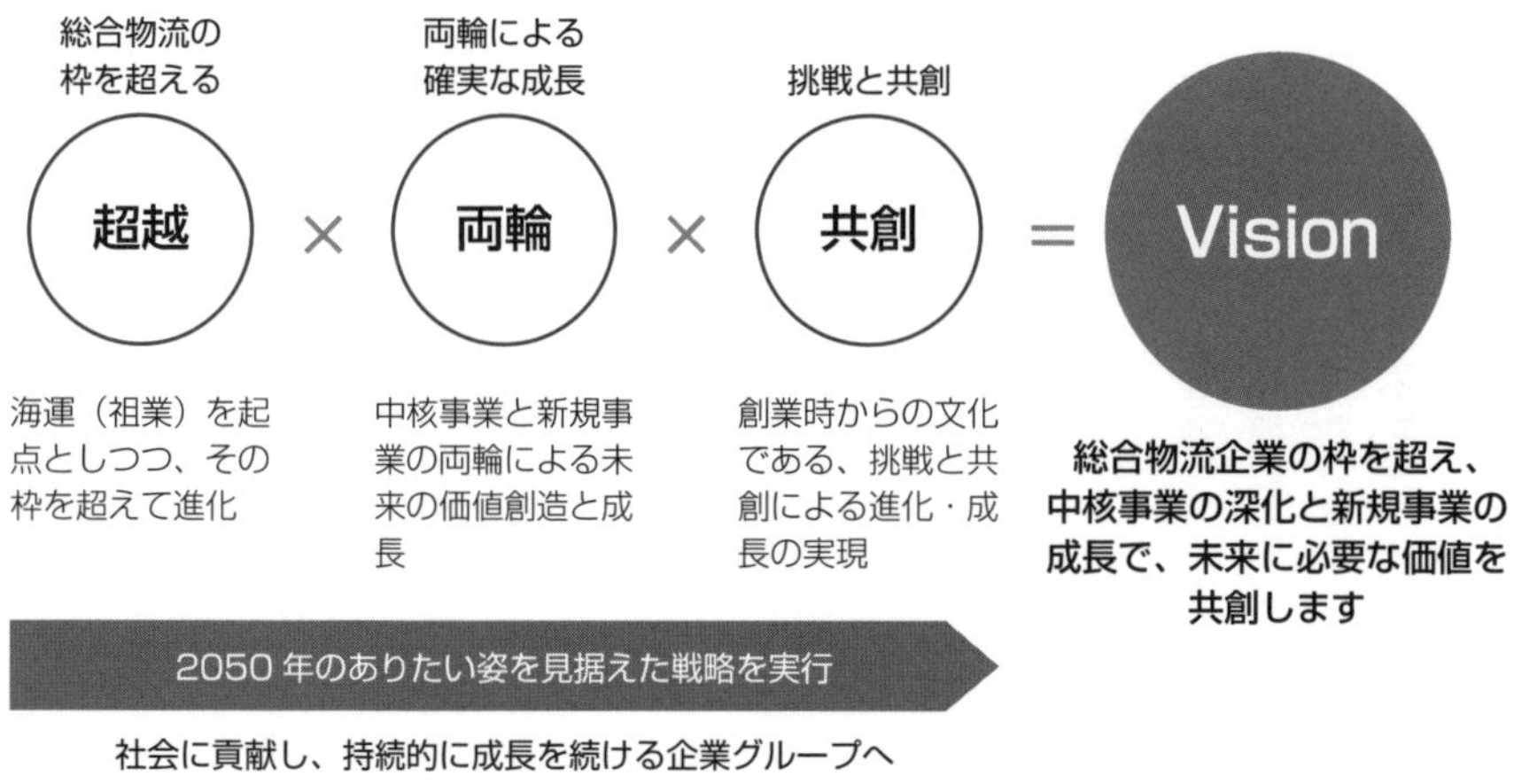
総合物流の枠を超える
超越
海運（祖業）を起点としつつ、その枠を超えて進化
両輪による確実な成長
両輪
中核事業と新規事業の両輪による未来の価値創造と成長
挑戦と共創
共創
創業時からの文化である、挑戦と共創による進化・成長の実現
Vision
総合物流企業の枠を超え、中核事業の深化と新規事業の成長で、未来に必要な価値を共創します
2050年のありたい姿を見据えた戦略を実行
社会に貢献し、持続的に成長を続ける企業グループへ

Column

氷川丸　横浜を象徴するものの1つで、戦前の日本製としては、現存する唯一の貨客船。1961年から山下公園で係留保存され博物館船となっている。その後改装を経て、2008年に「日本郵船氷川丸」としてリニューアルオープンし、2016年には国の重要文化財にも指定されている。

Section

7-4 商船三井の経営戦略

創業は1878(明治11)年と古く、三井物産による三井炭鉱からの石炭輸送で、鉄製蒸気船「秀吉丸*」による口之津―上海間の輸送を開始しています。1884年に瀬戸内航路を主として運航する60余りの船問屋を統合して、「大阪商船」が設立され、大阪・別府温泉間などの航路に就航しています。

■大阪商船三井船舶

1942(昭和17)年に、三井物産の船舶部門が分社化して「三井船舶」が設立され、1964(昭和39)年に「三井船舶」と大型船の新造や遠洋航路の拡充を進めてきた「大阪商船」が、政府の進める「海運集約」の一環として合併し、「大阪商船三井船舶」が誕生しています。

前年に、海運の再整備を促す「**海運2法***」の設立により、翌年の64年には、「大阪商船三井船舶」のほか、旧日本郵船と三菱海運が合併し日本郵船が設立され、旧川崎汽船と飯野汽船が合併し川崎汽船が設立されるなど、業界は6つのグループに集約されました。

■世界の海運会社との提携

国内の海運業界の再編はその後も続き、1989年にジャパンラインと山下新日本汽船が合併し、「ナビックスライン」が発足しています。

また、世界の海運会社でも合併や提携などが活発に行われ、大阪商船三井船舶は、1994年に米欧亜の大手海運3社と「ザ・グローバル・アライアンス」(**TGA**)を締結しました。この提携がきっかけとなって、他のアライアンスも進展し、船舶や港湾施設の共同利用によって、加盟各社の大幅なコスト削減につながっています。そして、大阪商船三井船舶は99年に、ナビックスラインと合併して、現在の社名になっています。

Term

秀吉丸　1878(明治11)年に商船三井が導入した「秀吉丸」は、当時としては画期的な鉄製の蒸気船で、1回につき石炭750トン程度の輸送能力を持ち、三池炭の海外輸送(口之津～上海間)に使われていた。

■BLUE ACTION 2035

同社では、2023年度から始まる新しい経営計画として「BLUE ACTION 2035」を策定しました。

同社によれば、2017年度より、毎年戦略をレビューするローリング形式の経営計画を採用し、近年は財務体質が大きく改善したことを踏まえ、新たなステージで長期的な戦略に基づく取り組みを開始するとして2021年4月に見直したグループビジョンを「2035年度のありたい姿」と位置づけ、その実現に向けた13年間の経営計画を策定しています。

「BLUE ACTION 2035」では、急速に変化する外部環境と創業以来培ってきた商船三井グループの強みを踏まえて、計画実現のために、海運不況時でも黒字を維持できる事業ポートフォリオへの変革に取り組み、海運市況耐性の高い安定収益型事業のアセット比率を6割に高めることを目指すとしています。また、ポートフォリオ戦略、地域戦略、環境戦略の3つの主要戦略に加えて、サステナビリティ課題への取り組みとして、「安全への取組の革新」「グループ・グローバル一元化での人財計画の推進」、さらに、「DXビジョンの策定」、「ガバナンス全般の高度化」を掲げています。

商船三井中期経営計画より

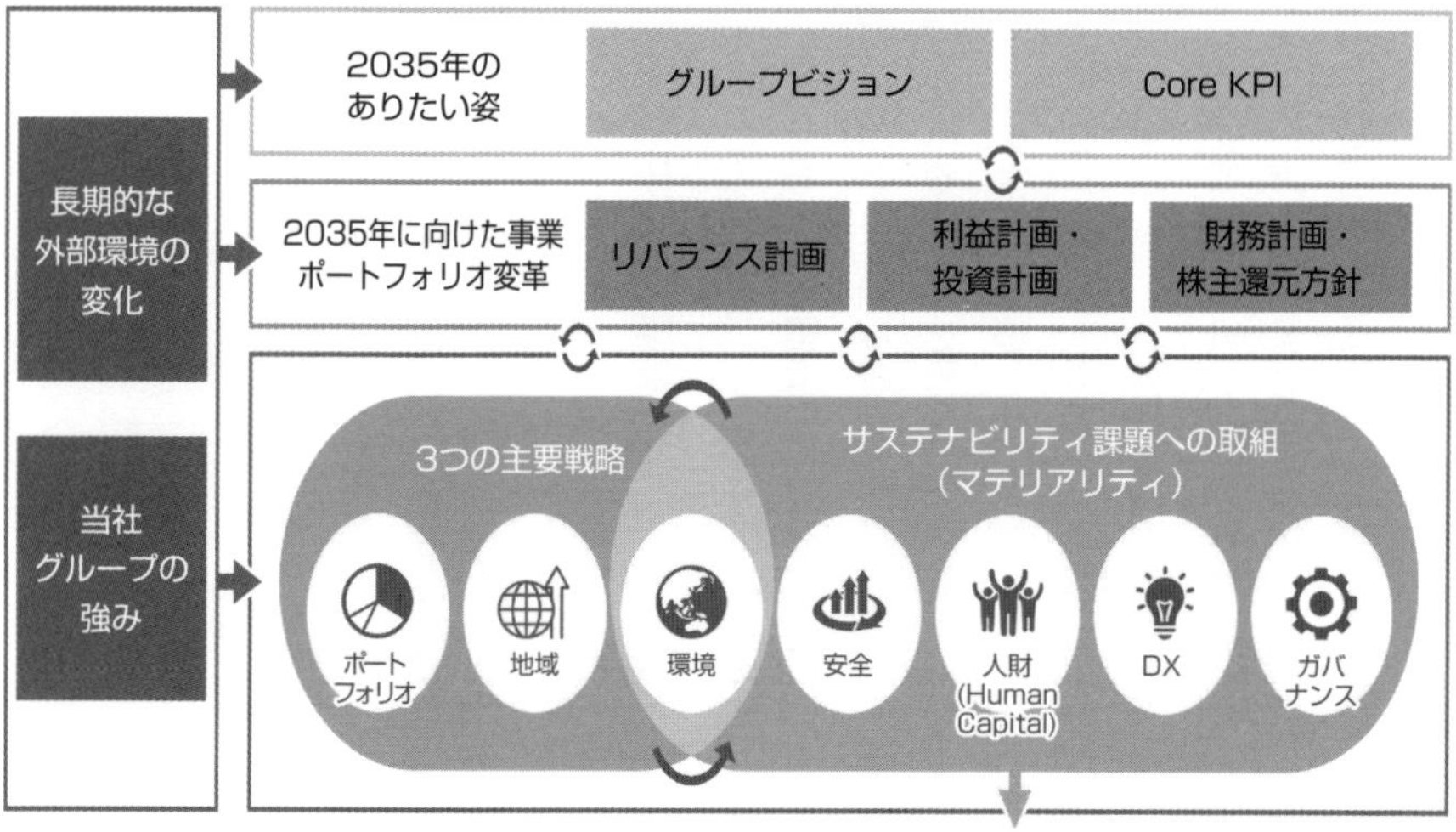

より具体的な行動計画MOL Sustainability Plan（MSP）

三井商船広報資料より

海運2法　1963（昭和38）年6月、海運業再建のために立法化した、「海運業の再建整備に関する臨時措置法」と「外航船舶建造融資利子補給及び損失補償法及び日本開発銀行に関する外航船舶建造融資利子補給臨時措置法（開銀利子補給法）の一部を改正する法律」という2つの法案を成立させている。

Section

7-5 川崎汽船の経営戦略

業界第3位の川崎汽船は、1919（大正8）年、「川崎造船所」から、当時標準的な貨物船だったストックボート1隻の現物出資を受けて設立されました。第一次世界大戦終了後、世界で船舶が過剰になることが予測されたため、当時の社長が、新造船を海外に売却するより国内に温存することを考えました。

川崎汽船は、郵船・商船に対抗できる大規模な海運会社を新設し、船舶を運航する事業を興すことが国益につながると考えた当事の社長のもと、経営が始まりました。

太平洋戦争の開戦前まで36隻を保有していましたが、米軍からの爆撃などから、終戦時は3分の1にまで減船してしまいました。

1948年、戦災で沈没したニューヨーク定期船「聖川丸」を引き揚げ、船隊の再建に着手し、その後急速に主要定期航路を再開させました。戦時中に国家管理されていた会社も1950（昭和25）年、民営還元されて、独立しています。

グローバル化の推進

1964年、「海運集約」によって、「飯野汽船」を吸収合併し、その後も定期航路を積極的に拡大しながら、コンテナ船や自動車兼ばら積み専用船など各種船舶の建造と自動車専用船隊の整備などを続けてきました。75年には、欧州航路のコンテナ化に対応して、共同配船のため外国船社5社と「ACEグループ」を結成し、89年には同グループを再編し、外国船2社との共同運航体制に移行しました。さらに、海運のグローバル化に対応するため、2001年に陽明海運（台湾）、COSCO（中国）、韓進海運（韓国）との間で「CKYHアライアンス」を結んでいます。

Term

ドライバルク船　鉄鉱石、石炭、穀物、塩、アルミ塊、銅鉱石などさまざまな資源を、梱包せずに大量にそのまま輸送する「ばら積み船」。大量・ばら積み貨物＝バルク、乾貨物＝ドライカーゴといった言葉から、呼ばれるようになった。

■成長分野への重点投資

最近の決算では、連結売上高の9割超が「海運」事業によるものであり、またそのほとんどが海外ぶんで、地域別にはアジアが20%台、北米、欧州、中南米、オセアニアが10%台、その他が約6%となっています。残りが「物流・港運」と不動産などのその他事業で、この構成に変化はありません。また、「海運」の内訳でも、コンテナ船事業と不定期専用船事業がほぼ同じ割合で推移しています。同社はドライバルク船*とLNG船*では世界最大規模を誇り、日本では最大級となる7500台積み自動車専用船8隻の建造に取り組むなど積極的な展開が行われています。さらに、油送船でも世界でトップクラスの規模になっています。

また、同社グループでは、中期経営計画に基づいた企業理念やビジョンの実現、さらに持続的成長や企業価値向上を果たしつつ、社会課題の解決にも貢献するために取り組むべき重要課題として、マテリアリティを位置づけています。2022年度に特定された12項目は、同社が中期経営計画で掲げる機能戦略の4本柱である「安全・品質」「環境・技術」「デジタライゼーション推進」「人材」と、それらの土台としての「経営基盤」の5分野に分類して整理されています。

川崎汽船の理念

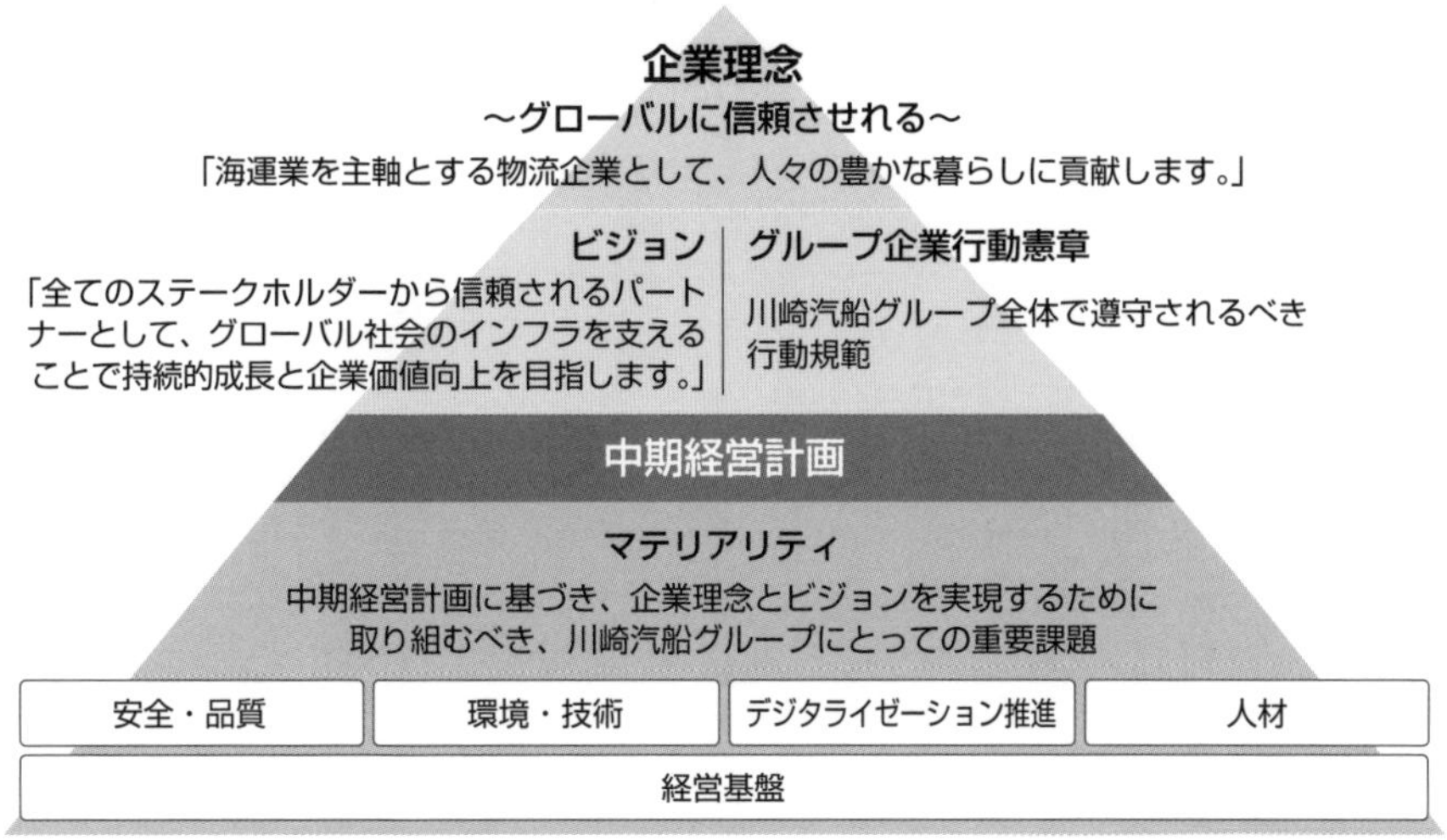
企業理念
～グローバルに信頼させれる～
「海運業を主軸とする物流企業として、人々の豊かな暮らしに貢献します。」
ビジョン
「全てのステークホルダーから信頼されるパートナーとして、グローバル社会のインフラを支えることで持続的成長と企業価値向上を目指します。」
グループ企業行動憲章
川崎汽船グループ全体で遵守されるべき行動規範
中期経営計画
マテリアリティ
中期経営計画に基づき、企業理念とビジョンを実現するために取り組むべき、川崎汽船グループにとっての重要課題
安全・品質
環境・技術
デジタライゼーション推進
人材
経営基盤

川崎汽船中期経営計画より

LNG船　液化天然ガス（LNG）を輸送する船のことで、大型の低温断熱タンクを船体内に複数備えており、内部には極低温のLNGが充填されている。

Section
7-6 国内航空輸送の歴史

日本の国内航空輸送は、1955年頃から始まった高度経済成長期に飛躍的に拡大しました。その後、オイル・ショックなどを経て、好不況を繰り返してきました。1987年に初めて旅客輸送量が5000万人を超え、ローカル線の需要も増大し、本格的な航空時代を築き上げてきました。

■国際情勢の変動

国際線の旅客数も1989年に1000万人を超えて、国内線も1996年には8000万人を超え、堅調に成長を続けてきました。しかし、2000年代に入り、2001年の同時多発テロを皮切りに、2003年のイラク戦争とSARS、2008年の国際金融危機など数々の大事件や災害が発生し、その都度旅客輸送量に変動を与えてきました。

さらに原油価格の高騰によって、航空各社は2001年に航空貨物を対象にした**燃油サーチャージ***を導入し、2005年からは旅客に対しても燃油サーチャージの徴収を開始しています。

■航空会社の経営危機

航空会社の経営においても、日本航空の経営破綻やデルタ航空とノースウェスト航空の合併など、大きな変化がありました。2010年、日本の航空業界のリーディングカンパニーだった**JAL（日本航空）**が会社更生法の適用を申請し、経営破綻に陥りました。負債総額が2兆3221億円で、事業会社としては戦後最大の規模となりました。その後、京セラ創業者の稲盛和夫氏を会長に迎え、不採算路線の削減や大型航空機の売却、グループ全体でリストラを実行し、その結果、2011年3月期の決算で過去最高の黒字を達成し、翌年再上場を果たしました。

Term

燃油サーチャージ　燃料とする石油（ケロシン、軽油、重油など）の価格に追随し、運賃とは別建てで徴収される料金のこと。

首都圏空港の容量拡大とLLCの登場

2010年から**羽田空港**では、アジアをはじめとする訪日外国人旅行客の増加や国際線の利用増を見込み、新国際旅客ターミナルをオープンしました。さらに、14年度からは、早朝・深夜の離発着が可能となり、発着枠も9万回に拡大しました。

成田空港においても、2010年に平行滑走路が2500m化され、大型機の発着が可能になるとともに、順次発着枠を拡大しました。

また、航空自由化協定*の実施に伴い、2012年には、日本初の**格安航空会社（LCC）ピーチ・アビエーション**が誕生し、成田空港、関西国際空港では、LCC専用ターミナルもオープンしました。同じ年に、**ジェットスター・ジャパン**と**エアアジア・ジャパン**も運航を開始したことから、2012年は日本の**LCC元年**と称されました。

10年後の現在、国内ではピーチ、ジェットスター、春秋航空日本、ジップエアの4社により、国内線53路線、国際線14路線が運航しています。

LCC旅客数の推移

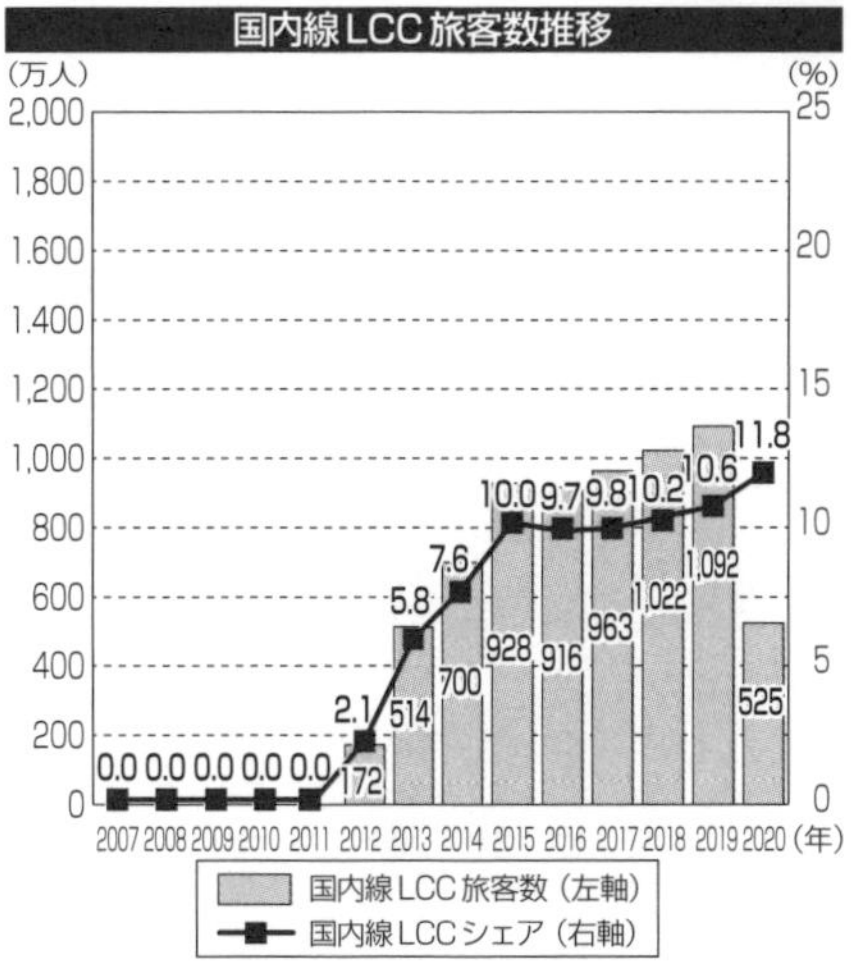

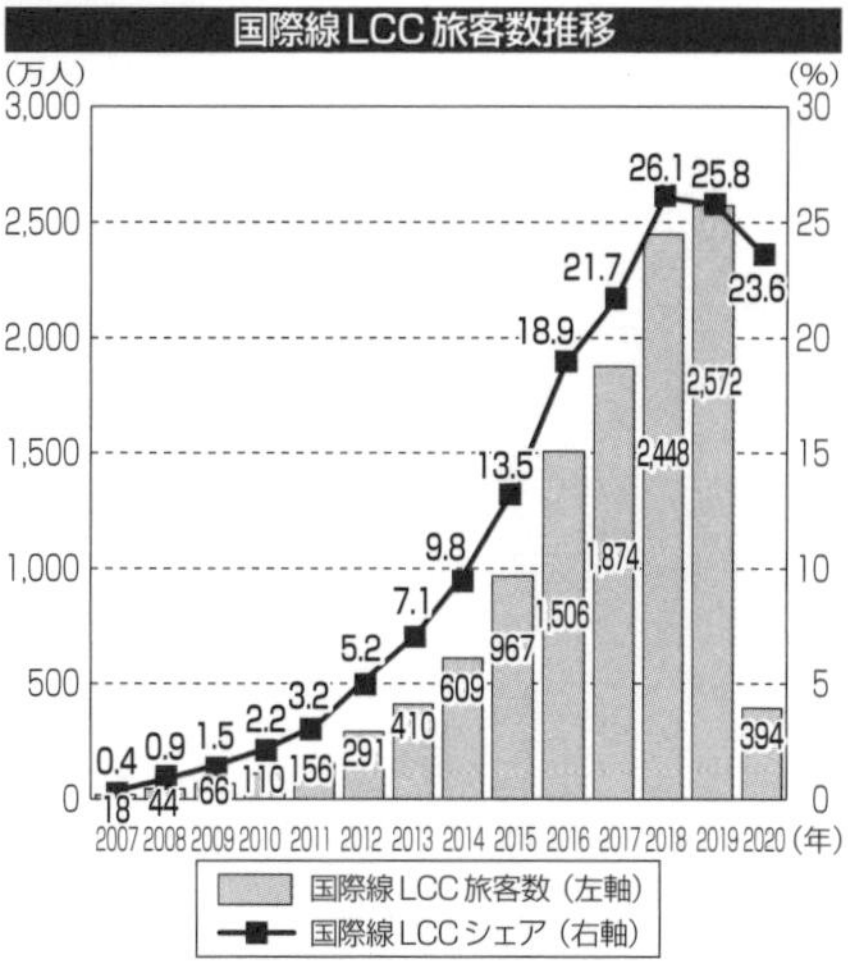

資料：国土交通省航空局作成　各年（略歴）の統計

航空自由化協定　国際路線で、政府間の取り決めではなく航空会社の判断で路線や便数を柔軟に設定できるようにする協定。通常は国境を越えて運航する場合、航空会社や路線、便数は国の交渉で決めるのが一般的だが、協定を結ぶと発着枠の範囲内で自由に決められるようになる。

オープンスカイ協定とグローバル化

その後の国際線航空では、世界各国間で**オープンスカイ協定**＊や航空会社間の提携などが活発化し、空の自由化が一段と進みました。

オープンスカイ協定は、2国間の路線（乗入地点）と便数・機材、運輸権、運賃、チャーター便を含む航空会社の指定などを、原則、政府ではなく民間の航空会社が自由に設定できる仕組みで、米国では、1985年には、運賃・路線・新規参入などの規制が撤廃されています。さらに、1995年に、**オープンスカイ政策**を発表し、航空の国際市場での自由化を進めています。

日本とアメリカでも、2010年10月に、アメリカとのオープンスカイ協定を締結し、アジア諸国やEUなど、30を超える国と地域で合意しました。

EUでも、市場統合を契機に、EU域内の運賃・路線・輸送力・新規参入などの規制について段階的に自由化し、米国・EU間は、2008年にオープンスカイ協定を締結しています。

グローバルアライアンス

米国はオープンスカイ協定を拡大させるために、締結した国の航空会社に対して、独禁法適用除外を付与することで、路線参入・撤廃の自由化、運賃の自由化などを進めやすくしています。そのため、統一運賃の設定や座席コントロールの調整、販売コストの情報交換や共同販売など、さまざまな営業政策が実現され、世界中の航空会社がお互いに提携する、**グローバルアライアンス**＊による大規模な**航空連合**が形成されるようになっていきました。

世界初のグローバルアライアンスは、97年にユナイテッド航空、ルフトハンザドイツ航空など5社によって設立された**スターアライアンス**で、ANAも99年に加盟しています。

第2のワールドアライアンスは、98年に誕生した**ワンワールド**で、アメリカン航空、ブリティッシュ・エアウエイズなど5社でスタートし、日本航空も、07年に正式加盟しています。3つ目は、**スカイチーム**で、2000年に発足しています。

Point **オープンスカイ協定**　前記した航空自由化で、航空会社の路線や便数、乗り入れ企業、運賃など、航空協定で決める規制を撤廃（自由化）すること。自国の空港を広く開放し、ヒト・モノの流通を促進し経済効果を高めようとする政策。一方で自国の航空会社は厳しい国際競争に立ち向かうことになる。

■活発化したLCCの新規参入

前節でも解説したように、近年、世界の航空市場では格安な航空運賃を求める消費者ニーズへの対応から格安航空会社（LCC）の新規参入が相次いでいます。

大手航空会社が輸送旅客数を減少させる中、LCCは堅調な実績を維持しており、北米や西欧では航空市場の約3割、東南アジアでは約5割を占めています。

開業当初は大手航空会社から払い下げられた中古機からスタートしたといわれるLCCも、近年は異業種や投資ファンドなどからも経営参加するようになり、ライバル社を買収し、勢力を拡大する会社なども登場してきました。業界内の競争は激しさを増して、経営破綻と新規参入が相次ぎ、かつての流通業のような乱世の時代を迎えているともいわれています。

最近のLCCは単に、「低運賃=低品質」ではなく、機材の稼働率を高め、簡素なサービスながらも、機内販売など従業員の労働生産性が高く、ローコストを実現させたことで低運賃を可能として、潜在需要の開拓に努め、競争に強い企業体質を作り上げています。

世界の国際航空に占める我が国航空企業のシェア

	oneworld	STAR ALLIANCE	SKYTEAM
加盟会社数	15社	27社	20社
日本の会社	日本航空 (JAL)	全日空 (ANA)	なし
世界の主な加盟航空会社	アメリカン航空	ユナイテッド航空	デルタ航空
	キャセイパシフィック	タイ航空	大韓航空
	マレーシア航空	エアチャイナ	エールフランス
	ブリティッシュエアウェイズ	ルフトハンザ	チャイナエアライン
	イベリア航空	ニュージーランド航空	アリタリア航空
	カンタス航空、他	エジプトエア、他	KLM オランダ、他

Point

グローバルアライアンス　アライアンスとは、複数の企業が共通の目標に向けて経営資源の分担を行う企業間の結びつきであり、他社の経営資源を活用するもの。航空業界ではコードシェア便やマイレージサービスの相互乗り入れなど、旅客の利便性を図り、集客の向上を目指すものになっている。

Section

7-7 航空貨物の現状

航空貨物の特長は、小型で付加価値が高く、また緊急性の高い物が多いことです。海運や陸運に比べ、短時間で輸送できる代わりに輸送費が高く、景気の変動によって、荷主がコスト削減のためにほかの輸送手段に切り替えるケースもあり、好不況の影響を受けやすい業界といわれています。

■海運・航空業界の現状と経営的課題

海洋国である日本では古くから海運が栄えてきました。海運は、輸送に時間がかかるものの、陸運や空運と比べて大量の貨物を輸送できるため、ローコストが強みとなっています。石油や鉄鉱石などの資源をはじめ、自動車や重電機など、世界貿易の九割以上を海運が担っていると言われています。

空運は旅客輸送が中心になるものの、貨物輸送では、小さく軽く貴重なものを迅速に運ぶことを強みに、国際貨物輸送での分担率を高めてきています。

■存在感が増している航空貨物

日本の国際航空貨物輸送量は、長年増加傾向にあったものの、1998年以降の世界的な景気後退を受けて大きく減少しました。しかし、近年は景気の緩やかな回復傾向が見られ、航空貨物も復活していきました。

国際貨物の総輸送量のうち、航空機による割合を**航空化率**といいますが、輸入ではダイヤモンド、貴石、航空機、半導体等電子部品、航空機用内燃機関の航空化率は96%を超え、輸出でも、真珠、半導体等電子部品、映像機器、科学光学機器、医薬品などの航空化率が60%を超えるなど、金額ベースでの航空貨物の役割は大きくなっています。

Column

コロナ禍後の航空貨物　ポストコロナでの日本発輸出貨物の航空分担率（航空化率）は上昇傾向にあり、2021年は金額ベースで42.1%とコロナ前（2019年；39.6%）を上回り、過去最高水準となっている。

■空運業界における役割分担

空運業界は大きく分けて、航空会社、日通や近鉄エクスプレスなどのフォワーダー、最近急速に伸びているFedExやUPSなどのインテグレーターに分類されています。

航空会社には、「ANA」や「JAL」などのように旅客輸送と並行して行っている企業と、「日本貨物航空」*のように航空貨物に特化している企業があり、空港から空港への貨物輸送を行っています。

フォワーダーは、荷主から輸送業務を受託している会社のことで、航空会社から貨物スペースを仕入れて空輸を委託し、輸出入時の通関手続きや国内輸送を代行するサービスなども行っています。

インテグレーターは、「総合物流企業」と呼ばれる空陸1貫輸送が可能な会社のことを指します。「FedEx（米）」、「UPS（米）」、「DHL（独）」、「TNT（蘭）」が世界の4大インテグレーターと呼ばれ、国際的な物流網をもっています。国内企業では全日空グループの「OCS」が該当します。

国内航空貨物の動向としては、ヤマトホールディングスと日本航空が貨物専用機の運航を2024年4月から開始の予定です。

国際貨物輸送量の推移

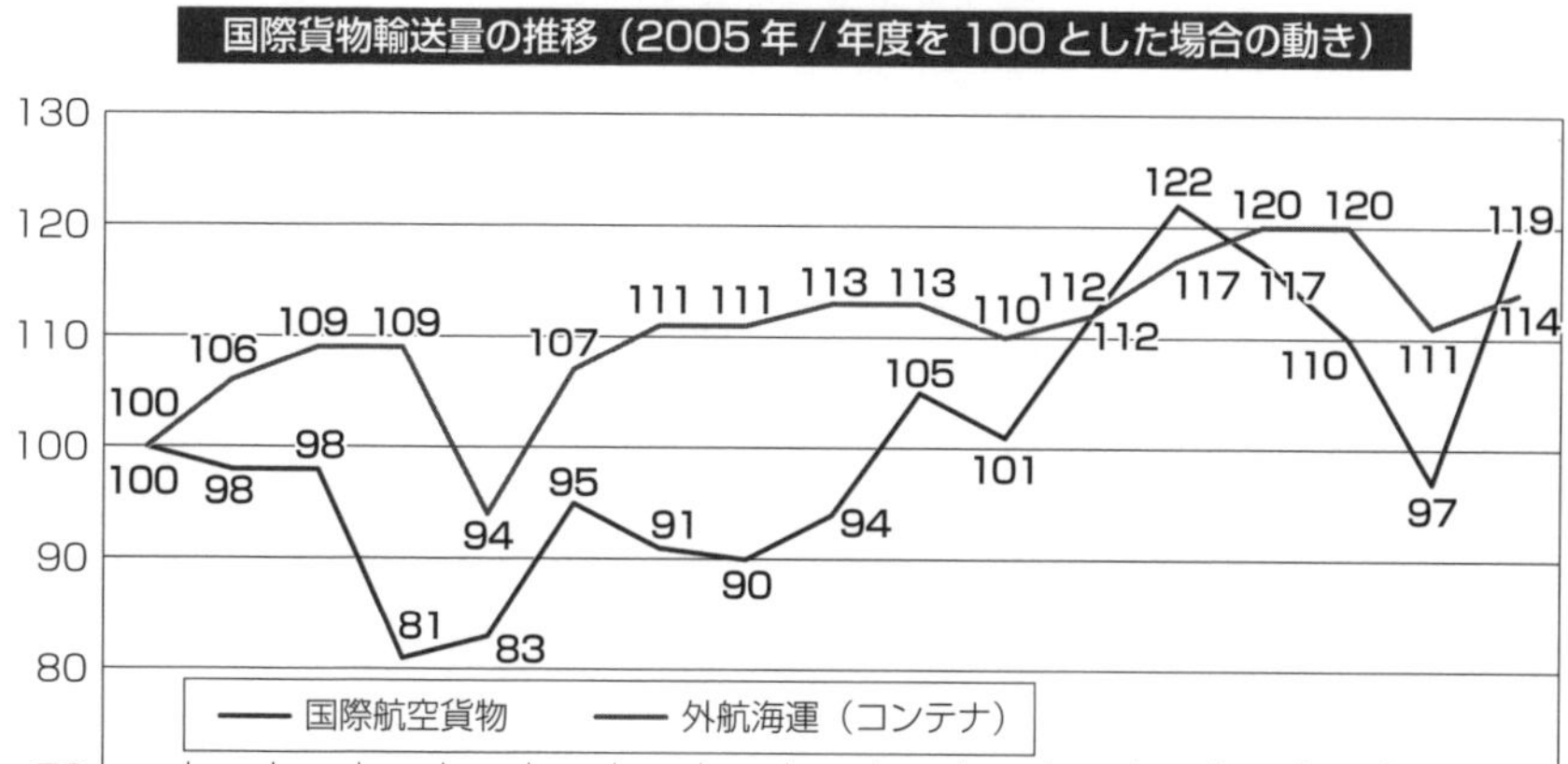

注：外航海運（コンテナ）は年、国際航空貨物は年度の統計を利用
資料：「空港管理状況調書」、「港湾統計」から国土交通省総合政策局作成

Term **日本貨物航空**　千葉県成田市（成田国際空港内）に本社を置く日本の貨物航空会社で、会社の設立は1978年9月27日。総合海運企業である日本郵船（NYK）グループの空運部門を担当している。

Section 7-8

ANAホールディングスの経営戦略

2022年に創業70周年を迎えたANAグループは2023年3月期の決算では、3期ぶりの黒字になりました。売上高が対前年対比6871億円と大幅な伸びとなり、営業費用はコストマネジメントを徹底したことから、経常損益は対前年比2967億円増の1118億円の黒字となりました。

■ANAグループのあゆみ

前身は**日本ヘリコプター輸送**＊**株式会社**で、1953年に定期航空運送事業の免許を取得し、ヘリコプターによる営業から始まりました。その後、55年にダグラスDC3型機を導入し、本格的な旅客便を就航させました。57年から、社名を**全日本空輸株式会社**に変更しています。

86年から国際線を就航させています。99年から、航空連合の「スターアライアンス」に加盟し、2003年には国内線・国際線累計旅客数10億人を達成しています。2013年4月から持株会社制に移行し、新生全日本空輸株式会社としてスタートしています。

■マルチブランド戦略

国際線旅客事業では、全方面で需要を伸ばしたほか、国内線旅客事業でも、プロモーション運賃の活用など、柔軟な運賃戦略によって、収入の最大化を追求しています。さらに、国際線貨物事業でも旺盛な需要を取り込み、運賃改定によって単価を向上させました。

また、2017年度よりLLCのピーチを連結化し、バニラエアと合わせた2社で新たな需要を創出し、グループの収益拡大に貢献していきました。

その後の中期経営計画でも、LCC事業とANAによるマルチブランド戦略を中心にして、2020年以降の成長ステージに向けた備えを強化することを掲げていました。

Term **日本ヘリコプター輸送**　民間飛行機が日本の空を飛ぶことが許可された直後の1952年、ANAの前身である「日本ヘリコプター輸送（通称 日ヘリ）」が誕生している。社員はわずか28人、2機のヘリコプターから始まりました。

■事業構造改革の取り組み

コロナ禍により世界の航空業界を取り巻く環境が大きく変化しました。中期的には、ワクチンの普及やグローバル化の進展に伴って、段階的にコロナ前の水準に回復するとの見通しの中、それまでの期間、サービスモデル・ビジネスモデルの変革が必要であると考え、2020年10月に「事業構造改革」を策定し、「3つの柱」をテーマに掲げ、事業構造改革の取り組みに着手しました。

計画では、ANAブランドを中心に航空事業の規模を1時的に縮小しコロナ禍を乗り越えること、航空事業をアフターコロナの新常態でも持続的成長が可能な事業モデルに変革すること、顧客データ資産を活用したプラットフォーム事業を確立し、新たな収益機会を創出することを目指すとしています。

計画の骨子としては、航空事業に依存したグループ利益構造を見直すことにより、強靭な事業構造へ転換していくことが不可欠と考えています。

2023-2025年度中期経営戦略　事業戦略3本柱

・マルチブランドの最適化と貨物事業の拡大によるエアライン事業の利益最大化
・事業分類に応じたリソース配分による航空非連動の収益ドメインの拡大
・グループの持続的成長に向けたANA経済圏の拡大

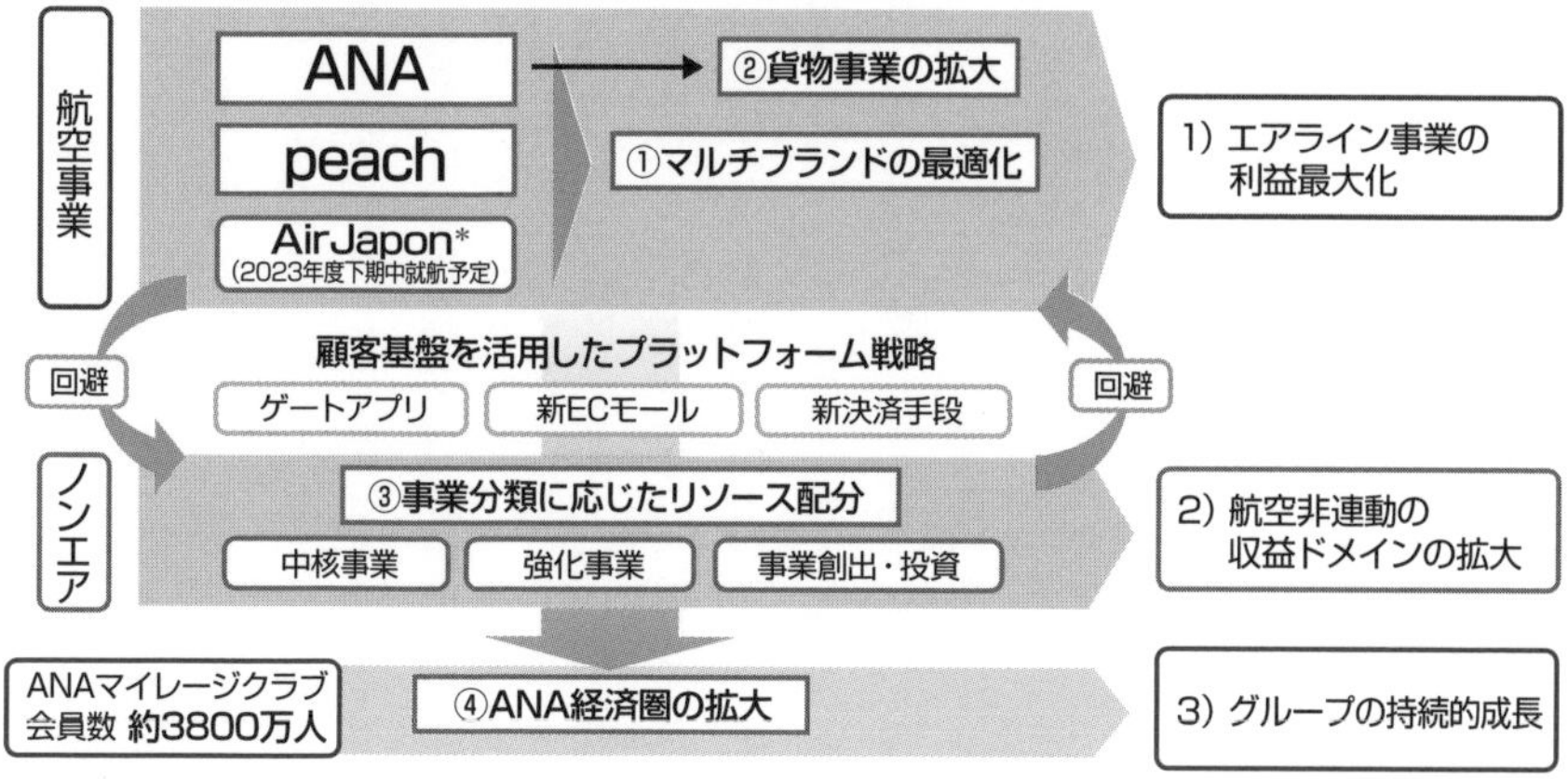

Term **Air Japan**　千葉県成田市（成田国際空港内）に本社を置くANAグループの航空会社で、アジア方面を中心としたリゾート向け国際旅客便および貨物便を運航している。2024年2月より、新ブランド「AirJapan」として、中距離国際線を運航予定。

10年ぶりに新・経営ビジョン

ANAグループでは、2030年に向けた新・経営ビジョンと、ウィズ・コロナと位置付ける2023年度から2025年度までのANAグループ中期経営戦略を策定しました。特に経営ビジョンは2013年4月1日のANAホールディングス体制開始以来、10年ぶりに新・経営策定されるビジョンになっています。

また、2023年度から3か年の中期経営戦略は、主力の航空事業を中心に収益を拡大しつつ、**ノンエア事業**を強化し、双方の事業の回遊を高めることで、2030年に向かう成長軌道へと転換を図るものになっています。2025年度には営業利益2000億円、当期純利益1220億円を目指す内容になっています。

事業戦略として、以下の3本の柱を掲げています。

・マルチブランドの最適化と貨物事業の拡大によるエアライン事業の利益最大化
・事業分類に応じたリソース配分による航空非連動の収益ドメインの拡大
・グループの持続的成長に向けたANA経済圏の拡大

航空事業

航空事業では、これまでのANAとピーチに加え、2024年2月の就航を予定しているエアジャパンの3つのブラントで世界の需要を幅広くカバーし、航空事業のシェア拡大と利益最大化に取り組みます。3社間で就航路線・ダイヤ・便数等を機動的に調整しながら、収益性の向上を図ります。

国際旅客事業では、グループネットワークの再編・強化による生産量の回復と3ブランド展開により、ビジネス、レジャー、訪日客の幅広いポストコロナ需要のカバーを目指し、国内旅客事業では、「安定した事業基盤の構築」を目標に、ANA、ピーチの連携による最適な運航スケジュール策定の継続や、エリア・空港・時間帯など役割分担による需給適合を推進します。

国際貨物事業では「コンビネーションキャリア＊の強みを発揮した収益最大化」を目標に、エリア間の供給量バランスの最適化にむけた旅客機とフレイター（貨物専用機）双方を活用する「コンビネーションキャリア」の強みを発揮するとともに、フレイターの成田発着路線への集約とアジア＝北米の輸送需要の獲得に取り組みます。

Term
コンビネーションキャリア　国際貨物輸送などでエリア間の供給量バランスの最適化に向けて、旅客機とフレイター(貨物専用機)双方を活用すること。

ノンエア事業戦略とDX

ノンエア事業では、2025年度に全日空商事など主要7社で売上高4000億円、営業利益240億円を目指す計画です。航空事業と一線を画した新しい運営体制の導入と人材育成や配置等、事業拡大への枠組みの整理などを行いながら、社会の変化に呼応した新たな事業の創出と、それを支える仕組みの整備に取り組みます。

また、「マイルで生活できる世界」をタイトルに、グループの持続的成長に向けたANA経済圏*の拡大を図ります。2025年度に約2000億円規模の経済圏を構築することを目標に、「ANAマイレージクラブアプリ」、「新ANA PAY」、「ANA Mall」での仕組みを構築する計画です。

そのほか、ESG経営の取り組みやグループ人財戦略やDX戦略として、グループ横断でデジタルとデータ活用によりビジネス変革を加速しながら、価値創造目標として、主力の航空事業を中心にコロナ禍から回復し、2025年度に、売上高2兆3200億円、営業利益で2000億円を目指す計画です。

成長する5つのコア事業

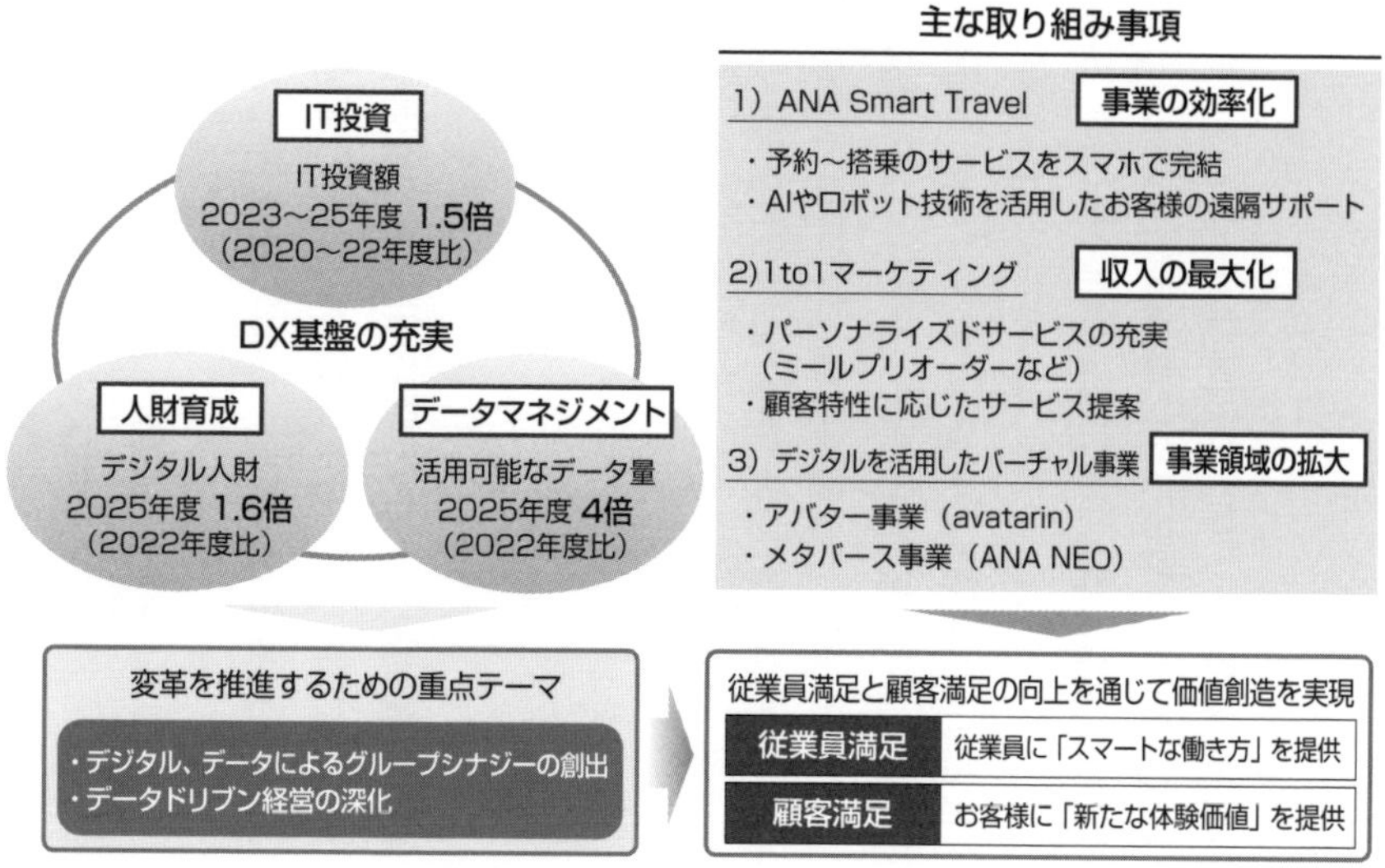
主な取り組み事項
IT投資
IT投資額
2023～25年度 1.5倍
(2020～22年度比)
DX基盤の充実
人財育成
デジタル人財
2025年度 1.6倍
(2022年度比)
データマネジメント
活用可能なデータ量
2025年度 4倍
(2022年度比)
1) ANA Smart Travel
事業の効率化
・予約～搭乗のサービスをスマホで完結
・AIやロボット技術を活用したお客様の遠隔サポート
2) 1to1マーケティング
収入の最大化
・パーソナライズドサービスの充実(ミールプリオーダーなど)
・顧客特性に応じたサービス提案
3) デジタルを活用したバーチャル事業
事業領域の拡大
・アバター事業(avatarin)
・メタバース事業(ANA NEO)
変革を推進するための重点テーマ
・デジタル、データによるグループシナジーの創出
・データドリブン経営の深化
従業員満足と顧客満足の向上を通じて価値創造を実現
従業員満足
従業員に「スマートな働き方」を提供
顧客満足
お客様に「新たな体験価値」を提供

Point
ANA経済圏　フライトや買い物などで貯めたマイルや「ANA Pay」を、航空券に限らず、ANAグループが提供する日常のさまざまなサービスや商品の購入などに使える経済圏。

Section 7-9

JAL（日本航空）の経営戦略

2012年9月に、東京証券取引所に再上場を果たした日本航空の2014年3月期のグループ連結売上高は、国際線の増収などから対前年比5.7%増の1兆3093億円となりました。その後、円安による燃油費などの増加はあったものの、中期経営計画で目標としていた営業利益率を達成しています。

日本の航空史のあゆみとともに

1951年、同社の前身の（旧）**日本航空株式会社**が創立され、翌年から自主運航で国内線定期航空輸送事業を開始しました。その後、53年に**日本航空株式会社法**＊に基づき、政府の出資と旧会社の資産を合算して、資本金20億円の会社を設立し、国内幹線の経営にあたりました。さらに翌54年、日本で初めてとなる国際線定期輸送を開始しました。65年からは、日本で初めての海外パックツアーの**ジャルパック**＊を発売するなど、日本の航空史の発展と歩調を合わせてきましたが、2010年、会社更生法の適用を申請し、経営破綻に陥りました。

再上場を目指して

その後、会社更生手続の申立に伴い、証券取引所市場第1部から上場廃止となり、更生計画の認可決定後は、不採算路線からの撤退により事業規模を60%に縮小したり、40%の人員数削減や20%の人件費単価の削減、企業年金の最大53%削減、そしてグループ会社の半減など、大規模なリストラを断行してきました。

その結果、2012年3月期に2049億円の営業利益を計上し、企業再生支援機構からの出資金を全額返済し、2012年9月に再上場が決定しました。その後、黒字決算を続けています。

Term **日本航空株式会社法**　終戦後、国際線運航開始に向けて日本航空を含む数社が免許を申請していたが、政府は交付するのは1社のみとする「新日本航空株式会社法案要綱」を閣議決定し、1953年10月1日、日本で唯一の国際線定期航空運送事業会社が誕生した。

ローリングプラン2023

JALグループでは、「2021−2025年度JALグループ中期経営計画」を策定し、コロナ禍の厳しい経営環境の中で経営計画の取り組みを進めていました。2022年度は、コロナ禍が収束を迎える中で人々の移動も活発化し、通期の黒字化を果たすことができました。

一方、不安定な世界情勢、物価上昇、人材不足など、社会全体に共通する新たな課題も顕在化してきたことや、中期経営計画の2年目が終了したタイミングで、これまでの進捗状況や環境変化を踏まえ、残り3カ年の戦略・計画を軌道修正しました。また経営戦略の軸となるESG戦略を確実に実行していくことで、中期経営計画の確実な達成を目指すため、23年5月に**ローリングプラン2023**を策定しました。

ESG戦略についてJALグループでは、「価値創造・成長を実現する最上位の戦略」と位置づけ、そのための「事業戦略」と「財務戦略」を確実に実行していくことで、価値創造を起点とした中長期成長戦略へシフトし、目標の達成を目指すことにしました。

JAL ローリングプラン 2023 の位置づけ

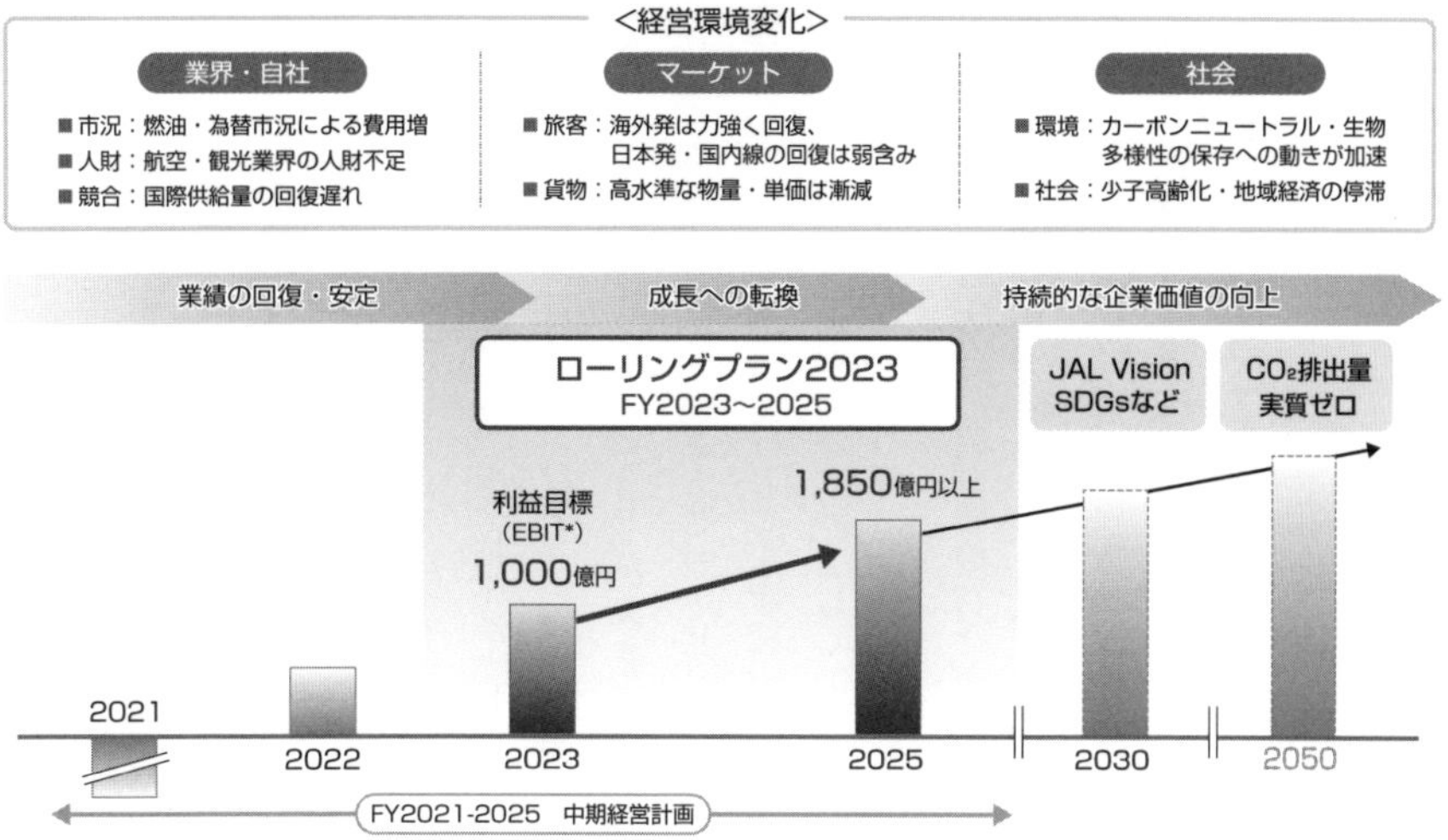

*EBIT：Earnings Before Interest and Taxes（財務税引き前利益）

ジャルパック　日本初の海外パックツアー。第二次世界大戦後以降の日本人の海外渡航制限が1964（昭和39）年に解除されたことを受けて、1965（昭和40）年1月20日に日本初の海外パッケージツアーブランドである「ジャルパック」第一弾が日本航空によって開始された。

■ESG戦略について

ESGとは、環境（Environment）、社会（Social）、そして企業統治（Governance）の頭文字から付けられた企業戦略です。JALグループでは、ヒト・モノの「移動」は社会的な「つながり」を創出し、その「移動・つながり」が地域経済の活性化につながるなど、さまざまな社会課題を解決し、社会的な価値を創出するものと位置付けています。

ローリングプラン2023では、「移動を通じた関係・つながりを創造することで社会的・経済的価値を創出し、企業価値を向上する」という価値創造ストーリーを定めています。従来の「安全・安心な移動」を提供することに加え、「関係・つながり」を創造する企業へと成長していくことを目指すとしています。

また、「移動・つながり」を創出するために、「選択肢を増やす」、「制約をなくす」、「目的を創る」という取り組みを推進していくことで、ESGの価値創造ストーリーを具現化し、社会的な価値と経済的な価値を重ねていくことで企業価値を向上させる戦略です。

■事業構造改革

前記のESG戦略を推進するための事業戦略として、ローリングプラン2023では、DX戦略、人財戦略（**人的資本経営**）、GX戦略の推進を掲げています。

事業構造改革として、ESG戦略の推進により事業ポートフォリオを再構築し、非航空領域での新たなビジネスを創造し、全体の利益を拡大することを目指すとしています。

計画では、フルサービスキャリア*、貨物郵便、LCC、マイル・ライフ・インフラ*の4つの事業領域に分け、2025年度には約5割の利益をフルサービスキャリアと貨物郵便で計上し、残りの5割はLCC事業領域およびマイル・ライフ・インフラ事業領域で計上していくとしています。

フルサービスキャリアでは、省燃費機材を導入し環境負荷を抑えながらネットワークを維持・拡大し、関係人口を創出する戦略を掲げています。また、貨物郵便では、航空の利点を活かして物流の課題を解決し、持続的な物流ネットワークを実現することを掲げています。

Term **フルサービスキャリア**　従来型の旅客サービスを提供している航空会社のことで、基本的には、複数の座席クラス（ファースト・ビジネス・エコノミーなど）を提供し、機内食や飲料もあらかじめ運賃に含めて提供される。

■人財戦略と財務戦略

ESG戦略の実行においては、人的資本経営を推進すべく、各種取り組みを実行し、「多様な価値観を尊重し、新たな価値創造に挑戦し、変革を起こす人財」を育成・採用することを目指すとしています。

財務戦略では、リスク耐性の強化を進めながら、持続的な成長に向けた取り組みを加速させ、財務基盤を再構築し、資金調達能力の維持・向上を図る計画を掲げています。

経営資源配分については、2023年度から2025年度の3年間で6500億円の資産投資を計画しています。加えて、新たに人財投資およびESG推進費用を投資と考え、積極的にESG投資を推進するとしています。

2030年には事業を通じたSDGsの達成、さらに2050年にはCO_2排出実質ゼロの達成を目指すとしています。

JALグループでは、全社員一丸となってローリングプラン2023を遂行し、今後のあるべき姿である「JAL VISION 2030」を実現させて、世界で一番選ばれ、愛されるエアライングループを目指す計画を掲げています。

中期期間の売上・利益目標

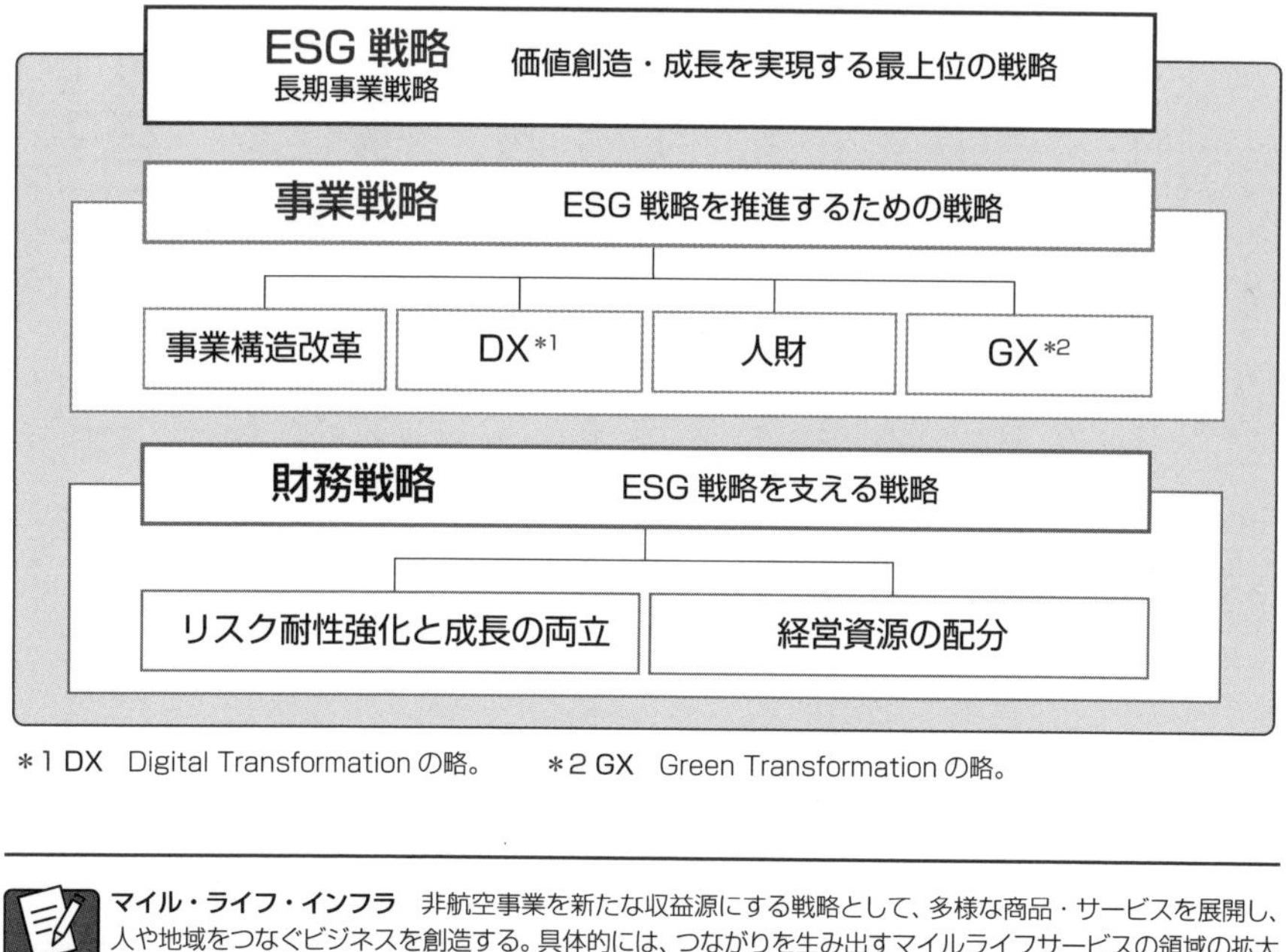

＊1 DX　Digital Transformation の略。　＊2 GX　Green Transformation の略。

Term

マイル・ライフ・インフラ　非航空事業を新たな収益源にする戦略として、多様な商品・サービスを展開し、人や地域をつなぐビジネスを創造する。具体的には、つながりを生み出すマイルライフサービスの領域の拡大や、エアモビリティ領域受託領域、旅行・地域領域の拡大を図る。

Section
7-10 国内線LCC（格安航空会社）の動向

「LCC元年」といわれた2012年に、ピーチ・アビエーション、エアアジア・ジャパン、ジェットスター・ジャパンの3社が相次いで市場に参入しました。就航から10年が経ち、コロナ禍の収束が見えてきたいま、各社の格差が鮮明になってきたと指摘されています。

■LCCとFSC

LCCはLow Cost Carrierの略で、機内サービスの有料化や機材の運用効率を上げることで、運航にかかるコストを抑制するとともに、低価格での運行を可能にしている航空会社です。現在日本の国内線には、ジェットスター、ピーチ、エアアジア・ジャパン、スプリング・ジャパン*（旧・春秋航空日本）の4社が就航しています。一方、**FSC**はFull Service Carrierの略で、前に紹介したように、ANAやJALのような既存航空会社のことをいいます。

また、LCCでもFSCでもない第3の航空会社のような存在として**スカイマーク**があります。スカイマークは1度経営破綻したものの、その後、国内投資ファンドの支援で運航を再開しています。

■国内線で復調の兆し

2020年および2021年は新型コロナウイルス感染症の影響を受け国内線、国際線とも利用者数は大幅に減少しました。

国内線LCCの旅客数推移をみると、令和4年の交通政策白書では、コロナ禍前の2018年から年間1000万人を突破し、19年には1092万人で、国内の旅客シェアの10・6％を占めていました。

その後、新型コロナにより、2020年度の利用者数は525万人と大きく落ち込んだものの、LCCのシェアは11・8％となり過去最高を記録しました。さらに、21年度も引き続き好調で利用者数が590万人、シェア約14・2％になっています。

Term **スプリング・ジャパン**　旧社名は春秋航空日本で、2012年に中国の大手格安航空会社（LCC）春秋航空と日本航空（JAL）の共同出資により設立されている。2021年より日本航空の連結子会社となり、JALグループにおける「中国特化型LCC[5]」の役割などを担うほか、日本国内線も運行する。

■国内大手2社のLCC戦略

旅客需要は、今後とも回復が続く見通しですが、一方でテレワークの普及によりビジネス旅客需要の縮小や日本と中国との関係の不透明さが懸念され、コロナ禍前の水準に回復するには少し時間がかかるとみられています。そんな中、JALとANAの国内大手2社はこれからも低価格を武器にレジャー客の獲得を目指してLCC事業の拡大に注力しています。

JALは21年に中国系のスプリング・ジャパンを連結子会社化したほか、50％出資するジェットスター・ジャパンと、20年に運航を始めた完全子会社の**ジップエア・トーキョー**＊の3社でLCCネットワークの強化に取り組んでいます。

ANAホールディングスは2023年度からの中期経営戦略の中で、これからの航空事業は「ANA」「PEACH」の既存2ブランドに加え、新たにAir Japanを就航させ、3ブランドを展開させていく計画で、LCCとFSCの両方の特徴を取り入れたハイブリッド型の航空事業を進める計画です。

統合会社の姿

		ピーチ・アビエーション	バニラ・エア
売上高（2016年度）		**517億円**	**239億円**
➡ 20年度に売上高1,500億円、営業利益150億円			
路線数	国内線	**15**	**6**
	国際線	**14**	**7**
➡ 20年以降に国内・国際線計50路線以上			
社員数（従業員数）		**979人**［18年3月時点］	**653人**［17年4月時点］
拠点空港		関西空港	成田空港
➡ 日本とアジアをつなぐ路線ネットワークの拡充			

Point
ジップエア・トーキョー　成田国際空港内に本社を置く日本の格安航空会社で、2018年に設立された、日本航空の完全子会社。国際線中長距離LCCとして、2020年6月7日に旅客運航を開始している。

新幹線と飛行機

Column

時間と料金を秤に掛けることは昔からよく行われてきましたが、深夜バスやLCC（格安航空会社）の登場で、運輸業界においても昨今はなにかと比較流行りとなっています。

例えば、東京・大阪間では、新幹線がよいか、それとも飛行機、高速バスがよいかと、比較できる交通手段も多くなってきました。そして、同じ飛行機利用でも、大手航空会社の便がよいか、それともLCCがよいかといった比較もあります。

●所要時間で選ぶなら

東京・大阪間の出張で「新幹線派」と「飛行機派」がもっとも比較検討されるのが、所要時間です。飛行機では、羽田から大阪の主要空港まで約1時間、一方、東京・新大阪間の新幹線「のぞみ」では2時間40分。しかし、東京駅と羽田空港間の移動は約40分、そして飛行機の場合は搭乗手続きは20分前までに済ませなければならず、早くても2時間はかかる勘定なので、新幹線とは40分間の差ですが、自宅や会社から、空港や駅までのアクセス時間がどうなのかにもよって総時間差が変わってきます。

▼空港

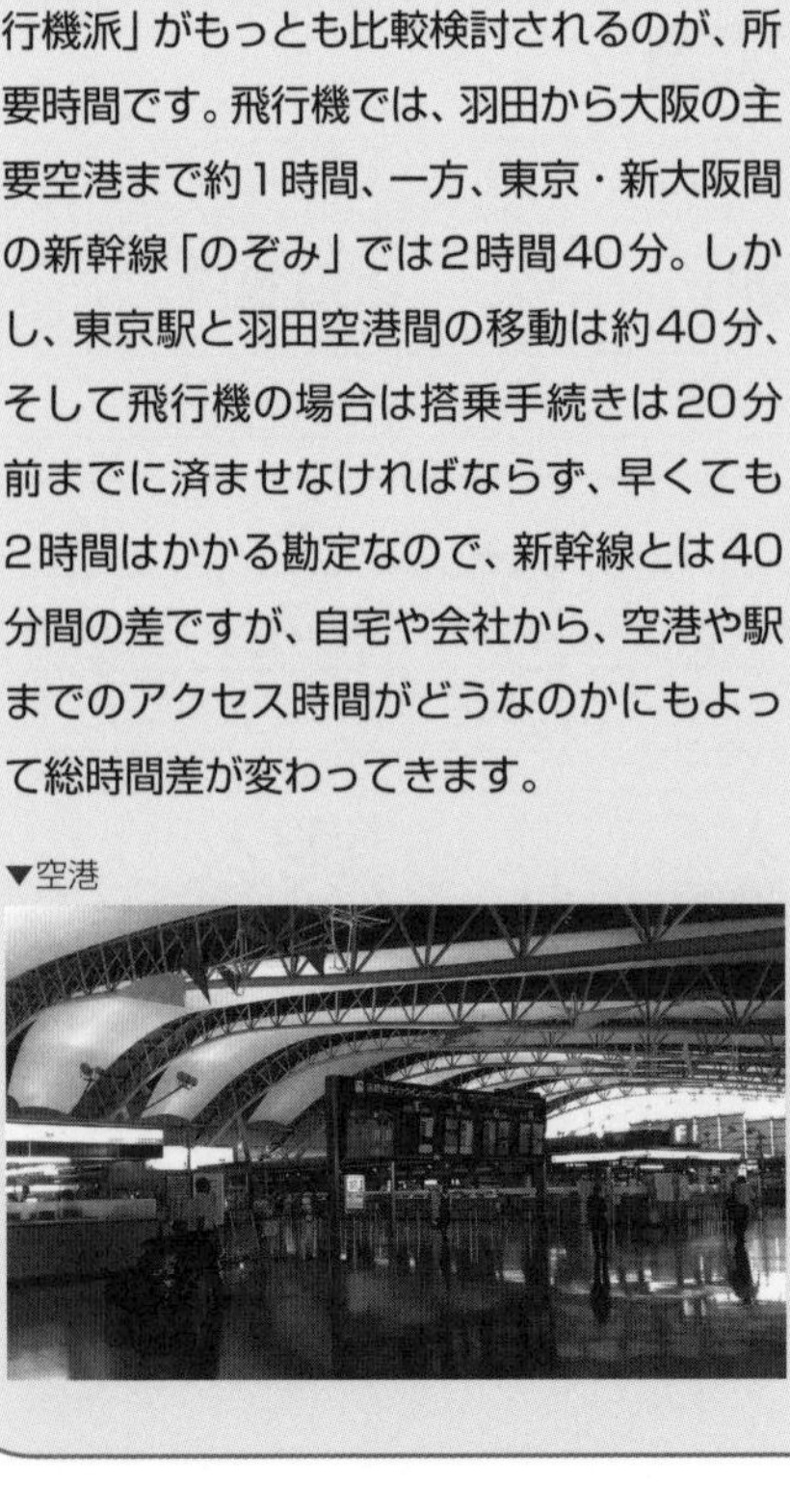

時間的な差が、そんなに遜色なければ、次は料金の安さの比較になります。

最近は、同じ新幹線利用でも、「とくとくキップ」といったものがあり、飛行機も「早割」のようなチケットもあるので、値段比較もちょっと難しくなってきています。新幹線や航空券とホテルをセットにしたパック商品なども販売されていますが、これも最近はあまり差がなくなってきました。

LCCの「春秋航空」では、「立ち乗り席」が話題になりましたが、所要時分と料金、そして移動時の快適性とサービス内容、マイレージやポイント制などの特典メリットも比較条件に加わり、選択がますます難しくなってきました。

▼新幹線

資料編

●運輸業界の現在（いま）がわかる用語解説

●主要航空会社コード一覧

●コラム　鉄道業界で最近目にする略語

図解入門 How-nual

運輸業界の現在（いま）がわかる用語解説

再配達防止とポイント制度

宅配ボックスやコンビニといった場所で取り置くことで、仕事で不在にしていても、帰宅途中に受け取りが可能となるような環境が整備されつつあることから、ポイント制度などを付加していこうとする動きがある。

▲宅配ボックス by テクノ_m5

災害ロジスティクス

災害ロジスティクスとは、震災時などの緊急時の支援物資輸送のことを指す。

Gマーク

貨物自動車運送事業安全性評価事業（Gマーク）。国土交通省が推進する制度の1つで、「安全に対する法令順守」など3テーマの中に、計38評価項目が設けられており、100点満点中80点以上の評価などすべての認定要件を満たした事業者のみ「安全性優良事業所」として認定される。

トラック輸送編

フィジカルインターネット

物流効率化の構想。荷物やトラックの荷台スペースのサイズを規格化し、倉庫スペースと供に共同利用を進めることで、トラックの積載効率や倉庫の保管効率を劇的に向上させる考え方。

GDP（医薬品の適正流通基準）

Good Distribution Practiceの略。物流事業者においては、付加価値性の高い医薬品物流の取り扱いを拡大するため、GDPに基づく品質管理を施した施設・車両の整備・導入を進めている。

ロジスティクス4.0

「インダストリー4.0」の物流版として、IoTやAIを利用したトラックの自動運転やドローン輸送、倉庫内のロボットストレージシステムなどを推進しようというプロジェクト。

インバウンド物流／アウトバウンド物流

工場などの作業現場で原料や材料が加工され、出荷する直前までをインバウンド物流、最終製品が生産され、顧客に販売されるまでの物流をアウトバウンド物流という。

シェアリング・エコノミー型サービス

物流においては、貨物運送を斡旋するサービスとして「Uber　Freight」があり、荷物の種類や目的地、距離、料金などの条件が合えば、迅速に完了するシステムが構築されている。

海運業界

ASA

Asian Shipowners' Associationの略。アジア船主協会。

AFRA

Average Freight Rate Assessmentの略。アフラマックスタンカー。8万載貨重量トン数(D/W)から12万D/W程度のタンカーのこと。

MSP

Maritime Security Programの略。運航補助制度（米国）有事の際に徴用できる自国籍商船隊の維持に関する制度。

LPG

Liquefied Petroleum Gasの略。液化石油ガス。輸送の際は、常圧で冷却あるいは常温で加圧（加圧低温もある）して液化したままLPG船で運ばれる。

LNG

Liquefied Natural Gasの略。液化天然ガス。メタンを主成分とする天然ガスを海上輸送のため液化させたもの。輸送の際は、超低温維持の特殊なタンクを持ったLNG船で運ばれる。

▲LNGタンカー by Gordon Leggett

マテハン

マテハンはマテリアルハンドリングの略称。物流拠点内や生産拠点内の機械による運搬や荷役作業を意味する。

smart move

トラックから貨物鉄道へ輸送機関を変更するモーダルシフトを呼び掛けているが、これにより、CO_2排出量は約10分1に抑制できる。さらに、トラックの交通量が減ることで、交通事故、渋滞の低減などの副次効果も期待されている。

WMS

Warehouse Manegement Systemの略。倉庫管理システムとも呼ばれる。

ETC 2.0

ETCとはElectronic Toll Collection Systemの略。ETC2.0では、高速道路料金の支払いのみに使われていた従来のETCを進化させ、ドライバーにさまざまな情報を提供する機能を備えている。物流業界では、正確な到着時間の予測が可能となり、大型車誘導区間の利用を促すことで荷待ち時間を短縮できる。省エネ運転でトラックドライバーの安全確保にも有効となっている。

ハラル物流

ハラルとはイスラム教が使用を許されたものであることを意味する。主に食材や料理を指して使われるが、物流業界においては「トラックが油や酒で汚れていないこと」や、ハラル向けとするために「ルールにならってトラックを7回洗浄する必要がある」などの要件をクリアしなければならない。

PSC

Port State Controlの略。ポートステートコントロール。寄港国による監督。

航空業界

ATA

Actual Time of Arrivalの略。航空機が実際に到着した時刻を指す。

ATC

Air Traffic Controlの略。航空交通管制のこと。

CIQ

Customs , Immigration　Quarantineの略。税関･出入国管理･権益。

F.C.Y.Y2

「F」はファーストクラス。「C」はビジネスまたはエクゼクティブクラス。「Y」はエコノミー、「Y2」はエコノミー特別料金のこと。

GBAS

Ground Based Augmentation Systemの略。地上直接送信型衛星航法補強システム。

GNSS

Global Navigation Satellite Systemの略。全地球的航法衛星システム。

GPS

Global Positioning Systemの略。全地球的測位システム。

SOLAS

The International Convention for the Safety of Life at Seaの略。海上人命安全条約。

MARPOL

International Convention for the Prevention of Pollution from Shipsの略。海洋汚染防止条約。

GA

General Averageの略。共同海損。

V/C

Voyage Charterの略。航海傭船契約。

IMO

International Maritime Organizationの略。国際海事機関。海上の安全、航行の能率および海洋汚染の防止等、海運に影響する技術的問題や法律的な問題ついて、政府間の協力を促進する国連の専門機関。

IOPCF

The International Oil Pollution Compensation Fundsの略。国際油濁補償基金。

UNCLOS

The U.N. Convention on the Law of the Seaの略。国連海洋法条約。「海の憲法」ともいうべきもの。

AIS

Automatic Identification Systemの略。船舶自動識別装置。

PEX

Purchase Excursion Fareの略。個人向け特別回遊運賃。

SAF

Sustainable Aviation Fuelの略。持続可能な航空燃料。

WT

WAITINGの略称。キャンセル待ちの意味を表す記号。

GIT運賃

Group Inclusive Tourの略。団体旅行（パッケージツアー）用などで旅行会社や旅行代理店に卸している航空券。

IATA

International Air Transport Associationの略。国際航空運送協会のこと。

ICAO

International Civil Aviation Organizationの略。国際民間航空機関のこと。

IT5

ITはInclusive Tourの略。航空券の団体包括運賃。5名以上のときに利用できる。

MCT

Minimum Connecting Timeの略。最低乗継時間。

MPM

Maximum Permited Mileageの略。2都市間運賃で適用される最大許容マイル（飛行距離）のこと。

NACCS

Nippon Automated Cargo Clearance Systemの略。航空貨物通関情報処理システムのこと。

PNR

Passenger Name Recordの略。航空券の予約番号のこと。

図解入門
How-nual

主要航空会社コード一覧

航空会社コードは、世界共通で航空会社や旅行会社の予約システムなどで用いられているもので、空港内の掲示板やチケットなどに表示されている。日本ではよく全日空をANA、2レターでは「NH」と表示されている。

航空会社名	2レターコード	3レターコード
国内		
全日本空輸	NH	ANA
日本航空	JL	JAL
スカイマーク	BC	SKY
アイベックスエアラインズ	FW	IBX
エア・ドゥ	HD	ADO
天草エアライン	MZ	AHX
エアアジア・ジャパン	DJ	WAJ
ピーチ・アビエーション	MM	APJ
スターフライヤー	7G	SFJ
日本トランスオーシャン航空	NU	JTA
バニラエア(ピーチと統合)	JW	VNL
ソラシドエア	6J	SNJ
日本エアコミューター	JN	JAC
フジドリームエアラインズ	JH	JDA
春秋航空日本	IJ	SJO
ジェットスター・ジャパン	GK	JJP
エアージャパン	NQ	AJX
ZIPAIR	ZG	TGP
トキエア	BV	TOK
アメリカ		
アメリカン航空	AA	AAL
アラスカ航空	AS	ASA
ジェットブルー航空	B6	JBU
デルタ航空	DL	DAL

Term

2レターコード　は国際航空運送協会(IATA)によって定められた、アルファベット2文字、またはアルファベット1文字+数字1字で構成されたコード。

3レターコード　国際連合の付属機関である国際民間航空機関(ICAO)によって定められた、アルファベット3文字で構成されたコード。

フロンティア航空	F9	FFT
ハワイアン航空	HA	HAL
ユナイテッド航空	UA	UAL
サウスウエスト航空	WN	SWA
メサ航空	YV	ASH
ユナイテッド・パーセル・サービス(UPS)	5X	UPS
ヨーロッパ		
エールフランス航空	AF	AFR
フィンランド航空(フィンエアー)	AY	FIN
アリタリア航空	AZ	AZA
ブリティッシュ・エアウェイズ	BA	BAW
フライビー	BE	BEE
カーゴルックス航空	CV	CLX
ノルウェー・エアシャトル	DY	NAX
エアリンガス	EI	EIN
アイスランド航空	FI	ICE
ライアンエアー	FR	RYR
オーロラ航空	HZ	SHU
イベリア航空	IB	IBA
KLMオランダ航空	KL	KLM
ルフトハンザ・ドイツ航空	LH	DLH
LOTポーランド航空	LO	LOT
スイスインターナショナルエアラインズ	LX	SWR
オリンピック航空	OA	OAL
チェコ航空	OK	CSA
オーストリア航空	OS	AUA
スカンジナビア航空	SK	SAS
アエロフロート・ロシア航空	SU	AFL
S7航空	S7	SBI
サウジアラビア航空	SV	SVA
ターキッシュ・エアラインズ	TK	THY
TAPポルトガル航空	TP	TAP
イージージェット	U2	EZY
ヴァージン・アトランティック航空	VS	VIR
北米・中南米		
エア・カナダ	AC	ACA
アエロメヒコ航空	AM	AMX

アルゼンチン航空	AR	ARG
アビアンカ航空	AV	AVA
LATAMブラジル航空	JJ	TAM
LATAMエアラインズチリ	LA	LAN
LATAMペルー	LP	LPE
ウエストジェット航空	WS	WJA
ビバエアロバス	VB	VIV
アジア・中東		
エアインディア	AI	AIC
マンダリン航空(華信航空)	AE	MDA
エアアジア	AK	AXM
ユニー航空(立栄航空)	B7	UIA
ロイヤルブルネイ航空	BI	RBA
ビーマン・バングラデシュ航空	BG	BBC
オッケー航空(奥凱航空)	BK	OKA
エバー航空	BR	EVA
エアプサン	BX	ABL
中国国際航空	CA	CCA
チャイナエアライン(中華航空)	CI	CAL
キャセイパシフィック航空	CX	CPA
中国南方航空	CZ	CSN
セブゴー	DG	SRQ
エアアジアX	D7	AAX
エアブルー航空	PA	ABQ
成都航空	EU	UEA
タイ・エアアジア	FD	AIQ
上海航空	FM	CSH
ファイアフライ	FY	FFM
ガルーダ・インドネシア航空	GA	GIA
貴州航空	G4	CSN
華夏航空	G5	HXA
吉祥航空	HO	DKH
海南航空	HU	CHH
ウズベキスタン航空	HY	UZB
香港航空	HX	CRK
エア・インディア・エクスプレス	IX	AXB
タイガーエア・台湾	IT	TTW

深圳東海航空	J5	EPA
北京首都航空	JD	CBJ
高麗航空	JS	KOR
ライオン・エア	JT	LNI
キャセイドラゴン航空	KA	HDA
大韓航空	KE	KAL
中国聯合航空	KN	CUA
昆明航空	KY	KNA
ラオス国営航空	QV	LAO
ジンエアー	LJ	JNA
厦門航空	MF	CXA
マレーシア航空	MH	MAS
シルクエアー	MI	SLK
中国東方航空	MU	CES
東北航空	NS	DBH
マカオ航空	NX	AMU
ミアットモンゴル航空	OM	MGL
重慶航空	OQ	CQN
アシアナ航空	OZ	AAR
バンコク・エアウェイズ	PG	BKP
パキスタン航空	PK	PIA
中国西部航空	PN	CHB
フィリピン航空	PR	PAL
インドネシア・エアアジア	QZ	AWQ
ネパール航空	RA	RNA
山東航空	SC	CDG
タイ・ライオン・エア	SL	TLM
スパイスジェット	SG	SEJ
シンガポール航空	SQ	SIA
タイ国際航空	TG	THA
ティーウェイ航空	TW	TWB
スクート	TR	TGW
スリランカ航空	UL	ALK
香港エクスプレス航空	UO	HKE
ベトナム航空	VN	HVN
ベトジェットエア	VJ	VJC
インドネシア・エアアジアX	XT	IDX

タイ・エアアジアX	XJ	TAX
ノックスクート	XW	NCT
深圳航空	ZH	CSZ
イースター航空	ZE	ESR
ジェットスター・アジア航空	3K	JSA
四川航空	3U	CSC
セブパシフィック航空	5J	CEB
インディゴ	6E	IGO
チェジュ航空	7C	JJA
雲南祥鵬航空	8L	LKE
ミャンマー国際航空	8M	MMA
春秋航空	9C	CQH
カザフスタン航空	9Y	KZK
中東		
エティハド航空	ET	ETD
エミレーツ航空	EK	UAE
フライドバイ	FZ	FDB
イラン航空	IR	IRA
カタール航空	QR	QAC
オセアニア		
フィジー・エアウェイズ	FJ	FJI
ジェットスター航空	JQ	JST
バヌアツ航空	NF	AVN
ニュージーランド航空	NZ	ANZ
ポリネシアン航空	PH	PAO
ニューギニア航空	PX	ANG
カンタス航空	QF	QFA
エア・カレドニア・インターナショナル	SB	ACI
エア・タヒチ・ヌイ	TN	THT
アフリカ		
エリトリア航空	B8	ERT
TAAGアンゴラ航空	DT	DTA
エチオピア航空	ET	ETH
マリ航空	I5	CMM
ケニア航空	KQ	KQA
モーリシャス航空	MK	MAU
エジプト航空	MS	MSR

南アフリカ航空	SA	SAA
スロックエアー・インターナショナル	SO	OKS
チュニスエア	TU	TAR
エア・ジンバブエ	UM	AZW
TACVカーボベルデ航空	VR	TCV
セネガル国際航空	V7	SNG
マンゴ航空	JE	MNO

鉄道業界で最近目にする略語

Column

鉄道用語は、大きく「鉄道技術用語」「鉄道施設用語」「鉄道業務用語」などに分類され、最近では略語による呼び方が増えています。

ATS	自動列車停止装置
ATC	自動列車制御装置
ATO	自動列車運転装置
ATOS	東京圏輸送管理システム
BRT	Bus Rapid Transitの略称で新しい大量輸送システム
CTC	列車集中制御装置の略称
EB装置	一定時間操作をしないと警報がなり、5秒以内に確認操作をしないと自動的に緊急停止させる保安装置
MARS	JRの指定席券発売システムの名称
M車	電車において、モーターのついた車両
ToT	TrainOnTrainの略称で、車両に規格の異なる車両を積載すること
T車	電車においてモーターのついていない車両
LRT	LightRailTransit（ライトレールトランジット）の略称で、路面電車など路面を走る軌道系の乗り物の総称
VVVFインバータ制御	可変電圧可変周波数制御の通称、最近の電車では主流の制御方式

索引

INDEX

■た行

■さ行

■は行

■な行

■ら行

■わ行

■アルファベット

■ま行

■や行

■数字

著者略歴

中村 恵二 （なかむら けいじ）

1954（昭和29）年山形県生まれ。法政大学経済学部卒業。地方私鉄バス会社に勤務のあと、マーケティング・コンサルタントとして独立。地方出版を中心とした編集プロダクションなどを兼営している。観光や介護などホスピタリティビジネス関連を中心に、広いジャンルでの業界研究に取り組んでいる。主な著書に、『最新旅行業界の動向とカラクリがよ～くわかる本』『最新ホテル業界の動向とカラクリがよ～くわかる本』（秀和システム刊）などがある。

図《ず》解《かい》入《にゅう》門《もん》業《ぎょう》界《かい》研《けん》究《きゅう》
最新《さいしん》運《うん》輸《ゆ》業界《ぎょうかい》の動向《どうこう》とカラクリがよ～くわかる本《ほん》［第《だい》３版《はん》］

発行日　2023年11月27日　　第1版第1刷

著　者　中村《なかむら》　恵二《けいじ》

発行者　斉藤　和邦
発行所　株式会社　秀和システム
〒135-0016
東京都江東区東陽2-4-2　新宮ビル2F
Tel 03-6264-3105（販売）Fax 03-6264-3094
印刷所　三松堂印刷株式会社　　Printed in Japan

ISBN978-4-7980-7043-8 C0033